천재들의
생각수업

UNCOMMON GENIUS

천재들의 생각수업

데니스 셰커지안 지음
김혜선 옮김

슬로디미디어

CONTENTS

"이 책은 창조적 사고라는 거대한 제국을 기록한 주목할 만하고 아주 흥미로운 탐구이다. 가장 매력적인 점은 우리 시대 가장 비범한 사람들과의 생생하고 설득력 있는 대화에 독자들을 초대했다는 것이다."

―케네디 호프(맥아더상 프로그램 책임자)

"만일 내가 창의력에 기여하는 어떤 통찰력을 갖고 있다면 그것은 바로 이런 것이다: 당신이 정말 잘하는 것을 찾아라. 그리고 그것을 고수하라."

―스티븐 제이 굴드(고생물학자)

"물론 저도 실패하는 걸 싫어하죠. 실수하는 것도요. 죽는 것도 두려워요. 하지만 저는 위험을 두려워하진 않아요. 왜냐하면 위험은 변화의 일부이고, 변화는 새로운 아이디어 자체죠."

―데보라 마이어(교육가)

"저는 물질적인 안정에 대해 아주 많이 걱정하지는 않아요. 중요한 건 정신적인 안정이죠. 여러분의 정신이 바르다면 모든 게 잘 될 거라고 생각해요."

―샘 말로프(목공예 예술가)

"역사를 통틀어 대부분의 문화권에서는 창의적인 사람을 좋아하지 않았어요. 그들을 무시하거나 죽여 버렸죠. 이는 창의력을 막는 가장 효과적인 방법이었죠."

-하워드 가드너(심리학자)

"내 생각은 이러하다. 만일 자신에 관한 현실적인 인식을 하고 있다면 여러분은 자신이 세상을 보는 시야가 매우 좁고 제한적이라는 것을 잘 알 것이다. 그렇다면 여러분의 흥미를 조금 넓히는 것 외에 할 수 있는 건 아무것도 없다. 여러분의 지평을 넓혀라."

-브레드 리소우서(시인, 소설가)

"어떤 것을 장애물로 본다면 모든 것이 장애물로 보일 수밖에 없을 것이다."

-앤디 맥과이어(시민운동가, 영화제작자)

창의력에 관한 마법의 열쇠를 찾아서

최고 화제작 《그릿》은 어떤 영역에서든 뛰어난 성취를 이루는 데 필요한 가장 큰 요인이 바로 '열정적 끈기'라는 점을 밝혀냄으로써 세계적인 관심을 끌었다. 그런데 이 책이 여러 사람의 입에 오르내리면서 우리는 언론이나 책에서 친숙하면서도 낯선 용어 하나를 계속 접하게 되었다. 바로 《그릿》의 저자가 수상했다는 '맥아더상'이라는 용어이다.

우리가 익히 아는, 파이프 담배를 문 그 '맥아더'의 이름을 딴 상이 있었던가? 군인이자 정치가였던 맥아더[Douglas MacArthur]와 '천재상'은 무슨 관계가 있나? 이런 생각을 한 독자들도 꽤 많았으리라 생각한다.

그런데 사실 우리 언론에서 '맥아더상'을 많이 언급한 건 이미 2003년, 결핵 치료에 크게 기여한 공로를 인정받아 김용(현재 세계은행 총재) 씨가 한국인으로는 최초로 맥아더상을 수상했을 때였다. 수상자의 자격이 미국 시민권자이거나 영주권자에게 국한되기 때문에 우리에게 다소 낯선 상인 것은 당연한 일일 것이다. 이 상이 처음 생겨난 배경을 알기 위해서는 이 책의 서문에 자세히 나와 있듯이 기이한 구두쇠이자 백만장자인 존 D. 맥아더^{John Donald MacArthur, 1897-1978}로부터 시작된 맥아더 재단의 성립 과정을 살펴봐야 한다.

존은 궁핍했던 젊은 시절에 35달러를 빌려 당시 무너져가는 보험회사를 인수했다. 그리고 경제 대공황이 끝나갈 무렵 한 달에 1달러로 보장을 받는 보험을 우편으로 판매하기 시작해, 8년 후 처음으로 100만 달러를 벌게 된다. 존은 말년에 상속세를 피하려고 25억 달러에 달하는 자신의 '제국'을 그와 부인의 이름을 건 재단 설립에 쾌척하면서 포드재단 다음으로 두 번째로 큰 재단을 만들었다. 동시에 그는 보험회사 임원진들에 다음과 같은 대담한 지시사항을 남겨 두었다. "나는 돈을 버는 법을 알게 되었으니 여러분들이 돈을 쓰는 방법을 알아내야 한다."

이렇게 만들어진 재단은 그의 아버지만큼이나 독특한 괴짜이며 자수성가한 백만장자 아들 로드릭에 의해 더욱 체계화되어 현재에 이르렀다. 맥아더상은 이렇게 만들어진 재단에서 펼치는, 수많은 사업 중의 하나이며 분야와 장르를 구분하지 않고 '창의적이고 잠재력이 우수한' 사람에게 매년 수여된다.

그렇다면 이렇게 창의적인 사람들, 다시 말하자면 맥아더 천재상을 수상한 사람들의 특징은 무엇일까? 창조적인 아이디어는 과연 어디서 나오는 것일까? 왜 어떤 사람은 다른 사람보다 창의력이 뛰어난 것일까?

이 책《천재들의 생각 수업》의 저자 데니스 셰커지안은 창의력에 관한 마법의 열쇠를 찾아보기로 결심했다. 특히 맥아더 천재상이 인간의 본능이 가진 숭고한 가치와 높은 의지를 고양하기 위해 만들어졌다는 데 강한 흥미를 느꼈기 때문이다.

저자는 우선 재단의 도움을 받아 천재상 수상자 40명을 추려서 자료를 모아 인터뷰를 시도했다. 이들 중에는 고생물학자인 스티븐 제이 굴드, 세계적인 심리학자 하워드 가드너 등 우리가 잘 아는 사람들도 있지만 오페라 감독인 피터 셀라스, 시인인 조세프 브로드스키와 브레드 리소우서, 영화 감독 존 세일즈, 목공예자 샘 말로프, 그리고 희극 배우인 빌 어윈과 라마마 실험극장의 설립자 앨런 스튜어트 등 덜 알려진 수상자도 많다.

저자는 그들이 어떻게 일하는지, 어떻게 창조적인 과정에 다가가는지, 어떻게 창조라는 정신적 전구의 스위치를 찾는지 밝혀내기 위한 인터뷰 프로젝트를 가동시켰고 방대한 인터뷰의 내용과 자료 조사를 정리해서 마침내 책으로 펴냈다.

40명의 맥아더상 수상자들은 창의력에 대해서 어떤 얘기를 했을까? 저자와 수상자들이 나눈 대화에서 나온 창의력의 비밀은 무엇이었을까? 객관식 문제의 해답처럼 딱 떨어지는 답이나 비결은 당연히 없을 것이다. 또 시대나 문화에 따라서 창의력을 바라보는 관점도 다를 것이다. 가령 이 책에서 하워드 가드너는 이렇게 말한다.

"저는 한때 창의성을 일종의 개별적인 문제로 생각했어요. 창의성은 사람 개개인의 자질이라고 생각했죠. 어떤 이들은 창의적이고 어떤 이들은 그렇지 않다는 식으로 말이죠. 하지만 이제 그건 틀린 생각이라는 걸 알게 되었어요. 제 동료의 말을 빌리자면 '창의성은 무엇인가'라는 질문이 아니라 '창의성은 어디에 있는가'라는 질문이 적당하죠. 이런 식으로 질문을 바꾸면 무엇을 주목해야 하고 무엇을 주목하지 않아도 되는지를 결정하는 사람과 제도가 있다는 걸 인정하게 됩니다. … 하지만 이런 판단의 기준에 대한 규정은 없죠."

가드너의 말대로, 저자는 '창의성은 어디에 있는가'에 초점을 맞춰 수상자들을 인터뷰한다. 따라서 이 책에는 맥아더상 수상자들의 삶과 일상에 대한 내용이 중요한 바탕을 이루고 있다. 저자가 수상자를 인터뷰하기 위해 준비하고 찾아가는 과정, 수상자들에 대한 느낌과 일하는 현장에 대한 묘사, 수상자들의 삶을 함께 되돌아보면서 그들은 어떻게 위험을 감수하고 유연성을 유지했으며, 어떻게 인내심을 갖고 집중력을 발휘하게 되었는지에 관한 대화가 흥미롭게 펼쳐진다. 재능도 재능이지만 운이 따라주지 않는다면 창의력이 성과를 거두기 어렵다는 사례, 또는 그 반대의 경우도 허다하다. 수상자들 역시 우리 일반인들과 동떨어진 천재가 아니라 평범한 사람들이라는 사실도 발견할 수 있다. 이 책의 매력과 장점은 바로 이 지점에서 찾을 수 있다. 창의성에 대한 다양한 이론과 관점을 수상자들의 삶과 글, 흥미로운 에피소드 등으로 능숙하게 버무려 평범한 우리도 어떻게 삶에서 창의력을 기를 수 있는지 친절하게 조언해 주기 때문이다.

만약 미국 국적이 아니더라도 맥아더상을 수상할 수 있다면, 과연 우리나라에서는 어떤 사람들이 후보에 오를 수 있을까? 청년 26만 명이 이른바 공무원 시험을 준비하는 '공시족'인 나라, 또는 '임대업이 꿈인 나라'가 되어 마치 임대 공화국이 되어가는 대한민국의 씁쓸한 현실을 떠올리면 창의력과 잠재력을 북돋기 위해 제정된 맥아더상의 취지는 우리 현실과 너무 동떨어진 얘기일 뿐이다. 다만 이 책을 읽는 독자들이라면, 내면에 숨겨져 있는 창의력의 가능성을 발견해 보다 풍요로운 삶을 가꿔갈 수 있으리라 확신한다.

마지막으로 극작가 조지 버나드 쇼의 위트 넘치는 창의력에 관한 멘트를 소개한다. "사람들은 존재하는 것만을 보고 '왜 그럴까'라고 생각하지만, 나는 존재하지 않는 것을 꿈꾸며 '뭐 어때?'라고 생각한다."

2018년 5월
옮긴이

이 책의 기획은 신문의 단 한 줄로부터 시작되었다. 그 장난스러운 시작은 다음과 같다

"당신이 집에서 뭔가를 고심하고 있을 때 이런 전화를 받는다고 생각해 보자. '안녕하세요? 축하드립니다. 당신은 창의적인 능력을 인정받아 상을 수상하게 되셨습니다. 이 상으로 이제 당신은 향후 5년간 어떠한 조건도 없이 수십만 달러를 받으실 겁니다.'"

나는 계속해서 읽어 나갔다. 그 기사는 놀라웠다. 5년 동안 매년 3만에서 7만 달러라니! 몇몇 운 좋은 사람들은 이 돈으로 여생을 유지할 수도 있을 것이다. 이 상은 지원서도 필요 없고 어떤 후속 조치나 책임도 없는, 그야말로 최고의 특권이다. 지속적으로 체크 수표가 우편함에 놓이는데 이 수표를 현금으로 바꾸거나, 예금하거나, 혹은 그 순간 화가 나서 찢어버리거나, 이건 온전히 당신의 결정이다. 이 수

표를 어떻게 사용하든 설명을 구할 필요가 없다는 말이다.

처음 내가 맥아더상에 끌렸던 것은 상상에서나 가능한 특권 때문이었다. 맥아더상을 받음으로써 거기에 따른 경제적인 여유, 시간이라는 선물, 유명세를 즐길 수 있는 특권 말이다. 맥아더상을 받게 되면 그 길고도 험난했던 시간들, 어리석은 일을 하는 것 같은 고통, 이 모든 것들을 이제는 뒤로 할 수 있다. 맥아더상을 받게 되면 지지와 축하의 메시지를 담은 전화가 끊임없이 울릴 것이다.

자유, 돈, 시간, 선택, 확인 등 이 모든 것들은 애초에 사람의 마음을 끄는 것들이다. 하지만 그 밑바닥에는 훨씬 더 흥미로운 것, 더 인내해야 하는 것, 더 중요하고 폭발적인 것이 놓여 있다. 그것은 창의력 그 자체에 대한 아이디어, 창조 본능creative impulse에 대한 발화이다. 인간의 가장 창조적인 순간을 통해, 바퀴나 나사, 재봉틀, 브란덴부르크 협주곡, 문화적 진보 같은 창조적 결과물이 나왔다. 창의적인 성취를 통해 우리는 인권의 새로운 기준을 갖게 된 것이다. 그렇다면 정확히 창의력이란 무엇인가? 어떻게 작동하는 걸까? 각자의 독특한 천재성에 불을 지피는 게 가능할까? 나는 알고 싶었다.

하지만 그 전에 이야기해야 할 것이 있다.

먼저 이 이야기는 존 D. 맥아더라는 이름의 남자로부터 시작된다. 그는 어떤 이들에게는 돈을 버는 탁월한 재주를 가진 영웅으로 평가되지만, 어떤 이들에게는 여러 면에서 조잡하고, 품위 없고, 논란거리가 많은 구두쇠로 여겨진다.

그를 나쁘게 생각하는 사람들은 열광적인 복음 전도사였던 그의 아버지와 공통점이 있다고 말한다. 그의 아버지는 세상을 지옥불의 연기로 가득하다고 봤는데 특히나 일곱 명의 자식들 중 막내인 존에게 그런 모습이 많다고 생각했다. 열혈 복음주의자인 존의 아버지는 가족에게 방랑하는 무일푼의 삶을 강요했다. 집에서는 우리의 몸이 어떻게 사탄의 화염에 휩싸일 수 있는지, 또는 식초에 담근 가죽 끈에서 어떤 도움을 받을 수 있는지 장황설을 늘어놓았다. 존의 아버지는 푼돈을 벌어 와서 가족들에게 최소한의 음식을 나누어 주는 위인이었다.

아버지와 다르게 어머니는 수중의 쌈지 돈을 절약해서 아이들에게 베풀었다. 어머니는 존이 14살 때 돌아가셨는데 살아생전에 그의 형들 중 오직 한 명에게만, 자신이 할 수 있는 애정과 시간을 쏟으셨다. 오로지 그 아이만이 자신이 사랑했던 문화적이고 문학적이며 예술적인 삶을 공유한다고 믿었던 것이다.

그의 이야기에 비춰 보면, 존 D. 맥아더는 뭔가를 이룰만한 기회가 분명 적었다. 8학년 중퇴, 실패한 기자, 캐나다 공군에 입대한 지 두 달 만에 훈련 도중 세 대의 비행기와 끔찍하게 충돌한 이력의 비행조종사, 군 복무 중 탈영한 탈영병, 세 번의 사업 실패, 대여섯 개의 정부기관이 줄기차게 쫓았던 허접한 인간, 소송을 즐거운 스포츠라 떠벌리며 동시에 최대 3천 5백 건의 소송을 당한 사람, 외동아들 로드릭과 오랫동안 감정적이고 개인적인 불화에 휩싸인 아버지…. 그에 관한 이런 이야기들이 전설처럼 그의 인생을 장식하고 있다.

그러나 그의 전기 작가에 따르면 존은 궁핍했던 38살에 35달러를 빌려 당시 무너져가는 시카고 보험회사인 뱅커스 라이프 앤 캐쥬얼티 Bankers life & Casualty Co.를 인수한다. 그리고 경제 대공황이 끝나갈 무렵 한 달에 1달러로 보장을 받는 보험을 우편으로 판매하기 시작하고, 8년 후 처음으로 100만 달러를 벌게 된다.

1978년 80세의 나이로 사망할 당시 존은 미국에서 두 번째 부자였는데 이는 아마도 가장 적은 돈으로 이룰 수 있는 최고의 부였을 것이다. 그는 항상 이등석을 타고 다녔고, 옆 승객이 먹다 남긴 샌드위치를 주머니에 쑤셔 넣었으며, 먹다 남은 샐러드를 비닐봉지에 담아두었다. 또한 반쯤 피운 담배를 아껴두고, 생일 케이크를 매년 재활용하기 위해 조각으로 나눠 냉동 보관했다. 상황판단이 빠르고 뻔뻔한 사업가였던 그는 자신이 소유한 팜비치 가든 호텔의 지저분한 커피숍 탁자에서 계약을 체결했다. 여러분들은 아마 존이 약 42,000에이커의 부동산이 딸려 있는 그 호텔을 소유하고 있으므로 팬트하우스 스위트룸에서 살았을 것이라고 생각할지도 모르겠지만 그렇지 않다. 그와 두 번째 부인인 캐서린, 두 마리 푸들 강아지와 함께 주차장이 보이는 평범한 아파트에서 살았다.

이러한 이야기들은 과장이든 아니든, 존의 전기에서 상투적인 문구가 되었을 정도로 자주 회자되는 내용이라는 것은 분명하다. 하지만 그의 비범한 사업가 기질은 그다지 강조되지 않는다. 사망 당시 뱅커스 라이프 앤 캐쥬얼티 회사의 모든 주식이 그의 소유였다. 당시 이 회사는 상해보험회사로는 세계에서 두 번째로 큰 회사였다. 존은 또한 플로리다에 거대한 땅을 가지고 있었고 호화로운 PGA골프장과 클럽하우스를 자산으로 가지고 있었다. 게다가 오랜 세월 여러 곳에 동산과 부동산을 소유했다. 시카고와 신시내티에도 막대한 재산이 있었고, 아리조나, 일리노이, 조지아, 콜로라도, 미시간에도 농지와 목장지대를 소유했다. 뿐만 아니라, 알래스카에 해양구조대, 뉴욕에 음반회사, 뉴멕시코에 유정, 위스콘신에 리조트를 두었고, 서독과 아르헨티나 등지에 부동산, 식당, 비행기, 리무진까지 소유하고 있었다.

평소 정부 관료를 무시했던 성향이 있었던 존은 상속세를 피하기 위해 25억 달러에 달하는 자신의 ‘제국’을 그와 부인의 이름을 건 재단 설립에 쾌척했다. 당시 이 재단은 포드 다음으로 미국에서 두 번째로 큰 재단이었다. 이 재산과 함께 그는 보험회사 임원진에게 다음과 같은 지시사항을 남겨 두었다. “나는 돈을 버는 법을 알게 되었으니 여러분들이 돈을 쓰는 방법을 알아내야 한다.” 돈을 버는 방법에 대한 좋은 교육은 받았지만, 돈을 어떻게 써야 하는지 제대로 알지 못했던 사람의 대담한 제안이었다. 하지만 여전히 사람들은 괴짜로 소문난 그가 거대한 자선사업을 남겨둔 모순, 그리고 의지가 강한 폭군인 그가 관리에 관해 어떤 지시사항도 남기지 않고 재단을 만든 아이러니에 관해 궁금해 한다.

맥아더상(상으로 prize라는 단어를 사용하였으나, award나 fellow-ship이라고도 불린다. 이는 이 상의 성격이 축하하는 의미도 있지만 후원하는 의미 두 가지를 가지고 있기 때문이다)은 재단이 하는 수많은 사업 중 하나일 뿐이다. 이 상에 책정된 금액은 한 해에 대략 900만 달러 정도로 재단 전체 1년 지출의 10%도 안 된다.

해석은 여러 가지겠지만 처음 이 상의 아이디어는 툴레인대학의 조지 버치 박사의 사례에서 시작되었다. 조지 박사는 지식에 실로 경이로운 진보를 가져다 줄 연구를 위한 지원을 받기 위해 애를 썼지만 지원을 받는 데 어려움을 겪고 있었다. 25년간 존 D. 맥아더의 변호사였던 윌리엄 T. 커비는 재단 설립의 아이디어를 제안하고 이를 다듬었으며, 존의 아들 로드릭은 이 일에 열정적이었다. 로드릭 자신도 그의 아버지만큼이나 독특한 괴짜이며 자수성가한 백만장자였다. 하지만 아버지 존과 달리 로드릭은 낭만적이고 예술적이며 비전 또한 있었다. 로드릭은 미국 사회에서 자선사업의 역할이란 모험이 필요하고 진보적이어야 한다고 믿었으며 정치와 사회사업은 무관하다고 열변을 토했다. 뿐만 아니라 미국 사회에는 '개성이 강한 천재들'이 있다고 확고하게 믿었기에, 이 프로그램이 시작될 수 있도록 적극적으로 일했다. 결국 이 사업은 만장일치로 이사회의 승인을 받았고 1981년 6월 첫 수상자를 발표하였다. 드디어 맥아더 장학금 프로그램이 탄생한 것이다. 아쉽게도 로드릭은 몇 년 후 사망했기 때문에 자신이 그토록 열정을 가지고 임했던 사업이 얼마나 훌륭한 결과를 가져왔는지 미처 보지 못했다.

맥아더상이 수여되는 방식은 이러하다. 재단 관계자가 여러분에게 다가올 뿐 여러분이 재단에 지원할 수는 없다. 이 상을 받을 수 있는 유일한 방법은 미국 전역에서 특별히 임명된 추천자 그룹에서 추천을 받는 것이다. 대략 100명에서 120명 정도의 사람들이 주어진 시간에 후보를 추천한다. 이들은 모두 서로 다른 분야의 전문가들이다. 익명으로 일하기 때문에 추천자들은 후보자에 대한 정보를 비밀리에 모은다. 그리고 후보 선정의 다음 단계를 위해 이 정보를 재단 직원에게 제출한다. 이 상은 희귀본 제본, 공예술, 기후학, 결정학, 국제안보와 무기규제, 유전학 등 특정 분야에 제한을 두지 않는다. 심지어 희극 배우도 이 상을 받았다. 다만 경쟁력, 창의적 잠재력 외에 별도의 규정이 있다. 미국 시민권자이거나 영주권자여야 한다는 것과 선출직 또는 지명직 공무원은 안 된다는 것이다.

한 후보자에 대한 다양한 잠재력을 평가한 파일이 어느 정도 쌓였다면 이사진에 의해 선임된 선발위원회에 그 파일을 보낸다. 매달 열리는 선발위원회의 비밀 모임은 마치 전반적인 모든 것을 토론하는 대학원생 세미나 같다. 이 모임에서 격렬하게 토론하고 악의 없는 불평들을 늘어놓는다. 1년에 한두 차례, 새로운 수상자에 대한 최종합의가 이루어지면, 특정한 날짜 없이 수상자를 발표한다.

이 상이 나오자마자 언론에서는 머리기사로 이 상을 소개하면서 '천재상'이라고 부르기 시작했다. 이는 재단과 대부분의 수상자에게는 거슬리는 지나치게 화려한 표현이기도 하거니와 사실 이 상의 목적과도 상당한 거리가 있다. 이 상의 가치는 재능 있는 사람에게 자신의 능력으로 만들 수 있는 창의적 사고를 도약시켜 주는 데 있다. 또한 이 상은 많은 이들에게 자신의 일에 다시 몰두할 수 있게 하고, 추상적으로 보이는 프로젝트를 구체적으로 진행할 수 있게 하며 심지어 자신의 분야를 완전히 바꿀 수 있는 기회를 제공하기도 한다. 고인이 된 로드릭은 종종 말했다. "과연 아인슈타인이 상대성 이론을 발견하기 위해 지원금 신청서를 쓸 수 있었을까?" "메디치 가문처럼, 우리는 미래의 미켈란젤로를 후원할 것이다. 그들 중 한 명이라도 위대한 예술품을 만든다면, 이 모험은 감수할 만한 가치가 있을 것이다"라고 말이다.

나는 이 상이 인간의 본능이 가진 숭고한 가치와 높은 의지를 고양시키기 위해 만들어졌다는 데 강한 흥미를 느꼈다. 이 기이하고도 색다른 상이 주는 호기심으로 나는 이번 프로젝트를 기획하고 아이디어를 만들어내기 시작했다. 시작은 아주 무식하고 터무니없을 정도로 단순했다. 나는 창조 본능에 대해 할 수 있는 한 모든 걸 알아내고 싶었다. 이런 창조 본능은 어디서 오는 걸까? 어떻게 작동하는 걸까? 왜 어떤 사람들은 다른 이들보다 더 창의적일까? 창의성은 키울 수 있는 걸까?

이러한 질문은 아주 오래 전 아마도 아리스토텔레스 시절부터 지금까지 계속되고 있을 것이다. 어떤 면에서 이 질문은 많은 것을 포함하고 있다.

우선, 근본적인 문제가 있다. 창의력에 대한 해답을 찾으려면 어디서부터 살펴봐야 할까? 과학, 예술, 철학을 아주 깊이 있게 고찰해 볼 수도 있다. 하지만 이런 태도는 그물을 너무 넓게 쳐서 방향을 잃고 아무것도 건지지 못하는 꼴이 되기 쉽다.

또한 단어의 정의에 관한 문제도 있다. 창의력이라는 걸 어떻게 정의할지 모르는 상태에서 과연 창의력의 출발점을 찾을 수 있을까? 유감스럽게도 '독창성', '발명', 그리고 '상상력' 같은 단어에 기댄 사전적 정의는 만족스럽지 못하다. 사실 옥스퍼드 영어사전에는 1875년에서야 '창의력'이라는 단어가 나온다.

다른 사전에서도 이 단어의 정의를 찾아보았더니 파일 한 가득 찾을 수 있었다. 창의적인 천재란 자신의 일상보다는 자신의 일에서 더 영리한 사람이다. 창의력이란, 문제를 비틀어 볼 수 있는 능력이며 창의적인 사람은, 무엇보다도 스스로 즐기는 사람이다. 창의적인 기업은 놀랍도록 실용적인 제품을 만들어 내는 기업이다. 수플레를 잘 굽는 일부터 시작해서 승산 있는 주식 포트폴리오를 짜는 일까지 무엇이든 잘하는 것에 우리는 공경의 의미를 담아 '창의적인'이라는 말을 쓴다. 창의적인 사람은 다른 사람들과 똑같은 것을 보면서도 뭔가 다른 걸 본다. 창의적인 행동은 보잘 것 없는 부분들을 이용해서 누구나 잊을 수 없는 전체를 만들어 내는 것이다. 다시 말해, '창의력'은 표현하기에는 뜻이 너무 많아 제대로 나타내기 힘든 개념 중의 하나이다.

그러면 우리는 어떻게 창의적인 결과물을 알아낼 수 있을까? 창의력에 관심을 가진 이들이 접근했던 아주 오래된 방식은 사람들이 창의적이라고 널리 여기는 아이디어나 결과물을 보고 과연 그러한 것들이 어떤 역할을 하는지 알아보는 것이다. 하지만 누가 창의적일까? 대표적으로 18세기 셰익스피어는 작품이 세련되지 못하므로 작가로는 별로 어울리지 않는다는 평가를 받았으며, 19세기 바흐의 음악은 딱딱하고 영혼이 메말라 있다고 여겨졌다. 뿐만 아니라 에디슨은 사람들의 비웃음을 샀고, 제임스 조이스는 조롱을 받았다. 인상주의자들은 모욕을 당했고 그들의 작품은 비난을 받았다. 이처럼 사람들의 취향은 변하고 존경의 대상은 그때그때 다르다.

한정된 맥아더 수상자들을 통해 창의력의 미스터리를 알아내고자 하는 나의 시도는 맥아더상으로 범주를 좁힘으로써 비로소 가능해졌다. 상의 권위와 영향력이 아주 특별한 것은 아니다. 과학자나 예술가, 학자나 사업가 등 모든 분야에 맥아더 재단은 상을 수여해 왔다. 맥아더상의 명확한 정의에 관해서 맥아더 재단이 특별하게 고수하는 것은 물론 없다. 창의적 재능을 입증하는 일에 관해서는 선출위원회가 상식적이고 보편적인 기준을 적용함으로써 내가 할 일을 덜어 주었다.

조금씩 프로젝트가 형태를 갖추기 시작했다. 맥아더 수상자들을 선택하고 그들이 어떻게 그토록 창의적인 결과물을 얻게 되었는지 이야기해 본다면 정말 흥미롭지 않을까? 천체 물리학자에게 필요한 창의성과 배우의 창의성이 같은 것일까? 영화 제작자가 창의력을 발휘하는 과정이 시인이나 연구원, 환경 운동가의 창의력 발휘 과정과 같거나 비슷할까? 수상자들이 했던 방법과 그들의 관심사에서 공통점이나 구심점을 찾아서 그것만을 떼어 낼 수 있을까? 퍼즐 조각들을 연결해서 창의적 결과물을 만들어 내는 방법에 관한 하나의 그림을 완성할 수 있을까? 매우 기이한 삶이 창의성을 가져올까? 만일 그 공통분모를 찾는다면 우리는 창의적인 잠재력을 개발하는 방법을 배울 수 있게 될까?

나는 창조 본능을 잘 이해하는 데 도움을 줄 수 있는 질문지들을 작성했다. 마치 숫염소가 맛있는 모든 것을 찾아다니는 것처럼 나는 선반을 가득 채울 정도의 연구자료에서 나만의 인터뷰 질문들을 만들었다. 질문지들을 다 작성하자 이제 200명이 넘는 수상자들 명단에서 40명을 추려내는 일이 남았다. 아쉽지만 주어진 여러 제약들을 고려해 볼 때 현실성 있는 최대 숫자가 바로 40명이었다.

이 과정은 말처럼 쉽지 않았다. 예를 들어, 아리조나에 사는 행성학자인 마이클 말린을 만나고 싶었는데 그는 곧 시작되는 나사의 화성 탐사에 필요한 카메라 시스템을 설계할 수도 있고, 남극을 조사할 수도 있는 상황이었다. 그리고 몬타나에 사는 존 아너는 독학한 고생물학자로 공룡에 푹 빠져 있었다. 뉴멕시코에 사는 버몬트 뉴홀은 사진을 예술의 영역으로 발전시키는 데 큰 공헌을 한 인물이었고, 마술사인 제임스 랜디는 여기저기를 떠돌아 다니면서 초능력자들의 주장이 틀렸음을 폭로했다.

철학자, 건축 비평가, 시골의사, 심령술을 조사하는 여인, 나에게 많은 영양분을 주었던 소설가, 지하 핵폭발을 추적 관찰하는 지진학자 등 나는 모든 수상자들과 이야기하고 싶었다. 단순히 그들이 살아온 생애가 호기심을 불러일으키기 때문이 아니라 창의력이란, 쉽게 생각하면, 매우 드물게, 그리고 우연히 발휘되는 것이라고 알고 있었기 때문이다. 창의력의 본질을 알아내기 위해서는 많은 사례를 찾아야만 했다. 과연 어떻게 선택할 것인가?

일정 부분 인터뷰 대상자의 선택은 나의 처지를 감안한 것이었다. 돈도 많지 않았고, 시간도 그러했다. 게다가 거리와 흥미 사이에서 적어도 대강 균형이라도 맞추고 싶었다. 말하자면 모두 미국의 동부 해안 출신의 작가이거나 모두 과학자들이 되어서는 안 된다. 널리 알려진 재능을 가진 사람과 그렇지 않은 사람들도 섞어 넣고 싶었다. 또한 다양한 연령대의 사람들을 만나고 싶었고, 운이 좋다면 가장 어린 수상자와 가장 나이 많은 수상자가 만나서 이야기를 나누도록 하고 싶었다.

이 모든 사항들을 고려해서 명단을 추려 나갔다. 우선 맥아더 재단의 조언을 구했다. 특히 맥아더상 수상자 프로그램의 책임자인 캐네디 호프 박사는 명단을 추려내는 데 도움을 주었다. 덕분에 나는 오래 걸리지 않고 업적뿐만 아니라 다양한 개성과 관점을 가진 40명의 명단을 작성했다. 그들 전체가 하나의 창의성을 발휘한 그룹으로 보면 좋을 것 같다.

마침내 나는 질문지를 갖고 방문하기 시작했다. 이 또한 말처럼 간단한 일이 아니었다. 인터뷰마다 그들만의 독특한 궤도를 쫓아가다 보면 한 사람이 감당할 수 없을 정도의 많은 일들이 인터뷰 과정에서 일어난다.

초인종을 누르고, 자신이 누구인지 밝히고, 악수를 하고 나면 말 그대로 몇 분 안에 관계를 맺을지 못 맺을지 결정된다. 만일 관계를 맺지 못한다면 난처한 상황에 빠진다. 하지만 어떠한 상황에서건 알아내고자 하는 바를 얻기 위해 바로 일에 착수해야 한다. 마치 공중에 스무 개의 공을 저글링 하는 광대 같은 느낌을 가지고서 말이다.

이상하게도 묻고 싶은 질문 중에는 인터뷰 대상자가 대답하려고 하지 않는 질문이 있다. 말로 하는 대답과 그렇지 않은 대답이 있다. 그러면 추가 질문을 해야 할지 완전히 다른 주제의 질문으로 넘어가야 할지 재빨리 결정해야 한다. 앞선 사람에게는 잘 했던 질문이 이번 사람에게는 잘 안 될지도 모른다. 아니면 아마 그가 이미 대답을 했다고 생각할지도 모른다. 그가 생각하는 것, 사실은 그가 아는 것이 정말 확실한 것인지 더 설명해 달라고 요구해야 하는 경우도 있다. 보완이 더 필요한 주제들도 있고, 사실인지 아닌지 의아하게 들리는 추측들도 인터뷰 과정에서 나올 수 있다.

'무엇'으로 시작하는 질문은 쉽다. 직업이 무엇인가요? 이것에 관심을 갖게 된 이유는 무엇인가요? 그런 결정에 영향을 미친 것은 무엇인가요? 등의 질문 말이다. 하지만 '어떻게'로 시작하는 질문 즉, 어떻게 그런 생각을 하게 되었나요? 당신이 옳다는 걸 어떻게 알았나요? 등은 완전히 다른 문제이다. 그런가 하면 직접적인 질문은 거의 효과가 없다. 그렇다고 간접적인 질문을 너무 조심스럽게 해서도 안 된다. 그렇게 하면 상대방은 내게 짐짓 의뭉스럽다는 느낌을 받고 인터뷰어에 대한 신뢰를 저버린다.

때때로 적확한 질문을 적확한 방식으로 물어 볼 때, 인터뷰 대상자는 말문이 술술 터져 예술과 신의 본질, 그리고 존재와 무의 본질에 대한 길고 장황한 담론을 펼쳐 놓는다. 인터뷰 대상자는 대개 혼자 큰 소리로 말하면서 외로운 항해를 시작하고 헤쳐 나간다. 그가 말하는 것이 기대에 못 미쳐도 중간에 방해해서는 안 된다. 대신에 명확하게 할 필요가 있는 부분에서는 따로 기록을 해 놓는 편이 낫다. 그가 주제에서 점점 멀어져서 계속 얘기를 이어가면 여러분은 모호한 단어나 일상적인 어구만 들리고 그가 말하는 전체 내용은 무엇인지 알 수 없는, 자신이 이방인이 된 것 같은 느낌이 차차 들기 시작한다. 그렇지만 여전히 뭔가 중요한 것이 드러나지 않을지, 혹은 중요한 사실이 금방이라도 밝혀질까 싶어 계속 주의를 기울여 듣는다.

여러분은 이미 알고 있는 것에 새로 듣고 있는 것을 맞춰야 한다는 강박과 싸우면서 힘겹게 귀를 기울일 것이다. 고정된 사고를 갖고 있으면 새로운 내용을 수용하기 힘들다. 그런 식으로 인터뷰를 하면 많은 걸 쉽게 놓치게 된다는 생각으로 인터뷰를 준비했다. 그 과정에서 발생하기 쉬운 언쟁을 줄이기 위해서 나름 어눌하고 바보 같이 구는 것과 너무 똑똑해 보이는 것 사이의 미묘한 균형을 이루려고 애를 썼다.

복잡한 일들은 더 있다. 인터뷰한 내용이 아주 명쾌하고 매우 환상적이고 놀라운 발견이었다 치자. 그런데 막상 그는 자신의 논문에 쓰려고 생각하고 있으므로 책에는 넣지 말아 달라고 부탁한다. 다른 수상자는 어떻게 대답했는지 묻는 질문을 어떻게 점잖게 끊어야 하는지도 문제이다. 사실 그건 서로 무관한 내용인데도 말이다. 게다가 여러분은 역할을 바꿀 여유가 없다. 여러분은 질문을 해야 하고 상대는 대답을 해야 한다. 상대에 따라 적절한 단어를 선택하고 적절하게 말하는 것도 관건이다. 시인은 연구원처럼 말하지 않는다. 그리고 무용수는 말을 별로 하지 않는다. 선입견을 집어넣어 질문하는 것만으로도 이미 답변에 영향을 끼칠 수 있다. 하이젠베르크의 '불확정성의 원리'의 하나처럼 말이다.

때때로 여러분의 인터뷰 주제와 상대의 인터뷰 주제가 완전히 다를 때가 있다. 스크린이 두 개로 나뉜 앤디 워홀의 영화 〈첼시 소녀들〉을 연상해 보자. 이 영화는 한쪽 스크린에서는 한 소년이 섹스와 마약에 대해 자기 식대로 이야기하고, 다른 스크린에서는 한 소녀가 마찬가지로 자기 이야기를 하고 있다. 서로 소통하지 않는 두 개의 대화를 하고 있는 것인데 사실 사람들이 대화할 때 종종 일어나는 일이다.

그리고 인터뷰 대상자가 시계를 슬쩍 쳐다보고는 눈빛이 흔들리는 것을 본다면 이는 끝날 때가 되었다는 뜻이다. 여러분은 제한된 시간 안에 스무 개에서 서른 개의 중요한 질문에서 남은 것들을 압축시켜 질문해야만 한다. 우선순위를 정해야 하지만 어떻게 해야 할지 고민할 시간이 없다.

어떤 식으로든 인터뷰는 끝이 난다. 다음에는 재정비를 위해 미리 봐두었던 커피숍으로 빨려 들어간다. 7월인데도 크리스마스트리가 반짝이며 바닥에 합판을 깔아놓은 그런 커피숍에서 말이다. 한숨을 돌리면서 다음 인터뷰를 검토하고 필요한 사항들을 적어 보기에는 최적의 장소이다.

각기 다른 개성을 가진 수상자 40명을 토대로 만든 방대한 양의 메모와 기록들. 이제 문제는 인터뷰 때 했던 질문에 대한 대답을 독자들이 이해하기 쉽게 만드는 것이다. 즉 어떻게 그들은 자신의 창의적인 잠재력을 키워낼 수 있었을까?

교묘한 역설이 하나 나타났다. 질문은 논리적인 것 같았는데 대답은 비논리적이었고, 익숙해질 필요는 없지만 알아야 할 것들이 많았다. 하지만 어떤 수상자들은 과거 해왕성의 존재를 확신했던 천문학자들과 같은 방식으로 찾아야 한다고 생각했다. 해왕성을 관측하지 못했지만 그 주위를 돌고 있는 위성들의 불규칙한 궤도를 통해 행성의 존재를 확신했던 과거 천문학자들처럼 말이다.

창의적인 사람들을 연결하는 공통 주제는 수면 위의 거품처럼 분산되거나 떠돈다. 내가 인터뷰하면서 발견한 것 중 일부는 이미 예상했던 것들이다. 예를 들면, 이들은 하나같이 의욕이 넘치고, 놀라울 정도로 사고가 유연하다. 또한 자신의 필요에 적합한 환경을 만드는 데 능숙하고, 자신에 대한 환상으로 가득한 게 아니라 자신만의 독특한 재능을 존중하는 데 탁월하며 언제 본능을 따라야 할지 알고 있고, 무엇보다도 대중적인 흐름을 앞서 나갈 수 있는 배짱이 있는 대단한 모험가들이다.

하지만 내가 알게 된 다른 몇 가지 발견들은 놀라웠는데, 다들 포기해 버린 임무를 발전시키려 애를 쓴다거나 운을 북돋으려 한다든지, 문화적 취향을 고려한다든지 하는 것들이었다.

어떤 환경에서는 차라리 긴장을 풀어놓고 지시 매뉴얼을 제쳐 버린 채 직접 뛰어 드는 게 더 낫다. 실제로 이렇게 결론을 내리자 창의력이 어떤 일련의 과정에서 나오는 현상이 아니라는 것이 드러나면서 이야기를 끌어 나가는 적절한 구조를 만들어 내는 것이 새로운 문제로 대두되었다. 다시 말해서 'a'다음에 항상 'b'가 오지 않거나 'c'다음에 'q'가 올 수도 있다는 것이다. 머랭을 케이크 반죽에 집어넣듯이 여러 고려 사항들을 서로 적절히 집어넣어야 했다.

글이 다소 어수선하고 일관성이 없지만 이조차도 허용할 수밖에 없다. 또한 책으로 엮기 위해서는 인터뷰 내용을 줄여야 하는 미묘한 문제도 있다. 그들이 실제 말한 것처럼 들려야하는데 지면은 한정되어 있기 때문이다. 전체 내용과 동떨어진 가벼운 이야기가 전체의 큰 주제처럼 나타나서는 안 된다. 사생활은 보호받아야 하므로 우리 중 누구도 그 내용을 다 말하고 다녀서도 안 된다. 또한 황당한 내용이나 아주 지루하고 개인적이고 사소한 것, 그리고 중언부언하고 어설픈 내용, 혹은 고통스러운 내용들은 제외해야 했다. 무슨 내용을 넣어야 할지 선택하고 결정할 때 다소 신랄하고 충격적인 내용을 책에 넣고 싶은 강한 유혹을 느꼈지만, 엘리아스 카네티의 다음과 같은 조언을 생각하고 과감하게 뺐다. "사람은 다른 무엇보다도 말을 더 두려워해야 한다."

이런 상황이기에 여러분 중 몇몇은 내가 책을 써가면서 수상자들의 인터뷰 내용을 쓸 때 사실관계를 확인했는지 의아해할 것이다. 나의 대답은 '그렇다'이다. 그래서 무슨 의미였는지 또는 발언의 취지가 적절했는지 의심스러울 때, 혹은 인터뷰 조건으로 수상자가 자신이 언급한 내용을 확인하기 위해 다시 전화해 달라고 요구했을 때마다 일일이 확인했다. 위의 세 가지 경우를 제외하고는 인터뷰 과정을 다시 밟지 않았다. 왜냐하면 자신의 말을 편집하고자 하는 경우에는 원래의 모습과 동떨어지게 되고, 또는 미리 준비했더라면 저녁파티에서 말했을지도 모르는 신랄한 말을 추가해서 자신의 말을 완전히 단조롭게 하거나 똑똑해 보이게 바꾸려는 경향이 있기 때문이다.

진실성 문제가 불거질 때 최선은 더 이상 진행되기 전에 처리하는 것이다. 내가 바라는 것은 다른 이들의 호기심을 사로잡는 일이라고 여겼기 때문에 호기심 많은 제3자처럼 쓰는 것이 적당할 것이라고 생각하고 이번 책을 썼다. 나는 연구원도, 인류학자도, 사회학자도, 정신과 의사도, 통계 전문가도 아니다. 다만 내 방법은 이런 고전적인 전문가의 방법을 전혀 이용하지 않는 것이었다. 그래서 '객관적인' 정보를 얻는 것이 중요한 가치라는 점은 인정하면서도 이번 책에서는 전혀 그렇게 하지 않았다. 객관적인 정보라고 하는 것은 신중한 설문조사와 수많은 실험들, 공정한 표본채집, 전체를 볼 수 있는 단면도, 통제인력 등이다. 빠르고 숨 가쁘게 그리고 직관적으로 진행한 이번 작업은 체계적인 연구서는 아니다. 이 책이 성공한다면, 그것은 체계적인 것과는 의도적으로 다른 점 때문일 것이다.

만일 이번 프로젝트를 책 대신 그림으로 표현한다면 두말할 필요도 없이 부드럽고 느슨한 스타일의 인상주의 작품이거나 눈이 돌아갈 정도의 강한 직각은 없으면서 소실점은 많은 작품일 것이다. 이 그림에는 그럴 듯한 수많은 이미지가 있고 나중에 혼자서 되새겨 보고 싶은 이미지들도 많을 것이다. 해석의 여지가 충분하기에 독자들은 이미 알고 있는 것과 사실이라고 여기는 것으로 그 간격을 채울 것이다. 대개 어느 정도 거리를 유지할 때 만족스럽고 분명한 느낌의 그림이 나타나지만 너무 가까이 가거나 조각조각 떼어 놓고 본다면 그 느낌은 사라지고 난해한 그림이 될 것이다. 내가 보기에는 그것이 바로 창의성의 본질인 것 같다.

이런 느슨한 방식으로 진행된 이번 프로젝트에서 다음과 같은 사실은 놀랄 만한 것이 아니었다. 노예처럼 따라 하기만 한다면, 평범한 상상력을 미켈란젤로나 제임스 조이스, 또는 모차르트의 상상력으로 만들어주는 공식이나 비결을 제공하지 않으려고 내가 노력하고 있다는 걸 알게 될 것이다. 창의력을 발휘한다는 것은 내가 알아내서 제시해 줄 수 있는 단순한 성질의 일이 아니다. 하지만 만일 우리가 일하고, 생각하고, 행동하는 방식에 대한 성찰을 기른다면 우리의 창의력도 발전할 수 있을 것이라고 확신한다. 그리고 그 발전은 결코 사소한 게 아니다.

"창의력에 관심이 있어서 여기에 왔습니다"라고 내 소개를 한다. 이는 타당한 자기소개이지만 동시에 첫 소개로는 형편없다는 것쯤은 나도 알고 있다.

"아, 그래요." 그는 지친 어깨를 으쓱거리며 말했다. 조지프 브로드스키Joseph Brodsky는 뜯지 않은 편지를 손으로 만지작거리다 다시 내려놓으면서 자신의 어수선한 책상 근처를 조심스레 서성이고 있었다. 그는 햇빛에 비쳐 먼지가 풀풀 날리는 소파에 마지못해 앉아 담쟁이

덩굴이 올라온 베란다를 보았다. 나는 마치 거친 다트 게임을 하는 사람처럼 압정으로 고정된 낡은 사진들과 마주했다. 구석에 있는 선반은 책 무게로 휘어져 있었다. 턴테이블에서는 바흐가 흐르고 있었고 나는 녹음기를 준비해 놓았다.

"절대로 안 할 겁니다." 그는 러시아 억양의 굵고 근엄한 목소리로 말했다. 고양이 '미시시피'가 꼬리를 쳐서 녹음기를 날려 버렸다.

나는 녹음기를 다시 제자리에 놓으면서 고양이를 내 무릎에 앉히려고 다가갔다. 고양이는 만족스러운 듯 갸르릉 거렸고 그는 금속테 안경 너머로 계속 응시하는 눈으로 오로지 고양이만 보고 있었다.

긴장이 풀리자 나는 그가 40여 년 전 레닌그라드(현재 상트페테르부르크)에서 어린아이가 장난으로 엄마에게 야옹거리는 것처럼 이 고양이에게도 그런 소리를 내는 건 아닐까 싶었다. 그런 소리는 어린아이들의 특권인 애정 어린 표현이지 않은가. 그는 1987년 노벨 문학상을 수상한 에세이 모음집 《하나보다 적은Less Than One》에서 이런 친밀감을 고백했다. 맥아더상 수상은 그보다 몇 년 전이었다. 구 소련에서의 재판과 시베리아 추방, 그리고 오랜 슬픔의 세월 등 그의 어머니의 생애가 아들의 기억 속에 슬픔으로만 남겨져 있다는 사실은 부당한 것 같았다.

미시시피가 평온하게 내 무릎에 웅크리고 앉았다.

한편 브로드스키는 이미 꽁초가 대여섯 개나 버려져 있는 벽난로에 피우고 있던 담배를 획 던졌다. 그는 또 다른 담배를 찾아 말없이 셔츠주머니를 더듬었다. 엄지와 검지 사이에 담배를 끼우고, 필터를 이로 뜯어내고 재빠르게 난롯가로 가서 불을 붙였다. 이에 비하면 상대적으로 미국인들이 담배 피우는 방식은 마치 칵테일파티에나 어울릴 듯 가볍고 하찮은 것 같이 느껴졌다.

"대체 궁금한 게 뭡니까?" 그는 숨을 내쉬며 물었다.

"제게는 아주 오래된 질문이고 저도 그것에 대해 한두 가지 생각을 갖고 있습니다."라고 나는 말했다.

"대단한 생각이오?"

대단한 생각이라! 아니다. 오히려 정반대로 창의력과 관련된 몇 가지 궁금증이 있다는 것이다. 다시 말해서 좋은 아이디어가 어디서 나오는지, 어떻게 창조 본능이 작동하는지, 그리고 어떻게 자신만의 독특한 천재성을 키워낼 수 있는지에 관한 본인만의 분명하고 제대로 된 설명을 해 달라는 것이었다.

"아마도 아주 간단하고 분명한 아이디어들, 하지만 문제를 해결하고 다룰 수 있는 것이면 좋을 것 같아요"라고 나는 대답했다.

그는 대답하지는 않았지만, 이제 편안해진 그의 자세에서 나는 인터뷰를 시작해도 좋겠다는 느낌을 받았다. 미시시피는 녹음기의 빨간불에 눈을 맞추고는 공격에 대비해 몸을 뻣뻣하게 만들었지만 마음을 바꾼 것 같았다.

※본문에서 괄호 안 작은 글씨는 모두 옮긴이의 설명이다

UNCOMMON GENIUS
How Great Ideas Are Born

1

o n e

창의력은
타고난 재능과
오랜 노력의 문제

다음과 같은 사실을 의심할 사람은 없을 것이다. 즉 어떤 창조적 순간이든 가장 중요한 것은 운이나 우연이 아니라 타고난 재능을 알아차리고 활용하는 것이다.

"아뇨, 아뇨. 그렇지는 않을 겁니다. 그게 사실이라고 해도 독자들이 듣고 싶어 하는 건 그게 아니죠. 너무 직설적이고 차갑다는 느낌입니다. 대부분의 사람들은 노력을 기울이는 것을 머뭇거리거나 망설이죠. 자신이 어떤 특별한 재능을 가지고 있지 않다고 여겨요. 그저 평범할 뿐이라고 생각하죠. 처음부터 다시 하는 게 좋겠군요."

내가 말하고 싶은 것은 대부분의 창의적인 혁신은 우연이나 영감이 아니라 자신의 소질을 개발하는 데서 나온다는 것이다. 누구나 이 말에 동의할 것이다.

"당신은 그런 말로 독자들을 실망시키려고 하는 군요. 사람들이 원하는 건 약사가 조제해 주는 처방약 같은, 꽃이 영원히 시들지 않는 비밀의 장미 정원 같은 마법입니다. 그들이 원하는 것은 창의력을 발휘하는 요령이죠. 그래서 그들이 더 풍요롭고 만족스러운 삶을 보장받을 수 있도록 말이죠. 다시 해봅시다."

만일 창의력을 설명해 줄 유용한 것이 하나 있다면 그건 바로 자신만의 독특한 재능을 발견하고 아주 오랫동안 그것을 계발하기 위해 열심히 노력해야 한다는 것이다. 누구나 저마다의 소질을 갖고 있다. 요령이라고 하는 것은 그 소질을 알아채고 인정하는 것, 그리고 계발하는 것이다. 여기에서 바로 창의력이 펼쳐진다.

"글쎄요, 좀 무뚝뚝하게 들리기도 하는데, 어쨌든 솔직하게 말하는 게 도움이 되겠죠. 자, 가봅시다."

나의 재능은 연결하는 것입니다.

하버드대학 비교동물학 박물관에 있는 대기실은 마치 회전하는 바퀴의 축처럼, 여러 복도가 만나는 교차점보다 더 작았다. 창문은 없고, 퀴퀴한 냄새가 풍겼다. 복도 한 쪽 끝에는 파편화된 동물 화석이 산더미처럼 쌓여 있었고 묘지를 방불케 하는 해골과 턱뼈들, 그리고 먼지로 뒤덮인 이빨들이 있었다. 이어진 다른 쪽 복도에는 바닥에서 천장까지 닿는 큰 진열장에 조개껍데기 화석, 양치식물 화석, 곤충 화석들이 대분류표에 따라 각각 번호가 붙어 있었다. 다른 방향으로는 강의실이 있었다.

"혹시 저를 기다리고 계십니까?"

스티븐 제이 굴드 Stephen Jay Gould 박사가 다른 쪽 출입구에서 나타나며 말했다. 나는 그가 아프다고 들었기 때문에 건장하고 덩치가 크기까지 한 사람이 불현듯 등장할 줄은 몰랐다. 나는 곧바로 일어나 화석 진열장이 끝없이 펼쳐진 복도를 따라 그를 뒤쫓아 내려갔다. 가는 도중 박사의 관심을 끌려고 하는 사람들 때문에 몇 걸음 뗄 때마다 멈춰 서고는 했다. 탄원서에 서명을 해 달라고 부탁하는 사람들이 있는가 하면, 또 어떤 이들은 자신이 도출한 결론을 봐줄 수 있겠냐고 부탁했다. 그의 비서는 그에게 오후에 온 편지를 흔들어 댔다. 네 명 중 한 명은 그의 명성을 따라 쫓아 다니는 나방처럼, 사인을 해 달라고 졸랐다. 마침내 우리는 그의 연구실에 도착했다.

연구실은 어둡고 귀신이 나올 것처럼 으스스했고, 높은 아치형 천장으로 깊숙한 어둠에 싸여 거대하게 느껴졌다. 이 방은 한때 박물관의 대표적인 전시홀로 사용되었으나 지금은 문서 보관함과 여러 박스들, 그리고 산더미같이 쌓아올린 괴상한 것들이 꽉 차 있다.

굴드 박사는 구부정한 어깨를 하고 바닥에 시선을 고정시켰다. 안쪽에 있는 그의 책상까지 가기 위해 나는 미로를 통과하는 사람처럼 그의 발뒤꿈치를 쫓아 따라갔다.

그는 오늘 아침, 몸이 쑤시고 신물도 넘어와 힘들게 일어났다고 했다. 진화의 수수께끼라고 하는, 세상에서 가장 중요한 질문을 바싹 뒤쫓는, 의욕이 넘치고 과로를 일삼는 연구원이라고 한다면 충분히 예상 가능한 일이다. 굴드 박사는 진화를 둘러싼 연구 분야에서 세계 최고의 권위자이다. 그는 다윈 이후 이 분야에서 가장 중요한 사람이라는 평가를 받는다. 물론 어떤 이들은 그런 비유를 마뜩지 않게 여긴다.

굴드 박사는 책상에 앉자마자 먼저 그의 새 책이 가득 담긴 상자를 치웠다. 나는 기다릴 새도 없이 분위기를 편하게 할 수 있는 이런저런 기본적인 질문들을 던졌다. 그의 작업 습관이나 관심사, 성공에 대한 생각, 또는 실패를 극복하는 방법 같은 것들 말이다. 그는 이런 질문들을 매우 하잘 것 없는 것으로 취급했다. 어쨌든 중요한 것은 신의 창조물 그 자체에 대한 이해에 몰두하고 있는 이 남자에게 창의성을 추구한다는 것은 어떤 의미인지, 그것이 아닌가?

나는 재능에 관한 질문으로 옮겨 갔고 비로소 분위기가 조금 누그러졌다.

"보세요, 창의적 과정과 관련된 터무니없는 얘기들이 너무 많이 돌아다닙니다." 그는 설명을 이어갔다. "사람들은 창의력에 관해서 소위 영감이라는 마법이 질풍노도처럼 밀려오는 것처럼, 이런 말도 안되는 환상에 완전히 사로잡혀 있어요. 헛소리, 완전히 헛소리에요. 낭만주의 최악의 유산이기도 하죠."

굴드 박사는 계속 말했다.

"창의성에 대해서 내가 조금 더 이야기하자면 자신이 정말 무엇을 잘하는지 알아내는 것, 그리고 거기에 매달리는 것이 중요하지 않을까 싶습니다. 우리 주변에 존재했던 진짜 창의적인 천재들을 보세요. 바흐의 경우 매주 칸타타(독창부·2중창부·합창부로 된 성악곡)를 하나씩 작곡했어요. 어떤 때는 피곤하고 또 어떤 때는 아팠겠죠. 하지만 매주 한 곡을 썼어요. 가끔 시간이 별로 없을 때는 전에 썼던 걸 다시 한 번 썼죠. 물론 이 곡들이 모두 다 훌륭하지는 않았어요. 하지만 중요한 건 매주 썼다는 점이죠.”

이는 다른 사람들에게서도 반복적으로 듣곤 하는 내용이다. 어느 맥아더상 수상자는 다음과 같이 힘주어 말했다. “특별한 음악에 귀를 기울이세요, 다른 누구도 아닌 자신만이 부를 수 있는 노래 말이죠. 비록 자신의 운명이 나쁘더라도 다른 사람의 좋은 운명보다는 자신의 것이 낫습니다.” 또 다른 수상자는 이렇게 말했다. “우리가 아는 것과 그것을 솔직하게 드러내는 것에 관해서 우리 같은 시인들이 할 수 있는 것은 자신만의 경험을 표현함으로써 시를 더 잘 쓸 수 있다는 것입니다. 다시 말해 자신과 가까운 주변에 대해서 써야 한다는 것입니다.”

굴드 박사는 더 자세히 설명했다. “누구나 정말 잘하는 것이 있습니다. 중요한 것은 자신만의 그 재능이 선천적이라는 것입니다. 사람들은 대부분 저처럼 재수 없게 오만하지 않고 상당히 겸손하기 때문에 선천적인 그 재능을 특별하게 보지 않아요. 자신이 늘 잘해왔던 바로 그것이 재능인데도 말이죠.”

이제 어색함은 사라지고 그는 몸을 앞으로 숙이며 중요한 것을 강조했다.

“고된 훈련 없이도 몸을 잘 움직일 수 있는 신체를 가진 사람이 있다고 칩시다. 또는 완벽한 투구 솜씨를 가진 사람, 혹은 음악적 재능을 타고난 사람이 있다고 합시다. 제 말은, 그들은 늘 그래 왔기 때문에 자신의 재능에 대해 다른 생각을 하지 않아요. 그들은 능숙한 사람들입니다. 반면에 여러분은 자신이 잘 못하는 것에 대해 증오하거나, 화를 내거나 질투심을 갖거나 아주 불행하다고 여길 수도 있습니다. 예를 들자면 저는 항상 제가 수학을 더 잘했으면 하고 바랐습니다. 사회생활 초창기에 저는 과학 분야에서 수학 때문에 잘할 수 없는 부분이 있다는 걸 알게 되었고 제 기억으로는 그 점을 후회스럽게 생각했습니다. 하지만 제가 깨닫지 못했던, 제가 더 잘할 수 있었던 어떤 재능이 있었죠.”

그가 더 잘할 수 있었던 것이 무엇인지 궁금했다. 분명 여러 가능성이 있었을 것이다. 우선 그는 수많은 강의를 입석강의실에서만 할 정도로 인기 있는 강사였고 동물학, 지질학, 진화 생물학, 무척추동물 고생물학, 자연사, 과학사 이 모든 분야에 능숙했다. 마치 사자가 평원을 늠름하게 활보하듯이 그는 이런 여러 분야를 섭렵했다.

그는 또한 탁월한 현장 조사가였다. 겨울마다 카리브 해안에 들어가서 표본 채집용 가방을 입에 물고 바위와 풀들을 헤치고 다닌다. 파리 떼나 뜨거운 열기에도 아랑곳 하지 않은 채 달팽이 껍데기에 나타난 진화의 연결 고리를 매서운 눈초리로 관찰한다. 진화론에 관심이 있는 사람에게는 달팽이가 완벽한 실험 대상이었다. 그가 평생 가장 좋아하는 신조는 미즈 반 데어 로에^{Mies van der Rohe}가 말한 다음과 같은 어구이다. “신은 세부적인 것에 계신다.”

게다가 굴드 박사는 요즘에는 좀처럼 보기 힘든, 독특한 양식의 글을 쓰는 에세이 작가이다. 수년간 그는 〈자연사^{Natural History}〉라는 잡지에 ‘이러한 생명관^{This View of Life}’이라는 제목의 월간 칼럼을 썼다. 우아하고 품격 있는 스타일로 재치와 지혜를 엮어 쓴 그의 맥아더상 수상 기념 에세이는 한 번 읽고 나면 수개월 또는 수년간 머릿속에서 울린다. 그는 과학의 엄격함에 인문학적 관점을 결합시킴으로써 갈릴레오 논쟁으로 시작된 오랜 대립, 즉 과학과 철학의 공존에 대한 논쟁을 다시 불러일으킨 장본인이 되었다.

이러한 모든 것들을 자신의 특별한 재능이자 창의적인 노력의 영역이라고 쉽게 말할 수 있었지만, 오히려 그는 다른 더 사소한 것에 대해 이야기했다.

"나의 재능은 연결하는 것입니다. 그래서 제가 에세이 작가인 것이죠. 또한 그런 방식으로 저의 전문적인 작업을 구축하는 편입니다. 달팽이 껍질의 일부가 어떻게 상호작용을 할까요? 성장비율이 뭘까요? 패턴을 알 수 있겠어요? 저는 항상 이 숲 안에서 패턴을 알아보려고 하고 그걸 할 수 있다고 저를 격려하죠."

"저의 재능은 연관성에 있어요. 어떤 주제에 관해서라도 제가 열심히 고심한다면 그와 관련된 스무 가지 정도를 생각해 낼 수 있습니다. 그리고 그것들은 억지스런 연결이 아닙니다. 에세이나 과학 논문을 쓰는 데 이용할 만한 근거 있는 연결입니다. 제가 《개체발생과 계통발생Ontogeny and Phylogeny》이라는 책을 썼을 때, 저는 800여 개의 글을 읽고 그걸 하나의 가닥으로 연결하는 데 전혀 어려움이 없었습니다. 이런 식으로 연결을 하는 것이지요. 최고의 분류체계를 찾는 것이 하나로 묶는 유일한 방법이에요. 그리고 저는 그게 무엇인지를 알아 낸 겁니다."

"이것이 저의 재능이라는 걸 알기까지 수년이 걸렸어요. 저는 다만 다른 사람들은 왜 그렇게 하지 않는지 이해할 수 없었죠. 제가 쓴 에세이가 좋았다는 얘기를 계속 듣게 되면 저는 '좋아, 난 글을 잘 쓸 수 있군'하고 생각할 거예요. 하지만 제가 하는 게 특별하다고는 전혀 생각하지 않았어요. 그러다가 그게 아니란 걸 깨닫게 되었죠. 사람들은 안 하는 게 아니었어요. 그들은 단지 연관성을 파악하지 못하는 거예요.”

이제 긴장은 풀렸고 그는 최선을 다해 뭔가 알려주려고 했다. 굴드 박사의 에세이에서처럼 문단을 넘어갈 때마다 번득이는, 그의 재기 넘치는 개성으로 말미암아 한때 들었던 완고한 이미지는 이미 달아났다.

“또 하나 재미있는 게 있어요. 사람들은 제가 이러저러한 모든 자료들을 인용하고, 또 그러한 인용들이 상당히 신뢰할 만하기 때문에 내가 아주 박식하다고 생각하죠. 물론 자료들을 꾸미거나 아무데서나 빼오지는 않아요. 그렇지만 전 늘 사람들에게 제가 특별히 박식한 것이 아니라 단지 잘 잊어버리지 않는 것뿐이라고 얘기합니다.

제가 물론 엉터리로 아는 것은 아니죠. 저는 그런 점에서는 평균적인 지식 수준을 가진 사람일 뿐이에요. 하지만 중요한 건 내가 읽어서 알게 된 모든 것을 저는 이용할 수 있다는 것이죠. 사람들은 그걸 잘하지 못해요. 그들은 아마도 알고 있는 것의 겨우 2%정도를 적용할 거예요. 그래서 제가 그렇게 많은 걸 인용하는 걸 보고 제가 50배 정도는 더 알고 있다고 생각하죠. 그렇지 않은데 말입니다. 저는 제가 알고 있는 것을 100% 이용해요. 그들은 알고 있는 것의 2%를 이용할 뿐이고요. 하지만 몇 년 전까지만 해도 그게 저의 재능이라고는 전혀 깨닫지 못했죠. 다른 사람들도 다들 그럴 겁니다. 저도 제가 뭘 잘하는지 좀체 알지 못해요. 저는 그냥 그걸 할 뿐이죠.”

굴드 박사의 특별한 재능, 즉 관련 없어 보이는 것 사이의 관계를 알아볼 수 있는 드문 재능은 창의성이라는 문제의 중심을 꿰뚫는 것이다. 의도치는 않았지만, 그는 창의성의 다양한 정의 중에서 가장 일반적인 것에 정확히 조준을 맞췄다. 그것은 관련 없는 두 가지를 효과적으로 연결하는 것이다. 그런 연결 고리에서 우리는 놀라움을 경험하고 그 놀라움이 우리를 멈칫하게 만들고 생각하도록 한다. 창의력이란 바로 이런 것이다.

아주 논란이 많은 저널리스트이자 과학 저술가며 철학자인 아서 쾨슬러Arthur Koestler는 중량감 있는 그의 학술서《창조 행위The Act of Creation》에서 이런 연결을 가능하게 하는 발상에 관한 전반적인 이론을 펼쳤다. 쾨슬러는 일상적이고 평범한 사고는 기준이 되는 하나의 틀로부터 진행되며, 비록 다양한 관점에 익숙한 사람이 있기는 하지만 대부분은 한 번에 하나의 기준틀만을 작동시킨다고 주장했다. 그리고 그는 창의력이란 대개 서로 다른 두 개의 사고 체계 또는 틀을 연결할 수 있을 때 생긴다고 말한다. 쾨슬러는 이런 현상을 이전에 관계없다고 생각 되는 두 개의 전혀 다른 패턴을 하나의 새로운 패턴으로 만드는 요소인 '이연연상bisociation'이라고 불렀다.

일상생활에서 흔히 보는 주변 사물을 아주 우연히 보는 것에서도 창의력의 연결 개념을 떠올릴 수 있다. 옷에 사용하는 지퍼에서 영감을 얻어 만든 음식 보관 비닐인 지퍼락, 들러붙지 않는 프라이팬에서 발상을 얻은 테플론(음식이 들러붙지 않도록 프라이팬에 칠하는 물질) 코팅 다리미, 땅콩에 꿀을 바른 꿀땅콩, 팝콘에 치즈를 넣은 치즈 팝콘 등이 그렇다. 이런 것들이 우리가 창의적이라고 부르는, 일종의 효율적이고 놀라운 두 개의 다른 틀을 연결한 사례들이다.

연결 현상을 관찰할 수 있는 더 쉬운 방법도 있다. 재미있는 농담이다. 이 둘은 같은 원리로 작동한다. 농담이 재미있다면 그것은 주요 대목에서 예상치 못한 놀람을 만들어 내기 때문이다. 우리가 전혀 예상하지 못한 방식으로 무언가를 연결한 것이다. 예를 들어보자.

어느 날 피카소가 한 여인의 초상화를 그리고 있는데, 그 여자의 남편이 작업실에 들렀다. "어떤가요?" 피카소는 거의 완성된 초상화를 보여주면서 물었다. 남편은 목소리를 가다듬고 정중한 대답을 생각하느라 잠시 멈칫했다. 마침내 그가 입을 열었다. "음, 실제 모습 같지 않군요." 그러자 피카소가 다시 물었다. "그러면 실제로는 어떻게 생겼나요?" 화가 난 피카소에게 남편은 대들지 않고 조용히 지갑을 만지더니 즉석 사진을 꺼내며 말했다. "이렇게요." 피카소는 사진을 자세히 살펴보더니 이렇게 말했다. "알겠어요. 이렇게 작지는 않다는 거군요."

쾨슬러는 다른 누구보다도 '이연연상'식 사고의 가장 기본적인 형태로 유머를 언급하면서 폭넓은 창의력과 재미있는 농담 사이에는 유사성이 있다고 보았다. 그가 종종 언급하는 책 《창의력의 세 가지The Three Domains of Creativity》에서 쾨슬러는 다양한 종류의 창의적 표현 사이에는 유사성이 있다고 말한다. '아!'라는 감탄을 자아내는 예술적 창의성과 '아하!'라는 반응을 이끄는 과학적 발견, 그리고 '하하!'라는 반응을 끌어내는 코믹 영감 사이의 유사성 말이다. 이 세 반응 모두에서 보다시피, 두 개의 다른 기준틀이 충돌해서 놀라운 결과를 만들어 낸다.

아주 중요한 연결성을 만들어 내는 굴드의 이런 재능은 창의력의 핵심을 찌른다. 그렇다 하더라도 그가 노력하지 않았더라면 그의 재능이 이런 경지까지 이를 수는 없었을 것이다. 재능을 가지고 창의적인 일을 할 수 있는 정도까지 개발시키려면 인내심이 굉장히 중요하다. 특정 활동 영역에서 집중력과 인내심을 가지고 노력하는 것 말이다. 창의력 분야의 또 다른 연구자인 D. N. 퍼킨스는 다음과 같이 말했다. "언제 어디서나 즉시 독창적인 사람이 되려고 하는 것은 소모적인 일이므로 한 분야에서 창의적인 사람이 되어라."

작은 문제에 집중하라

수학자로 변신한 천체 물리학자인 알러 툼러Alar Toomre는 그의 글에서 이렇게 말했다. "평생에 하나라도 발견을 한다는 것은 아주 놀라운 것이다. 일하면서 두 개의 발견을 했다면 정말 운이 좋은 것이다."

툼러는 비디오카세트VCR가 상용화된 시대에 좀처럼 보기 힘든 구형 영사기를 만지작거리고 있었다. 유머가 넘치는, 아주 건장한 체격의 툼러는 외모와 달리 매우 민첩하게 사무실 여기저기를 뛰어 다니며 가구와 책들을 옮겼다. 마침내 칠판 아래에서 스크린 대용으로 쓸 만한, 페인트칠한 지 얼마 안 된 깨끗한 벽을 찾아냈다.

영사기는 수명이 다해 달그락거렸다. 스크린에 무엇이 나타나는지 좀체 알아보기 힘들었다. 마침내 장엄한 은하, 아름다운 천체들, 폭발하는 항성들이 나타났다. 이와 같은 신비야말로 그의 가장 창의적인 사고 분야이자 탁월한 아이디어로 인정받는 것이었다.

그는 오전 내내 이러한 우주의 신비와 그것에 관한 자신의 흥미가 어떻게 발전해 왔는지 얘기해 주었다. 이야기는 그가 어린 시절 에스토니아에서 이주를 하게 되는 데에서 시작했다. 고향 땅에서는 러시아 폭격을 피해, 독일에서는 미국의 폭격을 피해 탈출하면서 겪은 힘든 여정을 얘기했다. 미국과 영국 두 나라에서 공부한 그는 메사추세츠 공과대학에 정착해서 오랫동안 편안하게 종신교수 생활을 누리고 있다.

"어린 소년들 치고 비행기나 항공기 또는 거대한 미지의 영역인 우주에 끌리지 않을 수 없죠." 그의 설명은 이제 좀 더 깊이 들어가기 시작했다. 우주에 대한 폭넓은 관심을 아주 사소한 궁금증인 하나의 질문으로 좁혔다. 두 은하가 서로 가까이에서 회전한다면 무슨 일이 발생할까? 이처럼 생소하고 낯선 질문이 20년 이상이나 그의 관심을 끌었다니 놀라운 일이 아닐 수 없다. "이런 얘길 한다면 너무 이상하고, 어리석고, 전문적인 이야기처럼 들릴지는 모르겠지만 그 질문을 컴퓨터로 구성해 보면 정말 아름답고 놀라운 그림이 만들어집니다." 그는 빙그레 웃었다. 그런 그림들이 한 무더기로 그의 책상 위에 놓여 있었다. 일반인의 눈으로 보면 마치 뉴에이지 탄트라 그림이나 이제 막 기하학 무늬를 알게 된 어린아이의 그림처럼 보인다.

"이것 좀 보세요!" 깨끗한 벽면에 이미지들이 춤추기 시작했다. 임시로 만든 이 스크린에서 두 가지 형태가 다르게 소용돌이치고 있었다. 중심부를 향해 돌고 있는 각각의 거대한 덩어리인 xxx은하와 ooo은하가 컴퓨터 글씨로 xxx와 ooo로 나타나고 있었다.

"이제 서로 가까이 다가가면 어떤 일이 벌어질지 봅시다."

그는 완전히 몰입해 있었다. 그 영상을 만들었을 뿐만 아니라 적어도 수백 번은 보았을 터이고, 오늘 오전 수업시간에도 봤을 텐데 말이다.

두 은하가 점점 더 가까이 도는 걸 지켜보았다. 가까이 있는 별들은 서로 스쳐 지나갈 뿐 충돌하지 않았다. 마침내 xxx은하와 ooo은하에 긴 꼬리가 만들어 졌고, 그 꼬리는 나선형을 그리며 멀어지더니 결국 은하로부터 떨어져 나가 우주에서 소멸되었다. 툼러는 "아름다워, 아름다움 그 자체야"라고 말했다.

물론 복잡한 물리학을 배우지 못한 사람이 이해할 수는 없겠지만 그의 이런 발견은 기술적으로 놀랍지 않을 수 없었다. 초보자가 은하와 은하의 인력 작용의 핵심을 알기는 어렵지만 미적으로 아름답다는 것은 충분히 알 수 있다. 툼러의 위대한 발견은 우아하고 숭고했다.

"나는 이 오래된 친구와 20년 이상을 씨름하고 있죠. 20년 전에 이런 추측을 해봤어요. 태양계나 토성의 고리 같이 은하계에서 궤도를 선회하는 어떤 하나의 덩어리가 이렇게 나선형 줄무늬를 형성하는 세력권을 갖고 있을 것이라는 생각이었습니다. 그러나 그때는 더 나아갈 수가 없었죠. 20년 전에는 지금처럼 쉽고 편하게 이런 질문에 대처할 수 없었기 때문이기도 했어요. 당시에는 지금처럼 그래픽 기술도 없었고 직접 망원경으로 관측하는 것도 훨씬 제한적이었어요. 그럼에도 당시 저는 약간 과장해서 제 생각을 공개했고 쭉 그 일에 매달렸어요. 그런데 지금은 훨씬 더 정확히 계산해 낼 수 있죠. 천체 물리 분야에서는 어떤 것도 확실하게 말할 수 없어요. 다만 타당한지 아닌지만 따질 수 있죠. 저는 꾸준히 이 내용을 연구하고 있어요. 적어도 제가 만족할 만큼 입증할 수 있을 때까지 할 거예요."

회전하는 더 많은 은하들이 서로 가까이 돌 때 길고 우아한 꼬리를 만들고는 무한의 가장자리로 사라지는 걸 보았다. 집중하고 있던 툼러는 이와 관련되어 하고 있는 모든 연구에 대해 이야기했다. 그리고 어떻게 하나의 연구가 지속되고 또 어떻게 다른 연구에 통찰력을 주는지에 대해서도 말했다.

이와 같은 연구 과제 간의 상호연관성이야말로 대표적인 창의적 활동인 것 같다. 특정 활동에 관련된 대규모 연구에서 그 연결망을 조사하다 보면 연구원은 다양한 각도에서 문제를 볼 수 있다. 이런 방법의 이점은 커다란 질문 하나를 각각의 조각으로 나눌 수 있다는 점이다. 그 조각들은 다양한 각도에서 조금은 다른 주안점을 보여주기 때문에 더 날카롭고 명확한 예측을 하게 해 준다. 유용한 조각은 분리시켜서 다시 정의하고 더 깊이 있게 연구할 수 있고, 모호한 조각은 다양한 다른 관점으로 계속해서 실험해 볼 수 있다.

툼러는 20년 동안 은하운동의 다양한 양상을 조사해 왔다. 그리고 이제 그 결과를 보여주기 위해 그가 생각한 것보다 더 많은 연구 과제, 그리고 평생 매달려도 부족한 더 많은 아이디어와 이론을 부여잡고 있다. 이것은 다채로운 경험이자 막대한 창의력의 보고이며 주어진 분야에서 오랜 연구로 얻어진 부산물이다.

그러나 사람들은 평생에 걸쳐 열정적으로 집중할 만한 가치가 있는 일을 어떻게 알아낼 수 있을까?

툼러의 경우를 보자면 그것은 소질과 관련이 있다. 그는 타고난 물리학자이다. 그리고 물리학자들은 항상 문제를 분석적으로 보는 경향이 있다. 그들은 대부분의 사람들이 이해하지 못하는 특이하지만 중요한 사실들을 수집한다. 그렇지만 툼러에 따르면 여러분들은 너무 크거나 야심찬 문제보다는 작은 문제에서 진척을 봐야 한다. 여러분이 관심을 갖고 있는 문제에서 끄집어 낸 한두 개의 독립적이고 지엽적이며 특수한 질문에 초점을 맞추는 것이 중요하다. 작은 문제들에 온전히 집중하다 보면 그러한 문제들에 관심을 가져야 할 상당한 이유가 생겨날 수 있다는 것이 그의 설명이다.

그렇다면 어떤 질문을 꺼내야 하는지 어떻게 알 수 있을까? 오랜 세월에 걸쳐 노력할 만한 대상은 어떻게 결정할까? 탐구해 볼만큼 생산적이고 유용한 것이라는 걸 어떻게 알까?

"유용성?" 툼러는 잠시 당황해서 멈칫했다. "천문학자와 얘기할 때 곤란한 지점이 바로 그거예요."

물론 그것은 농담이었지만 중요한 점을 시사하고 있다. 뭔가 유용한 것을 발견하려는 바람은 아주 흥미로운 일련의 문제들을 갖고 사람들의 관심을 사로잡고 싶은 수많은 충동 중의 하나에 불과하다. 설명되지 않는 미스터리에 대한 도전, 최초가 되려는 욕구, 권력 · 존경 · 사랑에 대한 욕망, 종교적이거나 정치적인 믿음, 깊이 있고 지속적인 사회의식, 이러한 모든 것들이 일생의 주요 관심사를 규정하는 촉매제 역할을 할 수 있다. 선택한 문제가 개인의 재능에 날개를 달아주는 것이라면 그 충동은 무엇이든지 상관없다. 심지어 우연조차도 주어진 분야에서 오랜 연구를 시작하는 충분한 촉매제가 될 수 있다.

우연에서 발견하는 창의력 발휘의 순간들

손으로 머리를 감싸며 "모르겠어요"라고 앤디 맥과이어^{Andrew McGuire}가 말했다. "사람들은 어떻게 노력할 만한 목표 하나를 정하죠? 성격의 문제이기도 하고 자신의 재능을 인식하는 정도의 문제일 수도 있지 않을까요?"

하지만 맥과이어의 경우 다른 요소가 하나 더 있는 것 같아 보였다. 느긋하고 상냥한 캘리포이나 출신인 맥과이어의 삶의 굴곡과 관련지어 볼 때 나는 우연이라고 하는 것이 창의력과 관련이 많을 거라는 생각을 하게 되었다. 혹은 여러분이 좋아하는 다른 단어로 운명, 숙명, 신의 섭리라고 부를 수도 있다. 어떤 식으로 부르던지, 그건 형태가 없는 또는 매달리기 어려운 무엇이다. 마치 맨손으로 수은을 잡으려고 하는 것과 같다.

샌프란시스코 종합병원의 2층에 있는 그의 사무실에서 우리는 인터뷰를 했다. 이 종합병원은 트라우마를 잘 치료하는 것으로 유명하다. 사무실은 방금 이사 온 사람이 임시로 쓰고 있는 것처럼 보였다. 사실 맥과이어는 이 사무실을 수년간 쓰고 있는 데도 말이다. 사무실 한 구석에는 비디오카메라가 놓여 있는 삼각대가 있었다. 벽에는 수료증과 상장들이 일렬로 쭉 걸려 있었다. 책상과 창문틀마다 종이들이 흩어져 있었고, 탑처럼 쌓여 있는 청문회 관련 문건들, 다발로 묶여 있는 우편물과 종잇조각들, 뜯어볼 시간이 없어 일주일 쯤 방치된 듯한 소포꾸러미가 사무실 여기저기에 있었다. 병원은 오늘 공식적으로 쉬는 날이어서 인터뷰 장소는 조용했고, 그는 차분해 보였다. 그가 소포꾸러미를 열자 거기에는 '금속메모리^{metal memory}' 원리로 작동하는, 기발한 발상의 화상 방지 샤워 꼭지가 들어 있었다. 끓는 물에 데는 걸 방지하기 위해 열에 의한 금속 팽창의 원리를 적용한 창의성이라니! 호기심이 일자 그는 다른 여러 발명품을 옆에 치워두고 샤워 꼭지를 자세히 살펴보았다.

"어떻게 말해야 할지 모르겠지만 저는 노동자 출신이에요"라고 말을 꺼냈다. 그의 말투는 온화하고 느긋하며 침착했으며 불필요한 말은 사용하지 않았다. 넥타이에 정장 입은 모습을 상상할 수 없을 정도로 그는 둥글둥글하고 평범한 시골 사람 같은 모습이었다.

"제 아버지는 공장 노동자셨어요. 모든 걸 아주 단순하게 보는 그런 사람이었죠. 모든 게 흑백 아니면 옳고 그른 것이었어요. 중간은 없었고 논쟁할 만한 특별한 단어를 사용하지 않으셨죠. 허세라곤 없었어요. 저는 문제를 아주 기본적인 관점에서 봐야 한다는 생각을 가지고 자랐어요."

그의 성장과정은 그리 평탄하지 않았다. 수년 동안 공장 조립라인에서 일을 했고, 대학 시절은 학업에서나 경제적인 면에서 모두 힘들었다. 마침내 학업을 끝마치고 메사추세츠 주 월섬이라는 도시에 있는 하프시코드(현을 뜯어 소리를 내던 피아노 비슷한 중세 악기) 장인의 견습생이 되고자 동부로 떠났다. 그는 자신이 장인을 찾아 간다는 전화나 편지를 쓸 생각을 못했을 정도로 단순했다고 한다.

어느 날 그는 일할 준비를 하고 작업장에 나타났다. 장인은 당연히 그를 바로 견습생으로 받아들일 수 없었고 8개월이나 9개월 안에 다시 찾아온다면 그 때 한번 고려해 보겠노라고 약속했다. 그 동안 맥과이어는 어느 제조 공장에서 기계 운전자로 일했다.

그러던 어느 날 아주 우연히, 그의 부인이 신문 〈보스턴 글로브The Boston Globe〉에 실린 기사를 보게 됐다. 슈라이너 화상치료연구소 인근에 모여 화염방지 잠옷의 법제화를 요구하는 어느 단체에 대한 소식이었다.

"그 글이 제 가슴에 팍 박혔죠. 저는 일곱 살 때 화상을 심하게 입은 적이 있었거든요. 제 실내복에 가스레인지 불이 붙었어요. 아침 일찍이었는데, 사실 그날 아침은 제 생일이었어요. 당시 여동생은 네 살이었는데 당장 부모님께 달려갔죠. 부모님께서는 근처에 사시는 고모와 고모부에게 전화해서 저를 병원에 데려다 달라고 하셨어요. 저희는 차가 없었거든요. 고모가 오실 때까지 저는 소파에 누워 있었어요. 결국 저는 3개월 반을 병원에서 보냈고, 피부이식을 네 번이나 했죠. 아주 나중에 저는 제 동생과 그날 있었던 일을 다시 이야기해 보았어요. 그날 일이 내게 얼마나 도움이 되었는지 쉽게 이해할 수 없을 겁니다. 제 팔다리에 화상을 입은 자국들, 드레싱 처치했던 것, 고통을 참기 위해 내가 고안한 두뇌 게임들 등을 생각해보면 놀라울 정도로 기억하고 있는 게 아주 많더라구요."

맥과이어는 기관 회의 및 그에 관련된 모든 회의에 참석하는 것으로 처음 공익사업에 발을 내디뎠다. 공공 의료와 안전이라는 문제에 평생 처음으로 관여하게 된 것이다. 거기서 그는 무소불위의 담배 회사와 싸워 화재안전담배 입법에 성공했다. 동시에 그는 안전벨트 의무화 법안과 권총 규제 법안, 장애인의 권리에 관한 법안 등 다른 안전 분야에까지 관심을 확대했다. 우리가 사는 방식을 개선하는 데 따른 거센 저항과 맞서 부단히 싸우면서 이제는 현저하게 큰 성과를 얻어내고 있다.

맥과이어는 권력에 영향을 주고 대중의 감성을 움직일 수 있는 탁월한 능력에 얽힌 얘기들을 하나하나 풀어나갔다. 어떤 일에 개인적인 비극을 겪었지만 팔짱을 껴보는 것 외에 그 이상의 대응을 할 수 없었던 사람들의 동질감을 연결시켜주는 것이 중요하다. 그는 그런 사람들을 찾아내 만일 그들이 슬픔과 분노를 지울 수 있다면 긍정적인 변화를 가져올 방법을 찾을 수 있다고 가르친다.

100명, 800명, 수천 명에 이르기까지 맥과이어는 의식을 가진 시민들을 직접 만나면서 천천히 조직해 나갔다. 그는 한쪽으로 비켜서서 그들이 기자회견이나 공청회에서 주목 받을 수 있도록 해 주었다. 나서지 않을 수 있다면 자신의 이름을 전혀 드러내지 않고 한 발 뒤로 물러나 있고 싶어 했다. 이런 식으로 그는 여론을 고조시키고 권력기반을 흔들었다.

긴 크리스탈 귀걸이를 하고 'Grateful Dead'(1965년 결성된 미국의 록 밴드 이름)라고 쓰인 티셔츠를 입은 종업원은 우리에게 코로나 두 병을 가져다주었다. 살면서 겪은 다양한 사고로 말미암아 가장 창의적인 일을 하게 되었다는 이야기가 길어지자 그는 목이 탔다.

"그리고 이건 제 영화들이에요. 다른 일을 하는 사이에 찍었죠." 코로나를 한 모금 길게 마시고는 그가 말했다.

앤디 맥과이어가 처음 만든 다큐멘터리는 몇 년 전 주택화재로 75%의 화상을 견뎌낸 랍이라는 일곱 살 소년에 관한 것이었다. 당시 맥과이어는 영화를 제작해 본 경험이 전혀 없었지만 크게 걱정하지 않았다. "제 말은, 그렇게 본다면 장애물이 없는 일은 없죠." 딱 한 가지 중요하고도 걱정되는 것은 이 화상 재해에 관한 영화가 이러한 비극을 예방하는 법을 만들도록 하는 데 유용한 도구일 수 있다는 점입니다. 물론 이 영화는 예술적이면서 의학적으로도 정확해야 했고 사회적으로 민감한 영화이긴 했지만요.

〈너를 좀 보렴, 애야Here's Looking at You, Kid〉라는 영화는 사고 전 랍의 어머니께서 찍으신 가정용 비디오에 현지 영화제작자가 3년 반 동안 작업해서 만들어졌다. 이 영화는 슈라이너 화상치료연구소에서 예비교육의 하나로 여러 가족들에게 상영되었다. 그런데 놀랍게도 이 영화가 그 해 뉴욕 애미상을 수상하게 되었고 공중파 텔레비전에도 방영되었다.

"세 번째 영화를 제작하고 계신다구요? 맥과이어 씨는 여러 의사와 소방서장을 만나 대화를 나누고, 화상병동을 돌아다니고, 전 세계 병원에서 진행하는 병례 검토회에 참석하고, 사람들을 조직하고, 수많은 위원회에 자문을 해 주고, 넥타이를 메고 대학에서 강연을 하시는군요. 그리고 화재와 권총, 폭발한 포드 사건 핀토스(포드에서 1970년에 개발한 소형차로 후면 충돌 후 연료탱크에 화재가 나는 사고로 미국 최초로 대량 리콜 되었다), 그리고 자동차 에어백, 부표 없는 수영장에서 일어나는 익사 사고 등 이런 것들에도 굉장히 관심이 많으시네요. 그리고 장애인들에 대해서도 관심을 갖고 계시고 트라우마 예방에 일생을 바치고 계신 거네요. 다음은 무엇이죠?"라고 내가 말했다.

그는 이 질문에 심각하게 고민했다. 내가 확신하는 건 그가 현재 활동하고 있는 주된 분야, 즉 사람들의 건강과 안전과 복지에서 멀리 벗어나지는 않을 것이란 점이다. 이미 그는 다섯 명의 몫을 혼자 해나가면서 모든 주요 문제에 손이 닿아 있는 것 같았다. 무엇이 남았을까? 그는 곰곰이 생각해 보았다.

"전쟁이죠. 제 생각에는 이건 정말 치명적인 상처에요."

◆ ◆ ◆

맥과이어는 사소한 목표에 매달리는 사람이 전혀 아니었기 때문에 하는 일의 범위가 매우 넓었다. 자칫 창의력이라는 주제를 넘는 이야기이기 때문에 나중에 제6장에서 우리는 다시 그의 창의력에 대해 이야기할 것이다. 이제 창의력에 대한 첫 번째 단서를 재능과 오랜 노력의 문제에서 찾아야 한다는 것을 알게 되었을 것이다. 이 장에서 우리가 얻은 교훈은 여러분이 잘할 수 있고 아주 익숙한 것, 분명한 것을 잘 살펴보면서 자신의 재능을 찾으라는 것이다. 그런 다음 한눈 팔지 말고 그 특정한 분야에 오래 매달려 보라. 이렇게 한다면 우리가 마법이라고 여기는, 모호하고 불확실한 단어인 재능을 개발할 기회를 갖게 될 것이다. 그리고 여러분은 계속해서 여러 가지 시도를 하면서 일련의 문제와 씨름할 수도 있을 터이다. 또한 탁월한 연결망을 알아낼 수 있을 정도로 시야가 충분히 넓어지기 시작할 것이다.

호평 받는 사진작가인 알프레드 스티글리즈야말로 이 첫 번째 단서와 딱 들어맞는 인물이다. 벽돌로 된 벽을 똑같이 수백 장 찍는 습관에 대해 물었을 때 그는 이렇게 답했다. "끝없는 다양함 속에 하나의 주제가 있죠. 마치 삶처럼 말이죠."

실패할 자유는
왜 중요한가

이번 프로젝트 초창기에 무슨 일이 일어날지 한 번 알아보기 위해, 나는 비공식적으로 한 무리의 낯선 사람들에게 창의력이 과연 중요한 것인지, 그렇다면 얼마나 중요한지 알아보기 위해 조사를 했었다. 나는 잠깐 쉬고 있는 비서나 배달원들, 통근 열차에서 만난 사업가들, 빈둥대는 여급사나 호텔 종업원들, 도서관 사서들, 공원벤치에 앉아 있는 엄마들 등 사람들을 가리지 않고 아무나 붙잡고 이야기를 했다.

이번 조사에서 다행스럽게 느끼는 두 가지 결론이 나왔다. 첫째, 내가 사람들에게 강연이나 충고를 할 수 있을 것 같은, 또는 비밀을 털어놓고 얘기하고 싶은 그런 인상을 준다는 것이다. 둘째, 이 주제에 호의적이지 않았던 사람은 거의 없었다. 꼭 이런 순서는 아니지만 건강, 행복, 부 다음으로 창의력이 좋은 것이라고 대체로 생각하고 있었다.

하지만 최고의 아이디어이자 가장 창의적인 생각이라고 부풀려진 몇몇 얘기를 들은 후 더 나은 창의력을 위해서라면 친구나 소득, 안전이나 명성을 기꺼이 희생할 의향이 있냐고 묻자 사람들은 키득키득 대거나 말을 잘 못하는가 하면 심지어 양해를 구하고 자리를 피했다. 사람들은 모험을 감수해야 하는 걸 불편해 한다. 이런 이유로 우리 대부분은 창의적 잠재력의 온전한 크기를 제대로 알아내는 데 어려움이 있다.

창의적 작업에서 유감스러운 점은 바로 창의력에는 위험감수라는 요소가 필수라는 점이다. 말하자면 이러한 모험은 여러분의 은밀한 인격을 드러내는 일이며 공개적으로 검증받을 준비가 아직 안 된 뭔가를 드러내는 일이고, 경험과 전문성이라는 확실한 기반을 뛰어 넘어야 하는 모험이며, 친구나 스승과도 나가야 할 길이 달라질 수 있는 모험이다. 또한 실수를 하고 자신이 가진 재원을 위태롭게 하는 모험이며 큰 손해나 실패처럼 의도치 않은 결말로 고통을 받을 수도 있는 모험인 것이다. 사회는 이단자를 멀리한다.

그럼에도 불구하고 다르거나 낯선, 또는 불확실한 뭔가를 추구하기 위해 모두가 인정하는 상식 바깥으로 걸음을 내딛는 용기가 없다면 창의적 사고가 펼쳐질 가능성은 거의 없다. 맥아더상은 모험을 감수할 용기를 준다. 그렇기 때문에 다소 불가능한 것을 추구하는 용기를 기꺼이 갖춘 사람들에게 상을 수여해 왔다. 한 수상자는 맥아더 프로그램 책임자에게 다음과 같은 글을 써서 보냈다. "실패할 자유를 주셔서 감사합니다." 또 다른 수상자는 "제 안에 가지고 있을 거라고 생각지 못했던 뭔가를 할 수 있는 용기를 주셔서 감사합니다"라고 썼다. 상을 수여받고 재단으로부터 경제적 후원을 받음으로써 수상자들이 창의력을 발휘할 기회를 좀 더 쉽게 잡을 수 있겠지만, 이러한 지원이 없었어도 그들은 주류의 흐름을 거스르는 데 익숙했을 것이다.

모험은 어디에나 있죠. 그게 제 인생 이야기에요.

나는 다시 주소를 확인했다. 이스트할렘, 메디슨 가 106번지. 그곳에서 내가 본 것은 깨진 유리 조각들이 널브러져 있는 텅 빈 주차장과 과일가게 앞을 쓸고 계신 어르신, 재키 로빈슨이라고 쓰여 있는 학교 담장에 공을 던지고 있는 소년이 전부였다. 나는 소년에게 물었다. "미안한데, 센트럴파크이스트 중등학교가 어디 있는지 아니?"

소년은 엄지손가락을 갑자기 들어올리며 "3층이에요"라고 말했다.

"뭐, 이 안에 있다는 말이니?" 학교 안에 또 다른 학교가 있다는 것은 나에게 충격이었다. 소년의 얘기에 따르면 우리가 어느 회사 건물에 들어갈 때 거기에 여러 회사가 있는 것과 같은 이치라는 것이다. 센트럴파크이스트 중등학교는 맥아더상 수상자 데보라 마이어^{Deborah Meier}가 설립한 몇 개의 공립학교 중 네 번째 학교이다. 1974년에 처음 개교했을 당시만 해도 아무도 전체 12학년 교육 시스템을 만들 거라고 생각하지 못했다. 사실 외딴 곳에 홀로 자라는 새싹 같은 이런 학교가 과연 살아남을 수 있을지 모두들 의심스러워하는 데는 나름의 이유가 있었다.

이 학교가 개교한 해에 뉴욕시 교육에 일대 충격을 준 사건이 있었다. 학교 도서관들은 문을 닫았고, 선생님 만 오천 명이 해고되었다.

문맹과 무관심과 장기 결석생에 대한 논의가 있었다. 마약과 칼을 휘두르는 아이들에 대한 우려들도 있었다. 학부모와 교사들은 한 목소리로 교육시스템 전반의 변화를 요구하고 있었다. 특히 진보적인 교육가들이 가장 힘들어 했었다. 그들이 상대적으로 젊은 교사들이어서 인력 감축으로 인해 상당히 큰 타격을 받았기 때문만은 아니었다. 소위 '대안교육'과 '열린교육'이라고 하는 좋은 시스템마저도 사라져버릴 것이라고 알려졌기 때문이다.

"후원회나 학생회도 없고, 실제 세력 기반도 없이 시작한 이 일은 농담과 불가능 사이의 일이었죠." 한 학교 관계자가 말했다. 이런 악조건에서 혁신적인 새 학교를 시작할 기회를 모색하고 실행하려는 사람은 바보가 아닐 수 없겠죠. 그러나 현재 교장인 공립학교 교사 데보라 마이어가 그 제안을 수락했을 때 마이어는 '아니요'라고 말할 무능함보다는 오랫동안 의심해 왔던 것을 개인적으로 확인해 볼 요량으로 도전해 보기로 했다.

처음부터 성공할 확률은 아주 낮았다. 무엇보다도 이 새로운 학교는 이스트할렘에 있는, 75년 된 무너져 가는 건물에 입주를 배정받았다. 그러나 이 건물은 이미 다른 학교가 쓰고 있었고, 학교 관계자들은 자연스레 새 학교 관계자들을 운동장이나 급식실 같은 기본 시설과 심지어 학생 유치를 위해 다퉈야 하는 기생적인 존재로 보았다.

엎친 데 덮친 격으로 데보라의 신생 학교는 뉴욕의 가장 가난한 동네 두 곳을 배정 받았다. 반 이상의 가정이 연소득 만 이천 달러 또는 그 이하였다. 주민의 45%가 흑인이었고, 30%는 히스패닉이었다. 대부분의 가정이 배움에는 관심이 없다고 말하는 게 맞을 것이다. 뉴욕의 32개 학군 중에서 이스트할렘 학생들은 독서능력표준화검사에서 매년 최하위를 차지했다. 중퇴자 비율은 터무니없는 수치에 달했다. 그나마 등록한 학생들도 의자놀이를 하듯 학교를 이동해 다닐 뿐이었다. 75%가 고등학교를 졸업하지 못했다. 그리고 교구재 또한 문제였다. 입학한 첫 해에는 의자가 너무나 부족해서 입학생들이 이 교실 저 교실로 의자를 옮겨 다녀야만 했다.

그러나 시간이 지날수록 이 이상한 학교에서 뭔가 아주 흥미로운 일들이 일어나고 있다는 얘기가 돌았다. 수업에 그다지 관심이 없었던 거칠고 짜증내고 지루해 하는 아이들이, 전에는 교문이 열리는 걸 전혀 기다리지 않았던 그런 아이들이 변하고 있었다.

데보라의 첫인상은 교사용 단화를 신고 두껍게 왁스칠 한 복도를 쿵쾅대며 뛰어 다니는 모습이었다. 데보라는 바닥에 떨어진 종잇조각을 주우며 단호한 걸음걸이로 걸어오고 있었다. 책상 앞에 앉은 데비(데보라의 약칭)를 찾는 일은 결코 없을 거라고 보조 선생님께서 얘기해 주셨는데, 그 말이 사실이었다. 그날 오후 무작정 세 학급에 들렀는데 마이어를 그 곳에서 모두 보았다. 마이어는 수업을 참관만 하거나 어떤 때는 보조교사 로리의 7, 8학년 인문학 수업에 직접 관여하기도 했다.

학생들은 다음 질문에 대한 토론을 준비하고 있었다. '유럽인들이 오기 전에 여기에는 하나의 나라만 있었을까요? 아니면 하나 이상의 나라가 있었을까요?' 마이어는 학생들이 자신의 의견을 뒷받침해 줄 증거를 모으는 데 기준을 정확히 이해했는지 확신할 수 없었다. 로리가 한 학급의 절반가량의 학생들을 맡아 수업을 하는 동안, 굵은 안경

테를 쓴 마이어의 시선은 작은 의자를 향하고 이내 자리를 잡아 다른 학생들에게 소크라테스가 울고 갈 정도의 질문들을 쏟아냈다. 마이어는 엄격하지만 자상했고 단호하면서 진지했기 때문에 안절부절 못하며 통통 튀는 아이들을 차분하게 만들었다. 마이어에겐 그녀의 존재만으로도 아이들을 집중시킬 수 있는 힘이 있었다.

"네가 증명하려는 게 뭐지? 우리가 하나의 국가라는 걸 증명하려는 거니? 국가가 뭐지? 국가a nation와 나라a country의 차이는? 나라는 뭘까?"

사랑스럽고 눈빛이 초롱초롱한 남자아이 한 명이 지구본을 가지러 재빨리 뛰어가 마치 그 질문에 답이라도 할 듯 지구본을 앞으로 내밀었다. 다른 아이는 낡은 사전을 집어 들었다. 하지만 마이어는 흡족하지 않았다. 그들은 더욱 열심히 뭔가를 했다.

"국가가 무엇인지, 나라가 무엇인지 모르면 어떻게 자기가 토론하는 내용을 알 수 있지? 캐나다는 미국 바로 옆에 있죠. 이 두 나라가 다른 나라라는 걸 사람들에게 어떻게 증명하나요? 국가를 갖기 위해서는 하나의 정부만 필요한가요? 종교가 하나만 있어야 할까요? 한 종류의 화폐만 필요할까요? 국경이 필요한가요? 내가 만약 국경 없는 나라를 하나라도 말한다면 어떻게 할 건가요?"

한 학생이 자발적으로 나서서 얘기했다. "말도 안 돼요. 국경이 없다면 누구라도 죽을 수 있어요." 그러자 "전혀 그렇지 않단다"라며 마이어는 다음과 같이 이야기했다. "만약에 국경 없는 나라가 다른 나라에 비해 사실 전쟁도 적게 일어나고 죽는 사람도 더 적다고 얘기 한다면 어떨까?"

어린 학생은 아주 놀라워하면서 선생의 말을 곱씹어 보았다. 그리고 "운이 좋아야만 할 거예요"라고 말했다.

마이어는 베두인 족(사막에서 유목생활을 하는 아랍인)을 생각하고 있지만 토론팀이 마이어의 생각을 알아차리는 데에는 며칠이 더 걸릴 것이다. 그러는 사이에 학생들은 답을 찾느라 도서관으로 뿔뿔이 재빠르게 흩어질 것이다.

마이어의 공립학교 실험에서 나온 첫 번째 통계자료는 인상적이었다. 중퇴자비율은 도시 평균의 10분의 일도 안 되는 5% 수준으로 떨어졌다. 첫 졸업 학급의 학생 대부분이 고등학교를 마쳤으며, 그 중 절반은 대학에 진학했다. 시험 성적도 마찬가지로 고무적이었다. 1979년에는 시 표준 모의시험을 치른 6학년생의 압도적인 70%가 읽기 영역에서 학년 수준을 상회했다.

이러한 성과에도 불구하고 마이어의 공교육 실험에 의심의 눈초리를 거두지 않는 사람들이 있었다. 그들은 왜 백인 아이들이 이 빈민가에 매력을 느끼는지, 왜 백인 선생님들도 그러한지 알 수 없었다. 혹시 흑인과 히스패닉계 아이들이 속고 있는 건 아닐까? 왜 모든 학급이 두 개의 등급으로 나뉘어져 있으면서 동등한 대우를 받을까? 왜 이 학교에서는 더 적은 교과서로 수업을 하고 전통적인 교과과정을 따르지 않을까? 권력의 흥망성쇠를 공부하는 데 1년을 보내고, 또 그 전 한 해 동안에는 오로지 이민에 대해 공부할 정도로 무모할까? 왜 초등학교 학생들이 어른들의 이름을 부르고, 시내에서 자원봉사활동을 하며, 음악 레슨과 연극 리허설, 섹스에 관한 집단 토론을 위해 수업 시간을 할애하고, 급하면 언제나 화장실에 자유롭게 가는지 그들은 이해할 수가 없었다.

이 학교는 이단자로 여겨졌고, 이 학교를 지지하는 사람들은 동네에서 따돌림을 받았다.

"모험은 어디에나 있죠. 그게 제 인생 이야기에요." 데비 마이어는 동료에게 얻은 담배를 한 모금 길게 들이 마시고는 말했다. 소용돌이치는 담배 연기가 데비의 헝클어진 흰 곱슬머리와 뒤엉켰다. "우리가 처음 이곳에서 직면했던 어려움에 대해 어디서부터 얘기를 시작해야 할지 모르겠네요. 그리고 우리는 아직도 그런 어려움에서 벗어나지 못 했죠."

오후 4시였다. 학교가 공식적으로 끝나려면 아직 1시간이 남아 있었다. 마이어는 마치 지휘본부와 같은 교실 의자에 구부정하니 앉아 있었다. 블라우스에는 잉크와 크레용 자국이 묻어 있었다. 그녀는 외모에 그다지 관심이 없었다. 데비는 일종의 강박적인 에너지를 가지고 있어서 아무리 피곤에 지쳐 있어도 그날 있었던 일에 대한 자신의 반응을 다시 생각하고, 책을 읽고 연구를 하느라 밤늦게까지 자지 않는다.

"오늘 로리 반에서 일어난 일 보셨죠. 제가 로리의 권한을 빼앗아서 로리가 불쾌했을 수도 있어요. 그래서 내일은 아이들이 토론하는 것의 개념을 제대로 알지도 못했고 어떤 관점을 취할지 전혀 감을 잡지 못했다는 사실을 로리가 깨닫고 원만히 넘어갈 수 있게 수업 시간 중에 1분 정도 짬을 내야만 합니다. 나는 로리와 함께 어떻게 이 문제를 끌어내야 할지 파악해야 합니다. 다만 로리가 부적절하다고 느끼지 않도록, 그리고 마치 내가 로리의 권한에 도전하고 있다고 느끼지 않도록 해야 히죠."

마이어는 계속해서 이야기 했다. "하지만 당신은 다른 종류의 모험에 대해 알고 싶죠? 우리가 여기에서 시도하는 것을 어떻게 성공시켰는지 그런 성공담에 대해서 말이죠."

마이어가 시도하고 있는 것은 새로운 공교육 시스템을 만드는 데 조금도 부족하지 않았다.

"그때그때 저는 다르게 얘기합니다. 다만 크게 볼 때 교수법과 학습법에 대한 제 생각은 민주적 가치에 초점을 맞추고 있다는 겁니다. 즉 다양성과 저마다 갖고 있는 가능성 그리고 다른 사람의 관점을 존중하고, 또 그들의 식견을 존중하는 것이죠… 나의 고민은 어떻게 학생들에게 비판적 사고를 터득하고 문제 해결의 능력을 갖추게 할 것인가 하는 점이에요. 이런 게 바로 민주적 사회에서 필요한 것들이죠. 만일 우리가 학교에서 도움을 받지 못하고 아이들이 기본적인 교육 훈련을 못 받거나 거부한다면, 우리가 말하는 것은 민주적 가치가 유토피아적 생각이자 불가능한 일이라고 얘기하는 것이죠. 그런데 저는 결코 그렇게 생각하지 않아요. 제가 알기로는 인간이라는 본질 상 민주적 가치를 불가능하게 하는 인간성이란 건 없어요."

마이어는 교육에 대한 자신의 철학을 시험해 보고자 할렘가 폐허 위에서 새로운 학교를 열기로 했다. 교과 과정은 다양한 프로젝트와 학습 가능성을 포괄할 만큼 충분히 폭넓은 핵심 주제를 중심으로 구성된다.

예를 들어, 3학년과 4학년 학생들이 도시에 대해 공부 할 때는 동네도 걸어보고 가게 점원과 애기를 나누거나 지도나 모형도 만들어보며, 동네 풍경을 담은 벽화도 그려본다. 이를 토대로 아이들은 자신

들이 만든 설계도로 상상의 도시를 만들고 집짓기 계획도 세워 모두
가 동의할 수 있는 디자인을 찾을 때까지 여러 개를 만들기도 했다.
그런 다음 괴물과 신, 보트, 여러 도구들, 그리고 환상적인 악기들로
도시를 가득 채웠다. 찰흙으로 조리도구 모형도 만들고 상상의 도시
에 사는 사람에게 입힐 옷도 만들었다.

"새로운 지식에 대한 열망과 호기심을 가진 아이들에게 영감을 주
기에 충분한 교과 과정 아닌가요? 아마도 사립학교에 다니지 않는 도
시 빈민지역의 아이들은 시스템 전반에 적용된 이러한 아이디어의 이
점을 누려본 일이 없었을 거예요"라고 마이어는 설명했다. 물론 여기
저기에 자리 잡은 독특한 교사가 있을지는 모르지만 존경과 참여민주
주의라는 개념을 바탕으로 구축된, 유치원에서 고등학교에 이르는 전
체 공립학교 시스템은 또 다른 것이다. 이러한 가치를 아이들로부터
끄집어내기 위해서는 타고난 배짱과 어마어마한 인내심이 필요하다.

"개인적인 생각을 말하자면 위험을 감수하는 것과 더 대담해지는
것은 창의력에서 정말 중요한 부분입니다. 이곳에는 저보다 훨씬 더
훌륭한 선생님들도 계시고 매우 다양한 아이디어를 가지고 있지만 어
떤 상황에서 도약을 해야 할 때 저보다 더 많이 위축되는 선생님들이
계세요. 저는 한 번에 수많을 어려움을 기꺼이 감수하려고 합니다.
심지어 통상 어떤 위험이 도사리고 있는지도 모르는 상황에 제 자신
을 밀어 넣기도 합니다."

하지만 그게 위험하지는 않을까? 마이어에겐 두려움이 없는 걸까?

긴 침묵이 뒤따랐다. 밖은 이제 어두워졌고 궂은 날씨에 12월의 추
위가 창문 틈새로 들어오고 있었다. 저 멀리서 지하철이 천둥처럼 덜

커덕거리며 달려가는 소리가 불규칙하게 들려왔고 멀리서 들려오는 수위 아저씨의 라디오 소리를 빼면 학교는 고요했다.

"사춘기 시절, 내가 죽을 일은 영원히 없을 것 같고 어떤 불행도 나와 무관하다고 생각하면서 수많은 모험을 했던 때가 있잖아요? 어떤 점에서는 그런 사춘기 시절을 용기 있다고 말할 수는 없을 거예요. 왜냐하면 그때는 정말 나쁜 일이 일어날 거라고 믿지 않았기 때문이죠. 하지만 저는 그런 식인 거예요. 어리석은 것 같기도 하고, 또는 잘 몰라서 그럴 수도 있겠죠."

"예전에 어머니는 돌아가시고 아버지는 뇌졸중으로 쓰러져서 제가 기댈 수 있는 어떤 근원이 사라졌던 때가 있었어요, 그때가 막 남편과 이혼을 했을 때인데, 바로 그 즈음에 제가 어리석은 일을 하나 저지르는 바람에 학교가 곤란한 상황에 처했어요. 제가 위험했던 때였어요. 물리적인 위험은 아니었지만 저를 상처주려는 적이 있다는 걸 알았어요. 당시에 느꼈던 특이한 '두려움'을 저는 기억해요. 당시 저는 제가 해내지 못할 것이라는 두려움, 제 자신을 추스르지 못하고 바보 같이 보일 것 같은 두려움, 너무 멀리 내가 알지 못하는 데까지 가버릴지도 모른다는 두려움들이 있었어요. 하지만 한편으로는 내 자신을 둘러싸고 있는 벽을 부수고 거기에서 나와야 한다는 아주 '간절한' 생각을 하게 되었죠. 두려움에 끌려 다니는 것을 도저히 참을 수 없었기 때문에 그 두려움으로부터 제 자신을 멀리하려고 했죠."

마이어는 현 상태를 유지하자는 생각을 했을지도 모른다. 위험을 회피하고 규칙을 따르는 것처럼 말이다. 기존의 일을 똑같은 방식으로 하는 데서 오는 지루한 하품을 했을지도 모른다. 그런데 그건 마이어의 방식이 아니었다. 마이어는 시험해 보고 싶은 창의적 생각들로 가득했고 변화를 만들고 싶어 했다. 그녀는 '무분별한' 몽상가의 용기를 가지고 행동하는 모험가이다.

"저는 제가 이 계획에 관여하고 있고 이곳에서 우리가 하고 있는 것이 성공할 것이라고 믿기 때문에 기꺼이 위험을 감수해요. 우리는 문제를 향해서가 아니라 목표를 향해 나아가고 있어요. 물론 실패하고 싶지 않죠. 실수하고 싶지도 않고 우스워 보이는 것도 싫어요. 죽는 것도 무섭죠. 그런데 저는 모험을 두려워하지는 않아요. 왜냐하면 모험은 변화의 일부이고 변화는 새로운 발상의 전부니까요."

사람들은 어디서 용기를 얻을까

만일 여러분이 모험을 감수하는 능력이 창의적 활동에 있어 필수 요소라고 하는 사실을 받아들인다면 불가피하게 그 다음 질문으로 '사람들은 어디서 용기를 얻을까?'하고 물을 것이다.

우리는 흔히 '실력이 출중한 성공한 사람들에게 용기란 문제가 되지 않는다'고 쉽게 그리고 그럴듯하게 답할 수는 있다. 물론 그런 사람들은 매번 새로운 위기 상황에서도 계속 성공할 거라고 확신할 것이다. 불확실한 상황에서 과거의 성공 경험이 어떤 위안을 줄 수도 있겠지만 용기의 주요 원천으로 과거의 영광에 기댄다고 말한 사람은 맥아더상 수상자 40명 중 단 한 명도 없었다. 시나 교향곡, 또는 어떤 연구과제가 되었든 매번 새로운 시작은 다른 시작만큼이나 어렵고 위험하며 항상 실패의 가능성은 있다. 그러므로 수상자들이 용기를 말할 때 과장된 자신감을 드러내거나, 역경을 헤쳐 나왔다는 오만함을 드러내는 일은 없었다.

대신에 이들에게는 어떤 드러나지 않는 겸손과 감사하는 마음이 가득했다. 창의력을 발휘할 수 있는 용기는 그들의 내면이 아닌 외부에서 발현되었거나 또는 왜소하고 쉽게 상처받는 존재인 자신들보다 확실히 더 뛰어나다고 생각하는 것에 의지함으로써 구현되었다.

수상자 가운데 데보라 마이어와 같은 사람들이 용기를 발휘할 수 있었던 외부적인 요인을 찾아본다면 대중의 정서와 다른 결정을 자신 있게 내릴 수 있었던 힘은 일련의 가치에 대한 믿음에서 찾을 수 있다는 것이다. 마이어는 아이들에게 내재한 잠재력과 민주적 가치에 토대를 둔 교육시스템에 대한 확고한 믿음을 가지고 있기 때문에 의심과 불확실성, 절망이라는 아주 힘겨운 고난을 헤쳐 나갈 수 있었다.

그렇지 않은 일부 수상자들에게는 가족의 친밀함에 깊이 빠져 들거나 친구와 동질감을 느끼면서 위로 받기, 또는 누군가로부터 적절한 때에 용기를 얻을 수 있는 말을 듣는 것이 중요했다고 한다. 그러나 어떤 경우도 당사자로 하여금 용기는커녕 돌이킬 수 없는 역효과를 유발하게 하는 계기가 될 가능성이 매우 컸었다.

그런가 하면 목공 기술자인 샘 말로프와 같은 사람들은 매우 숭고한 권위에서 용기의 원천을 찾는다. 표현하기 어려운 개념이긴 하지만 진지한 성격의 말로프는 갖은 애를 써가며 이해를 도왔다. 문장 중간 중간 더듬기도 하고 짙은 눈썹의 미간을 찌푸리면서 말을 이어 나갔다. 그 와중에도 양 손은 허공에 무언가를 나타내고 만들려는 듯 끊임없이 움직였다. 샘의 손은 무척이나 인상적이었다. 72년간 거칠게 써온 작은 손은 강하고 튼튼해 보였고 어두운 다갈색에 주름이 깊었으며, 손가락은 짧지만 두꺼웠고, 짧은 손톱 밑에는 여전히 톱밥 자국이 남아 있었다.

위험을 감수할 자유

샘 말로프Sam Maloof는 32살에 목공예가라는 불확실한 미래를 쫓고자 독학으로 배운 그래픽 디자이너로서의 안정적인 직장을 그만 두었다. 부인 알프레다와 함께 그는 온타리오 주와 정 반대편에 있는 켈리포니아 남쪽으로 이사했다. 이곳은 그가 어린 시절을 보냈던 곳이다. 눈 덮인 산꼭대기에 구름으로 그림자가 종종 비치는 샌 가브리엘 산맥에 둘러싸인 이곳에서 말로프는 작은 레몬 밭 한가운데에 자리를 잡았다. 그리고 땅을 개간해서 오렌지, 아보카도, 자두, 무화과, 올리브, 살구나무 등을 심었다. 또한 그곳에 약 92평방미터 면적의 작업장을 만들고 가족을 위한 집도 지었다.

말로프의 개성을 가잘 잘 드러내는 이 집에 대해서는 각별한 말이 필요하다. 손으로 나무를 깎아 만든 집으로 평범하게 보이지만 굉장히 많은 손이 갔을 것이다. 독특하고 인상적인데다가 마치 집과 관련된 모든 것이 살아 움직이는 듯 생명력이 있다.

대부분의 집은 처음 가 본 사람도 주의 깊게 살펴보면 머릿속에 집 전체의 구조나 여러 공간들 간의 관계를 상상하거나 알아챌 수 있다. 하지만 샘의 이 마법 같은 신비한 창조물 내부의 어느 한 곳에 조용히 자리를 잡는다면, 하나의 방이 어디로 연결돼 있는지 등의 공간 관계는 고사하고, 집 전체 구조를 알아채는 것은 완전히 불가능하다. 여러 방이 건물 안 복도를 향해 열려 있는데 복도를 따라 더 많은 방들과 중간 크기의, 로비나 통로가 아닌 공간이 눈에 들어온다. 그곳에서도 여러 개의 문과 아치형 천장, 나선형 계단, 그리고 더 많은 방으로 연결되는 발코니들이 있다.

집을 처음 방문하는 사람들이라면 눈부시게 잘 익은 레몬 때문에 축 처진 가지를 피해 고개를 수그리고 거닐면서 도대체 이 많은 문 가운데 어떤 문이 정식 출입구인지 의아해하면서 마당을 한 바퀴 돌아보곤 한다. 그리고는 결국 소심하게 모든 문을 두드리기로 결심한다. 그러면 마침내 프레다가 문을 열고 다정하게 반겨주며 샘은 지금 작업실에 나가고 없지만 편하게 거실에서 기다리라고 설명할 것이다. 프레다는 주철로 된 난로에 불을 쑤셔서 잘 타게 하고는 후추향이 가득한 옥수수 수프 냄새가 나는 곳으로 사라진다. 그러면 우리는 어느 공간이 프레다가 말한 거실인지 의아해 하면서 다양한 의자에 번갈아 한 번씩 앉아보고는 자신이 마치 〈골디락스와 곰 세 마리〉 동화에 나오는 금발소녀가 된 듯한 느낌을 받는다. 특히 품위 있고, 다리받침이 꼬리처럼 길며, 부드러운 촉감과 휴식이 필요한 인간의 몸에 대한 깊은 통찰로 만들어진 샘의 흔들의자에서라면 더욱 그렇다.

수년에 걸쳐 샘은 자신의 집을 만들어 왔고 작업실에서 작업하다 남은 조각들로 집 안의 모든 가구들을 만들었다. 울퉁불퉁한 나무뿌리로 만든 문고리, 그루터기를 재활용한 의자나 탁자, 특이한 모양의 나무막대로 만든 경첩, 비틀린 나무 기둥으로 얹은 서까래, 햇빛에 바래서 검은 흙빛이 된 널빤지 등 이 모든 가구들의 표면에는 나뭇결과 질감이 살아 있다. 평생에 걸친 예술 작품이 빚어낸 다채로운 빛깔이 가득한 그의 집은 그 자체로 '숨 쉬고 있다'고 해도 과언이 아니다. 흙으로 빚은 토기나 타일, 바구니나 도자기는 그냥 '배열된' 것이 아니라 샘의 예술적 감성에 맞게 높낮이가 서로 다르게 놓여 있다.

나무와의 교감은 기본일 것이다. 사이프러스 나무, 검은 호두나무, 마당에서만 8년째 자연건조 중인 흑단나무, 그리고 유칼립투스, 빨강과 금색 얼룩의 유럽 주목, 브라질 자단목, 티크나무, 영국 갈색 오크나무, 체리나무, 상아처럼 하얗게 건조되는 레몬나무, 인디언 플라타너스, 포플러나무 등 말로프는 원목을 다루는 헤밍웨이이자 미국 목공예 분야의 대부로 불린다.

사람들은 그가 만든 가구를 구경하거나 가구를 주문하기 위해 그의 집을 방문한다. 말로프는 자신의 집을 전시장처럼 활용하고 대리인이나, 전시관, 전단지 등에 전혀 의지하지 않고 모든 거래를 직접 처리한다. 장인이 직접 자신이 만든 물건을 파는 시스템은 요즘같이 고도로 상업화된 시대에는 어울리지 않는 중세적 발상이다. 20여 년 전, 230만 달러 이상의 로얄티로 그의 일련의 가구들을 대량생산할 권리를 제공해 달라는 제안을 받기도 했으나 그는 거절했다. 말로프는 자신의 손으로 일하는 걸 좋아했다. 코를 찌르는 듯한 나무 냄새를 좋아했고 부드러운 광택이 날 때까지 나무를 문지르는 그 느낌을 좋아했다. 자신의 가구들을 직접 만드는 데에서 즐거움을 만끽하며 하나도 똑같은 것이 없는 자신의 가구마다 그 밑면에 서명을 했다.

영화배우, 미국 대통령, 사업가, 유명한 예술가, 박물관 큐레이터. 이들은 모두 고등학교도 간신히 졸업한 이 남자를 보러 집으로 찾아왔다. 이들은 머물면서 점심을 같이 하거나 저녁 또는 주말을 같이 보냈고, 테이블보의 느낌과는 전혀 다른 탁자에 팔꿈치를 대고 프레다와 담소를 나누었다. 이들은 말로프의 가구들을 만지고, 보고, 감탄을 자아냈다. 샘의 흔들의자는 하나에만 지금 만 달러에 팔리고 있다. 하나는 백악관에 놓여 있다. 그가 이 일을 시작했을 때만해도 딱 100개만 만들 수 있다면 정말 운이 좋은 것이라고 생각했다.

폐기된 철도 화물칸으로 가구를 만들면서 목공예가로 홀로 독립한다는 것은 엄청난 용기가 필요했다. 40년 이상 변덕스런 유행을 쫓아가는 세태에 휘둘리지 않으면서 매끈하면서도 그윽한 선의 미학에서 벗어나지 않는 경건한 아름다움을 보여주고, 같은 종류의 단순한 디자인을 고수하는 것도 대단히 강한 신념이 필요한 일이다. 그의 레바논 친척들이 모두 머리를 흔들며 혀를 쯧쯧 차고는 불쌍한 샘이 손으로 벌어먹고 살아야 하는, 이런 슬프고 창피한 일이 어디 있냐고 말할 때조차도 자신의 작품을 고수하려면 그에게는 대단한 용기가 필요했다.

창의적인 작업과 관련된 모험에 대해 이야기하면서 우리는 용기라고 하는 문제에 대해 말하지 않을 수 없다. 샘 말로프는 어디에서 이런 용기가 나왔을까?

"그렇죠, 분명 어마어마한 모험이었어요." 그는 나무처럼 깊고 풍부한 목소리로 말했다. "하지만 저는 항상 행복하게 사는 삶, 제 자신이 목표인 삶을 믿었어요. 뭐라고 말해야 할지 모르겠지만 스스로 진실하게 살려고 하는 삶을 믿었죠. 저는 절대 물질적 안정에 지나치게 집착하지는 않았어요. 프레다에게 만일 우리가 한 달에 500달러만 벌 수 있다면 그게 우리가 필요한 전부이지 않겠냐고 얘기하곤 했죠. 중요한 것은 정신적 안정이에요. 저는 정말 진실하게 사는 것과 감사하며 사는 것이 중요하다고 믿어요. 당신의 마음이 진실하다면 모든 일이 잘 될 거라고 생각해요."

다른 대부분의 수상자들과 같이 샘도 자신 바깥에 있는 무언가에 의지해서, 다시 말해, 정직한 행동 규칙들, 높은 질서의식을 지킴으로써 용기를 얻는다. 이러한 용기는 지속적이고 깊은 신념이 된다. 그는 진실하고 도덕적인 삶을 살았으며 진실함이 그의 일과 창의성에서 가장 중요한 부분이라고 말했다.

"저는 진실하게 살려고 노력합니다. 저는 항상 저의 생각이 진실한지 고심합니다. 그리고 저에게는 그게 창의력의 가장 중요한 요소라고 생각합니다. 유행은 왔다 가죠. 하지만 제 작품들은 저의 진실한 비전을 가지고 있어야 해요. 제가 막 이 일을 시작했을 때 고객이 지시한 대로 가구를 한 번 만들어 봤어요. 그런데 그때 저는 제가 만든 것이 불편했어요. 결국 그에게 돈을 받지 않았죠. 그냥 그걸 없애 버리고 싶었거든요. 그건 진실이 부족했던 거예요. 시작에 문제가 있었던 거죠."

"그리고 저는 다른 사람들에게도 진실하게 살라고 얘기하죠. 저는 제 작업들을 알려줍니다. 비밀은 없어요. 만일 누군가에게 도움을 주었다면 저는 그걸로 만족합니다. 저는 제가 알고 있는 모든 것을 공유합니다."

그는 잠시 멈추고는 주의 깊은 눈으로 방 안을 천천히 둘러보았다. 각각의 가구들을 살펴보면서 악보대를 만들면서 겪었던 문제들, 아기 침대를 만들면서 느꼈던 만족감, 의자를 만들면서 겪었던 우려들, 경칩이 거의 드러나지 않는 가구를 만들면서 느꼈던 환희들이 그에게 되살아 난 듯 보였다.

"사람들은 제게 와서 자신이 싫어하는 직업에 어떻게 얽매여 있는지, 또 얼마나 그들이 나무를 가지고 일하고 싶어 하는지를 얘기 할 때면, 저는 그들이 용기를 내지 않는 점에 대해 화가 납니다. 저에겐 큰 불행은 없었죠. 하지만 저는 그들에게 위험은 늘 있다고 말해요. 장미 같은 환상은 보여주지 않으려고 해요. 경제적으로나 심적으로, 감정적으로 많은 모험이 따르기 때문이죠. 팔 수도 있고 그렇지 못할 수도 있죠. 우리는 우리가 매주 얼마를 벌게 될지 몰라요. 여러분은 하루에 아마도 12시간 혹은 14시간 일해야 할 거예요. 저는 마음속에 제가 만들고 싶은 걸 그려봅니다. 그걸 만들 좋은 원목과 제 시간에 모험을 걸어요. 만들다 보면 제가 마음속에 그리던 것과 맞지 많을 위험이 항상 있어요. 하지만 저는 진실함을 추구하는 제 자신을 믿어요. 그리고 그 믿음에서 위험을 감수할 자유를 얻어요."

목공일을 처음 시작할 때부터 지금까지 샘은 자신을 이끌어 주고 자신에게 영향을 주는 보이지 않는 힘을 믿는다. 그것이 바로 그가 모험을 감수하고 창의력을 발휘할 용기를 주는 원천이다. 그는 조용히 내게 고맙다고 말하고 정중함을 표한 다음 자리에 앉아 가구를 만들었다.

◆ ◆ ◆

손으로 어루만지고 기름칠하고 사포질하면서 나무에서 나는 조용한 속삭거림, 부드러운 농담 같은 침묵의 소리. 그의 작업실에서 나오는 이런 리듬에 빠져서 샘 말로프와 충분한 시간을 보낸다면 여러분은 뭔가 궁금해지기 시작할 것이다. 창의력이라는 수수께끼를 풀기 위해서 결국 우리에게는 믿음이라는 커다란 발판을 마련하는 게 필요하지 않을까? 어떻게 사람들은 모험을 감수할까? 나는 상세히 알고 싶었다. 다른 사람을 앞서 나가기 위해서 또는 보통 사람들이라면 아무 생각 없이 웃고 즐기며 넘어갈 수 있는 어떤 것을 주의 깊게 관찰하기 위해 뒤떨어지는 것을 감수할 용기를 도대체 어디서 찾을까?

용기, 모험, 믿음, 신념, 희망, 힘. 이러한 개념들은 마침내 때가 되면 하나의 단일한 질문으로 섞여 들어간다. 그럼에도 불구하고 우리 모두는 아주 열심히 이러한 개념을 깔끔하고 정확하게 밝히려고 노력한다. 하지만 이는 그리 간단하지도, 그리 명확하지도 않다.

용기는 심각하고 어렵고 무거운 개념이다. 정직한 샘은 용기를 갖는 것이 쉽지 않은 일임을 잘 알고 있었다. 그리고 이 점에 있어서 자신이 지속적으로 뭐가 부족한지 정확히 인지하고 있었다.

라마누잔A.K. Ramanujan의 경우를 보자. 나는 이 저명한 시인이자, 번역가이며 맥아더상 수상자이고 다방면으로 박학다식한 지식인인 그와 연락을 시도한 지 수 개월 만에 소심하고 애처로운 느낌이 드는, 멀리서 온 답장을 우편함에서 찾았다. 그는 시간상으로도, 그리고 여행 중이기도 하고 인터뷰에 대한 공포가 있어 인터뷰가 어렵다는 답장을 보내왔다. 결코 아무 생각 없이 고른 것은 아닌 듯한 그림엽서에는 시카고대학 한 구역에 좁게 나 있는 눈 덮인 길을 찍은 사진이었다. 그 길에 있는 두 사람은 마주하며 다가오고 있었지만 추위로 고개를 푹 숙인 채 서로에게 아주 흔한 눈인사도 못하고 있는 사진이었다.

이건 또 다른 방식의 대화인 것이다. 두려움은 모든 사람에게 있다. 심지어 성공한 사람이나 인기 있는 사람들조차도, 입으로 휘파람을 불며 주머니 깊숙이 손을 넣고 살아가는 사람들조차도 말이다. 모험을 감수하기 위해 우리는 적어도 일시적으로, 때때로 두려움을 극복해야 한다. 만일 여러분이 어떤 어려움도 견딜 수 있는 강한 지지대를 자신의 외부에서 찾고자 한다면 적어도 일시적으로, 때때로 모험을 감수해야 한다.

t h r e e

침착함과 느슨함을 유지하기

누구나 한 번쯤은 위대한 창조적 발견이 어떻게 탄생하게 되었는지에 관한 이야기를 들어 봤을 것이다. 어떻게 듣지 않을 수가 있겠는가? 그런 이야기에는 예외 없이 거부할 수 없는 극적인 부분이 나온다. 좀 더 큰 극적 효과를 위해 나래이터는 속삭이는 목소리로 말한다. "바로 그때 폭풍우를 몰고 오는 새까만 구름이 몰려오고, 밝은 빛 한 줄기가 내려와 흔들리는 수면 위로 떨어졌다. 바로 그 순간 사랑스럽고 신비로운 뭔가가 떠올랐다."

뉴턴의 머리에 떨어진 운명적인 사과에서부터 새뮤얼 테일러 콜리지의 널리 알려진 서사시 《쿠빌라이 칸^{Kubla Khan}》에 이르기까지. 이 시는 어느 날 새뮤얼이 아편에 취해 몽상을 즐기고 있을 때, 그에게 갑자기 전체 시가 떠올랐다고 한다. 이러한 이야기들은 항상 극적 강조에 크게 무게를 둔 모든 이야기에 미화되어 나오면서 영감이 나타나는 결정적 순간에 대해 이야기해 주고 있다.

이러한 생생한 발견 이야기의 압권은 호도하는 부분이 있기는 하지만, 놀랄 만큼 우리에게 영감을 준다는 점이다. 다만 그러한 이야기가 충분히 강조하지 않거나, 때때로 언급도 하지 않는 부분은 마법 같은 통찰의 순간에 선행하는 기나긴 불확실성의 시간이다. 이는 단순히 오랫동안의 노력을 간과한다는 문제가 아니다. 중요한 것은 대부분의 창의력이라는 돌파구를 찾으려 하는 결정적 순간을 위해서 미리 선행되어야 하는 불확실성과의 긴 몸부림을 주의 깊게 살펴보지 않는다면, 그러한 이야기들은 창의력이라는 꽃을 피울 수 있는 토대를 외면하는 셈이다. 이러한 몸부림을 지속하지 못한다면 아마도 창의적인 결과를 기대할 수는 없을 것이며, 혼돈의 방황을 끌어안지 못한다면 상상력이 자라는 토대도 상실해 버리고 말 것이다.

우리 중 많은 이들은 느슨하게 가만히 있는 것을 불편하고 불안하게 느낀다. 심지어 이 상태가 오래 간다면 더욱 그러하다. 모호함은 사람을 혼란스럽고 심지어 불안하게 만든다. 우리가 뭔가를 조사할 때에 선명한 윤곽이 그려지는 틀을 만들고 싶어 한다. 그리고 '예' 또는 '아니오'로 결정할 수 있는 깔끔하고 분명한 해답을 선호한다. 애매한 상황, 오합지졸, 매일매일 반복되는 불확실성, 이런 것들은 우리를 지치게 한다. 흐릿한 회색의 중간지대를 완전히 배제하고 검거나 희거나 둘 중 하나를 선택하는 상황이 훨씬 더 낫다고 생각한다.

반면에 창의적인 사람들은 대부분 자신의 일을 시작하는 데 따르는 모호한 상황에 훨씬 더 관대한 것 같다. 그리고 이렇게 체계적으로 정비되어 있지 않은 시간을 더 잘 받아들이고 심지어 반기기도 한다. 그들은 빠른 결론이나 최종적인 결말을 간절히 바라지는 않는다. 예상하지 못한 어떤 흐름이 그들을 어디로 데려갈지 궁금해 하면서 느긋하게 방황하는 오랜 시간을 기꺼이 즐긴다. 이러한 정신적 여유가 창의적 상상력의 산실이다. 나중에 힘들게 노력하며 땀을 흘릴 시간은 충분할 것이다.

이처럼 모호하게 보내는 시간의 중요성에 대해서 많은 맥아더상 수상자들도 언급했다. 시인 더글라스 크레이즈가 시를 쓰기 시작할 때 느끼는 '흐릿하고 감상적인 순간' 그리고 마야 문명을 연구하는 젊은 이인 데이비드 스튜어트가 특별한 생각 없이 상형문자로 된 글 무더기를 무작위로 골라내는 시간들이 바로 그렇다. 신경생리학자 로버트 샤플리가 반은 농담조로 좋은 실험실과 그렇지 않은 실험실을 구별하는 방법을 얘기할 때도 그렇다. 필요할 때 적당히 떼어내서 사용할 수 있는 고물을 얼마나 많이 갖고 있느냐 하는 것이 좋은 실험실이라고 그는 얘기했다. 정치학자 로버트 액슬로드가 잡지를 볼 때 소위 자신의 분야와 관련된 기사가 없을 때도 일상적으로 훑어보는 경우도 그런 것이다. 그리고 영화감독인 프레드릭 와이즈먼도 그렇다. 불확실성의 대가이자 다큐영화의 최고 대가인 그가 영화 제작을 구상하는 방식도 정확히 그런 식이다. 사실 느슨함을 유지하는 것은 와이즈먼이 영화를 제작하는 방식의 중요한 한 부분이다. 따라서 그의 작업 방식을 자세히 들여다보는 게 상당히 가치가 있을 것 같다.

전설이 된 다큐멘터리 영화의 탄생

프레드 와이즈먼Frederick Wiseman이 제작한 첫 번째 영화는 〈티티컷 폴리즈Titicut Follies〉1967였다. 이 영화는 메사추세츠 병원 정신이상 범죄자 시설에 수감되어 있는 환자들에 관한 이야기이다. 전형적인 와이즈먼 스타일인 이 영화의 시작은 단도직입적이다. 나레이션이나 음악, 관객들이 영화에 적응할 수 있도록 하는 친절한 소개는 일절 없다.

아무런 예고도 없이, 우리는 목욕시간에 힘없이 자신의 성기를 가리는 나체 수감자들의 강렬한 흑백 세상으로 확 빨려 들어간다. 벽에 머리를 쿵 박는 애처로운 소리가 들리고 삭막한 하얀 방에 수감되어 절망하는 환자들의 발작적인 분노를 마주한다. 그리고 감시원들이 복도에서 주고받는 짧은 대화를 엿듣는다. 그러면서 관객들은 이들의 무관심과 냉혈함에 경멸감을 갖는다.

하지만, 다른 와이즈먼 영화에서도 늘 그렇듯 이 장면은 이제 겨우 시작일 뿐이다.

나이든 환자에게 억지로 밥을 먹이고 있는 의사와 그 혐오스런 감시원들이 농담을 주고받는 장면이 나온다. 의사는 분명 이 일을 지루하게 여기고 있다. 담배가 그의 입술에 걸쳐져 있다. 다음, 우리는 감시원들이 나이든 환자를 면도시켜 주는 걸 본다. 환자의 건조하고 뾰족한 코가 마치 바람에 항해하는 돛처럼 위를 향하고 있다. 파리가 그의 하얀 이마를 기어 다니고 멍한 눈을 한 환자의 눈과 마주친다. 하지만 다시 카메라는 이동하고 우리는 그 환자의 음식 튜브에 길게 늘어진 의사의 담뱃재를 본다.

식사하는 장면과 면도하는 장면이 번갈아 나오는 이러한 편집은 언뜻 이해가 안 된다. 하지만 와이즈먼은 이윽고 우리의 시선을 스크린에 고정시켜 동공을 크게 만들었다. 카메라는 마치 그네를 타듯이 의사에게서 감시원으로, 다시 감시원에서 의사로 왕복한다. 그리고는 마침내 무슨 일이 벌어졌는지 깨닫고는 소름이 쫙 끼치는 순간이 온다. 사실 그 환자는 이미 죽었고, 우리가 인간미가 없다고 욕하던 감시원들이 실은 일종의 비통한 마음으로 면도라는 마지막 의식을 치르고 있었던 것이다. 우리는 감시원들의 복잡한 감정을 오해한 것을 부끄럽게 느낀다.

프레드 와이즈먼은 그의 나이 36살에 이 첫 영화를 만들었다. 어떤 사람은 영화감독이라는 예술가 나부랭이 같은 일에 막무가내로 뛰어들려고 탄탄한 법조인의 삶을 포기하기에는 너무 늦은 나이가 아니냐고 말했다. 영화 제작에 관해서 곁가지로 들은 것이 전부였지만 와이즈먼은 개의치 않았다. 왜냐하면 제작비를 마련하고 촬영 허가를 받는 일, 그리고 소심한 그에게 상상할 수 없었던 장비를 대여하는 일만으로도 너무 바빴기 때문이다.

영화 제작진도 꾸려야 했다. 분명 첫 작품에서는 작가가 필요 없다는 걸 느끼지 못했지만 젊은 작가 한 명, 경력이라곤 자비를 들여 아프리카 오지 주민에 대한 인류학적 연구를 한 것이 전부인 촬영기사 한 명, 그리고 전에 한 번도 해 본 적이 없는 일을 마찬가지로 해야 하는 의무를 짊어진 프레드 자신, 이렇게 세 명이었다.

이 무모한 임무에 작가를 맡은 데이비드 에임스는 나중에 〈뉴욕 타임스 매거진〉에 실린 글에서 당시를 다음과 같이 회상했다. "막연한 구상과 헐거운 구성, 애매하고 괴팍하면서도 결과를 예상할 수 없었던 이 프로젝트가 일 년이라는 시간이 지난 후에 〈티티컷 폴리즈〉라는 이름의 영화가 될 줄은 프레드도 미처 생각하지 못했을 거예요. '저기 영화가 될 것 같은데, 저기에 영화할 게 있어'라고 프레드가 말하곤 했어요. 프레드의 천재성은 일정 부분 자신의 본능에 대한 확고한 믿음과 헌신에 따른 데서 나와요. 〈티티컷 폴리즈〉는 말도 안 되는 예산으로 만든 겁니다. 친구들은 회의적이었고 아내들은 짜증을 냈어요. 여러 가지 문제에 대해 우리는 밤늦게까지 논쟁을 했죠. 어느 날 우리가 영화를 찍고 있는 곳에서 썩은 식용유와 소독약 냄새가 나기 시작했어요. 와이즈먼과 나는 궁금해졌어요. '도대체 우리가 지금 뭘 하고 있지?' 적어도 나는 내가 했던 걸 알고 있었어요. 하지만 만일 프레드가 몰랐다면 그는 그냥 모르는 채로 있었을 거예요."

〈티티컷 폴리즈〉는 1967년 '뉴욕 필름 페스티벌'에서 많은 주목을 받았고, 독일과 이탈리아에서 상을 수상하기도 했다. 그러나 와이즈먼이 영화가 개봉하기 전에 브릿츠 워터 주립병원에 영화를 보여주기로 한 구두 약속을 어겼다는 이유로 매사추세츠 주에서 고소를 당했기 때문에 상업적으로 상영된 기간은 아주 짧았다. 또한 수감자들로부터 서면 동의서를 받지 않았다는 주장과 사생활을 침해했다는 주장도 있었다.

와이즈먼은 소송에서 패했다. 일부는 당시 부지사였던 엘리엇 리처드슨의 배신 때문이었다고도 한다. 엘리엇은 영화 제작을 위한 시설의 허가를 도와주겠다고 와이즈먼에게 얘기했고, 문제가 불거지기 전까지 개인적으로도 이 영화를 칭찬했었다. (와이즈먼의 캠브리지 영화 스튜디오인 지포라 영화사 화장실에는 수년간 리처드슨의 오래된 신문 사진이 걸려 있었다.) 결국 이 영화는 정신과 직원들, 법대생, 관련 분야 교수들에게 보여주는 것을 제외하고는 상영이 금지되었다. 대법원은 이 사건의 재심을 두 번이나 거절했지만 그는 헌법 수정 제1조(언론·종교·집회의 자유를 정한 조항)가 받아들여질 거라는 희망으로 20년 이상 소송을 제기했다.

"이건 말도 안 되는 차별이죠." 뉴욕에서 어느 추운 겨울날 아침에 만난 와이즈먼이 말했다. "제가 알기로는 국가 안보나 음란물과 관련된 것을 제외하고 미 헌법역사상 상영이 부분적으로 금지된 유일한 기록물입니다. 영화, 출판물, 연극 그 어떤 것 중에서도 말이죠."

상영제한 조치에도 불구하고 〈티티컷 폴리즈〉는 시민적 자유주의 진영에서는 전설이 되어가고 있다. 와이즈먼은 매년 영화를 한 편씩 제작하고 있다. 삶의 방식, 제도, 스트레스에 대한 관찰이라는 그의 주제는 변함이 없다. 그의 영화는 여전히 꾸밈이 없고 직설적이다. 영화제목도 〈하이스쿨High School〉(1968), 〈더 스토어The Store〉(1983), 〈병원Hospital〉(1970), 〈프라이메이트Primate〉(1974), 〈미트Meat〉(1976) 등 삭막하고 미니멀리즘적이다. 이후에 만든 영화 역시 〈티티컷 폴리즈〉처럼 혐오감과 찬사, 모욕과 전설이라는 뒤섞인 반응을 불러 일으켰다.

불확실성 속에서 자유롭게 유영하기

"저는 좀처럼 사전 작업을 하지 않습니다." 와이즈먼이 말했다. "제가 주로 하는 일이라는 것이 어느 지역의 지리나 하루하루의 일상, 또는 누가 세력을 잡고 있는지 등에 대한 감각을 익히려고 하루를 보내는 일이죠. 사람들과 이야기를 나누며 걷거나 신문이 눈에 띄면 그걸 보는 것으로, 아니면 언제 정기 직원미팅이 있는지, 여러 구역의 책임자들이 누구인지 그런 것들을 물어 보는 식인 거예요. 영화를 찍는다는 것은 뭔가를 조사하는 것과 비슷하다고 생각해요. 저는 언제든지 상황을 촬영할 준비가 안 된 장소에는 있고 싶지 않아요. 만일 뭔가 대단한 일이 일어났는데 당신이 거기에 없고 어떤 상황인지도 모른다면, 자신이 무얼 놓쳤는지 모를 겁니다. 하지만 만일 당신이 거기에 있을 때 뭔가 극적인 일이 일어난다면, 여러분은 그걸 카메라에 담고 싶을 겁니다.”

불확실성의 시간을 자유롭게 유영하면서 자신의 놀라운 능력을 펼쳐 보이는 작업 방식이다. 그의 모든 영화 기획은 이런 방식으로 시작된다. 준비나 조사도 거의 없이 관심 주제에 대한 아주 폭넓은 이해만 갖추고 자신이 조사하기로 마음먹은 기관에서 무엇을 알아낼 수 있을지 등의 예상은 가능한 최소화시키는 방식으로 말이다.

그는 불현듯이 어느 장면에 쓱 등장한다. 벽에 기대고 서 있다가 서성거리며 돌아다니고, 관찰한다. 그는 대본을 가지고 작업하지 않고 동작을 연출하지 않는다. 영화에 등장하는 사람들에게 지시하지도 않는다. 이렇게 처음 몇 주 동안 프로젝트를 진행하면서 와이즈먼은 어떤 주장을 내세우거나 이론을 드러내는 일, 또는 하나의 관점을 추구하는 일에 관심을 갖지 않는다. 그저 어슬렁거리며 돌아다닐 뿐이다. 혼란스러울 정도로 많은 사소한 일들에 푹 빠져 전체 맥락을 이해하려고도 하지 않는다.

검은색의, 감정이 풍부해 보이는 눈빛과 결코 첫인상을 망가뜨릴 것 같지 않은 수줍은 미소의 와이즈먼은 위협적인 인상과는 거리가 멀어 사람들의 관심을 끌지 않는 외모를 지녔다. 그는 에임스가 '비뚤어진' 또는 '디킨스풍'이라고 부르는, 인생의 쓴맛에 지친 듯한 그런 얼굴이다. 오늘 아침 그는 평상복 차림이다. 옷은 제멋대로 구겨져 있고 올리브색 셔츠와 회색바지는 빛이 바랬다. 머리 스타일조차도 유명한 다큐영화의 대가라기보다는 밑바닥 생활자에 가깝게 어지럽게 마구 뒤엉켜 있었다. 그는 언제든 들을 준비가 되어 있었으며 귀도 앞쪽으로 쫑긋 나와 있었다.

그는 뭔가 흥미로운 걸 발견하면 곧바로 촬영기사에게 찍기 시작하라는 신호를 보낸다. 이제 프로가 된 지 오래된 그는 손에 마이크를 쥐고 음향을 다룬다. 현장 팀에 최근 합류한 세 번째 남자는 공항을 오가면서 지포라 영화사에 작업할 필름 통을 보낸다.

와이즈먼의 접근 방식은 고정된 것이 없이 모호하며 열려 있다. 그가 영화에 담은 것 중 일부는 자신도 이해가 되지 않는다. 어떤 연기는 종잡을 수가 없고, 어떤 대화는 알아 들을 수가 없으며, 동기부여는 작위적이다. 어찌됐든 그는 그것을 영화에 담는다. 무엇에 끌려서 그랬는지 전혀 알지 못했지만, 열 번 혹은 스무 번 교실과 교도소 감방에서 촬영을 했다. 생각은 나중에 할 것이다. 그 전까지 그는 모든 것에 열려 있을 것이고, 모든 것을 이용할 것이다.

"저의 영화가 어떤 역할을 하고 있다면 그것은 다음과 같은 이유 때문이겠죠. 우선 현장에서 일어나는 일의 복잡성을 일부 보여줍니다. 두 번째, 인간 경험의 다양성을 묘사하되 쉽고 단순한 설명은 지양합니다. 세 번째, 때로는 상호 모순적이거나 상호 보완적으로 관점의 다양성을 재현하되 기본적으로는 모호한 관점을 유지합니다. 왜냐하면 현실이 그렇기 때문이죠.

4주에서 6주 후면 그럭저럭 촬영분량이 쌓여서 영화촬영이 끝난다. 그리고 와이즈먼은 지포라 영화사가 있는 작은 시내의 주택 꼭대기 층에 있는 그의 편집실로 돌아간다. 그곳에서는 순서 없이 뒤엉켜 있는 50~90 시간짜리 필름들이 엉망진창으로 어질러진 방이 그를 기다리고 있다. 그해 남은 기간 동안 와이즈먼은 30킬로가 조금 넘는 길이의 필름에서 아주 핵심이 되는 부분만을 모아 90미터 내외의 길이로 편집하느라 고생할 것이다. 무질서로부터 어떤 형태를 만드는 편집 과정은 와이즈먼 작품의 핵심이며 내가 나중에 얘기할 창의성의 한 측면인 중요한 판단을 실행에 옮기는 일과 관련이 있다. 지금 우리가 주목해야 할 점은 창의적 노력의 시작 단계에서 불확정성의 시기가 도움이 된다는 것이다.

느슨함이 오히려 창의성을 높여주는 사례들

영화 제작 초기 단계에서 모든 가능성을 열어두는 와이즈먼의 작업 방식은 바로 인지 심리학자들이 말하는, 다른 여러 분야의 창의적인 사람들이 일하는 방식과 일치한다.

인지 심리학은 어떻게 기억이 작동하는지, 어떻게 우리가 형태와 소리를 인식하는지, 어떻게 우리가 상징을 만들고 조작하는지, 이런 문제들에 의문을 갖는 학문이다. 이러한 질문들은 우리 일상의 삶을 목적성 있게 만든다는 것이 무엇을 의미하고 창의적이라는 게 무엇을 의미하는지, 그 핵심에 닿을 수 있도록 하는 여러 형태의 고민들이다. 인지 심리학은 우연히도 철학과 맞닿아 있으며 철학에서 가장 매력적이고 훌륭한 주제를 빌려 온다. 예를 들어, 사고란 무엇인가? 왜 인간은 뭔가를 창조하는가? 우리는 실재를 어떻게 인식하는가? 꿈이 란 무엇인가? 어떻게 마음은 새로운 것을 상상하는 기적을 만들어 낼 까? 등의 주제들이 그렇다.

이런 놀라운 연구 덕분에 우리는 창조적인 일의 본질을 더 깊이 이해할 수 있게 되었다. 이와 관련해서 데이빗 퍼킨스는 《마음이 하는 최고의 일The Mind's Best Work》이라는 책에서 연구원들과 진행한 내용을 이야기한다. 이 연구원들은 창의적 사고가 필요한 일을 시작할 때 뭔가를 발견하기 위해 보내는 모호한 시간들이 오히려 생각보다 빠른 결실을 가져온다는 것을 보여주었다.

연구원들은 미술을 공부하는 학생들에게 정물화를 그릴 대상들을 선택해서 배열을 해보게끔 하는 실험을 한 바 있다. 나중에 결과를 분석해 보니 학생들이 정물화 스케치를 위해 진행했던 절차와 그들이 그린 그림의 질, 그리고 7년 후 직장에서의 위상 사이에 관련이 있다는 걸 발견했다. 실험에 참여한 이들 중 가장 창의적인 학생들은 더 많은 사물들을 만지작거리고, 더 주의 깊게 관찰했으며 조금 더 특이한 대상을 선택해 작품에 담았다. 여기서 '가장 창의적'이라는 말은 창의성의 기준이 매우 모호하기 때문에 좀 더 객관적인 잣대인 상업적인 성공을 기준으로 했다. 그들은 사물을 스케치 하면서 자신들이 담아내고 싶은 일종의 주제와 같은 측면에 대해서는 또렷하고 명확한 생각을 하지 않는 편이었다. 오히려 각 사물을 손으로 이리저리 만지거나 위치를 바꿔보고 또 다시 바꿔보면서 준비에 전념했다는 점이 눈에 띄었다. 심지어 스케치가 거의 끝나가는 데에도 다른 종이에 그려

보거나 사물의 위치를 바꿔보려는 시도를 보였다.

이런 종류의 작업 방식에 대해서 유연성이나 개방성, 다양한 사고 등 여러 가지로 말할 수 있겠으나 중요한 것은 어떤 계획의 초기 단계에서 그런 종류의 느슨함을 유지하는 것이 창의적 결과를 가져올 기회를 상당히 높여 준다는 것이다. 그렇다면 과연, 왜 그럴까?

우선, 뭔가에 구애를 받지 않은 채 느슨하게 새로운 일에 접근하는 것은 우리가 가지고 일해야 할 재료의 양을 늘려준다. 이렇게 내용이 많아지면 선택지가 많아져 여러 생각과 시도를 가능하게 한다.

이러한 원리가 바로 1950년대 관심을 끌었던 소위 유창성 검사^{fluency} ^{test}(일종의 심리검사로, 한 범주에 관련된 단어를 많이 얘기하는 검사)의 근거가 되었다. 오늘날에는 이른바 '혁신 경영'을 외치는 회사들이 다시 끄집어내 활용하고 있다. 때때로 유창성 검사는 실내에서 하는 게임과 비슷하다. 모튼 헌트는 그의 훌륭한 저서 《그 안의 우주^{The Universe Within}》에서 다음과 같이 몇 가지 재미있는 이야기를 했다.

벽돌을 얼마나 다양하게 사용할 수 있다고 생각하는가? 집짓기, 벽돌로 길 만들기, 굴뚝이나 벽, 벤치나 바비큐 시설 만들기, 문걸이 장치나 역기, 또는 닻으로 사용하기 등을 떠올릴 수 있다. 또는 벽돌을 깨서 그것을 모던 아트라고 부르거나 벽돌 조각을 얼려서 녹지 않는 얼음으로 사용하는 건 어떨까? 혹은 고양이를 죽여 그 사체를 처분하는 도구로 사용하는 것은?

한 교수가 물리학부 학생들에게 기압계를 이용해서 건물의 높이를 알아보라고 말한다. 그러면 기압계에 실을 묶고 지붕에서부터 기압계를 내리고 그 실의 길이를 측정할 수도 있다. 또는 꼭대기에서 그걸 떨어뜨리고 떨어지는 시간을 재서 자유낙하 공식을 이용해서 그 높이를 계산할 수도 있다. 혹은 건물 그림자와 기압계 그림자의 크기를 비교해서 그 비율로 계산할 수도 있다. 혹은 건물 관리인에게 기압계를 주고 그 대신 건물 정보를 얻어낼 수도 있다.

몇몇 인지 심리학자들은 이러한 유창성 검사에 대해서 양이 항상 질을 보장하지는 않는다는 이유로 비판한다. 헌트에 따르면 그 교수가 찾았던 답은 기압계를 지붕으로 가져가서 꼭대기의 기압을 재고 내려와서 지층의 기압을 잰 후 그 기압차를 계산하고 그 기압차를 고도로 바꿔 길이를 측정하는 것이었다.

하지만 많은 아이디어를 떠올리는 것 외에 일정 기간 어슬렁거리며 탐구할 시간을 기꺼이 받아들여야 하는 또 다른 이유가 있다. 누구나 눈앞에 닥친 일을 처음 대할 때 자신과 전혀 관련이 없을 것 같은 생각에 쉽게 빠지기 때문이다. 문제를 창의적으로 해결하지 못하는 것은 종종 외골수 같이 하나의 기준틀 안에서 아주 좁게 고심하기 때문이다. 여러 기준틀을 결합해보고 표면적으로는 전혀 관련이 없어 보이는 관점들도 서로 연결할 수 있는 사람이 창의적인 돌파구를 만들어낼 가능성이 있다.

범주의 고착화를 피하라

하나의 기준틀을 과감히 벗어난다는 것은 대부분의 맥아더상 수상자들에게 익숙한 일이다. 시인이자 에세이 작가인 브로드스키는 종종 음악, 특히 하이든 음악을 즐겨 듣는다고 한다. 문학을 하는 학생이라면 작곡가로부터 작품에 관한 많은 암시를 얻을 수 있기 때문이다. 인간의 눈이 어떻게 음영과 색을 인식하는지 알아내는 데 많은 시간을 보낸 신경생리학자 로버트 샤플리는 이탈리아의 화가 카라바조의 작품을 보고 큰 감동을 받았다. 프레드 와이즈먼은 자신이 처한 문제와 비슷한 문제를 다른 사람들은 어떻게 해결하는지 알기 위해 시를 읽고 예술작품을 감상한다. 연극 감독 피터 셀라스도 마찬가지이다. 환경운동가 레스터 브라운은 자신의 워싱턴 D.C. 싱크탱크인 '월드 워치'에서 일할 사람을 채용할 때 원칙적으로 교육 수준이 높은 전문가를 채용하지 않는다. 그렇게 해야 '범주의 고착화'를 피할 수 있기 때문이다.

느슨함을 유지하고 배회할 자유를 자신에게 허락하며, 외부의 영향력에 자신을 기꺼이 내맡기는 것, 그리고 어떤 종류의 개념이나 수단도 기꺼이 즐길 수 있도록 유연한 사고를 가꿔나가는 것, 바로 이것이 새로움을 창출하고자 하는 어떤 목적 있는 일을 시작하는 데 있어서 가장 필요한 태도이다.

자동응답기에 메시지가 있다는 불빛이 반짝이고 있다. "안녕하세요. 댄 스타러(나의 연구 보조원이다)에요. 목요일 3시에 부탁하신 컴퓨터 조사 말인데요. 들을 준비되셨어요? 1967년부터 현재까지 출판물에 창의성이 나온 횟수가 6,821번입니다. 그리고 이건 영어로 출간된 것만 그렇다는 거예요. 전화 주시는 게 좋을 거 같아요. 그럼, 안녕히 계세요."

당신이 원하는 구체적인 조건을 인식하라

전구, 나침반, 시스티나 성당의 천장 벽화… 이런 것들은 흠이 많은 아담을 만든, 생명을 창조한 하나님의 손길을 보여준다. 이러한 모든 창조적 결과물이 처음 세상에 나왔을 때 정말 완벽하게 만들어졌을 것이고, 그 자체로 완전하게 보였을 거라고 우리는 생각한다.

인쇄회로기판, 계산기, CD, 뮤온(원자 내에 있는 물질을 설명하는 그리스 알파벳 약어로 '최신의 것'이라는 뜻). 이런 연구개발에 직접 관련되어 있지 않았거나 적어도 외부에서 그 과정을 쫓아가 보지 않았다면 마치 이런 발견이 아무런 예시나 암시 없이 갑자기 나온 것으로 보일 것이다.

우리는 아침 식탁에서 신문을 보면서 아주 놀랍고 위대한 발견에 대해 말한다. '정말 창의적이군. 잠재력이 넘쳐나. 돈 좀 벌겠는 걸. 그린데 왜 그걸 내가 먼저 생각하지 못했지?'

우리 눈에는 창의력이 일어나는 이러한 놀라운 순간은 웅장한 기념비처럼 아주 갑작스럽게 나타나는 것 같다. 그리고 우리는 분명 천재가 해낸 일일 거라고 믿는다. 그런 추측은 너무도 당연해 보인다. 창의적 사고를 기르는 일은 일종의 지루하고 꾸준한 노력으로 된다고 믿기 보다는 오히려 뭔가 강력한 손이 하늘에서부터 내려와 지상에 있는 천재를 도와준 것이라고 생각하는 게 우리에게는 훨씬 편한 것 같다. 평범하고 사소한 일상의 세계에서 도전해야 하는 것이라기보다는 벼락처럼 갑작스러운 일이라고 믿고 싶어 한다. 그래서 어떤 창의적 작업 뒤에는 실제 수많은 노력이 필요하다는 사실을 깨닫고는 실망하고 만다. 그런 노력의 일환에는 창의적 본능을 일깨워주기에 적당한 환경을 의식적으로 만들어 놓는 것도 포함된다.

어떤 환경일까?

그것은 스스로가 결정해야 하는 문제이다. 취향과 본능을 파악해야 하는 것도 필요하다. 시행착오나 징크스, 미신, 그리고 우연도 필요하다. 우리에게 필요한 환경이란 많은 시간, 이야기, 돈, 편안한 공간, 건전하고 도움이 되는 친구, 가사도우미, 적절한 자극 같은 것들이다. 대강 이런 정도는 우리가 좌지우지할 수 있는 것들이다. 그 외에 다른 조건들도 창의적 과정에 큰 영향을 끼치지만 우리가 조정할 수 있는 것은 아니다. 창의력을 발휘하는 과정에서의 문제지만 우리가 나름대로 조절할 수 있는 것이다.

해결책은 이렇다. 가능한 조건들을 조화롭게 연결하고 그 외의 조건들도 각각의 위치에 적절하게 놓일 수 있도록 여러분이 할 수 있는 것을 하는 것이다.

창의력을 갖기 위한 덫

맥아더상 수상자이자 시인인 더글러스 크레이즈^{Douglas Crase}는 아주 강한 블랙 커피가 든 코발트 빛 도자기 머그잔 두 개와 갓 냉동실에서 꺼낸 신선하고 달콤한 롤빵 한 접시를 가져왔다. 그는 이렇게 차려놓은 테이블을 한 걸음 물러서서 보았다. 그의 아주 가는 몸이 방을 가로질러 길고 둥근 모양의 그림자를 드리웠다. 뭔가가 빠져 있었다. 냅킨이다. 그는 청바지 주머니에서 냅킨 두 장을 꺼낸 다음 가볍게 소파에 내려놓고는 시와 창조적 본능에 관해 대화할 준비를 마치고는 만족스러워 했다.

만일 그가 오늘 오후에 인터뷰 대신 글을 쓰기로 했다면, 그는 자신을 위해 다른 환경을 만들었을 것이다. 아마도 창가에서 조금 떨어져 있는 책상에 앉아 간식거리 없이 글을 썼을 것이고, 아마도 지금처럼 넥타이도 매지 않았을 것이다.

평범한 책상, 산만하지 않은 방, 편안한 옷 등 수수해 보이는 물건들이 눈에 띄었다. "시적 영감이 떠오르기 좋은 조건은"이라고 혼자 중얼거렸지만, 시인 앞에서는 단어들을 아주 주의 깊게 선택해야 했다. 좋은 시인이란 언어와 긴밀한 관계를 가지고 잘 조율된 귀로 정교하게 듣는 사람이기 때문이다.

"영감? 영감이라고 하셨나요?" 크레이즈는 한숨을 한 번 내쉬고 잠시 침묵에 빠졌다. 똑딱거리는 시계추의 시끄러운 소리로만 그 침묵의 시간이 흘러가는 것을 알 수 있었다.

"영감은 참 알 수 없는 개념이에요. 제 생각에 영감은 어떤 이득도 없이 가끔은 방해가 되는 것 같아요. 글이 아주 잘 써지거나 당신이 정말 행복해 할 뭔가가 있고, 남은 인생을 부끄럽지 않게 바라보는 어떤 순간을 생각한다면, 그런 순간들이 어떻게 생겨났는지 명확히 모르기 때문에 그걸 영감이라고 생각할 때가 있어요. 가만히 살펴보고는 이렇게 생각하겠죠. '이건 내가 할 수 있는 것 이상이야. 난 분명 영감을 받았어.'"

"하지만 만일 당신이 그 순간을 다시 돌아보고 어떻게 그 순간이 이루어졌는지, 어떤 준비를 했었는지, 그리고 소위 영감이라는 게 일어났을 때 어떤 환경이었는지 마음속으로 그려본다면, 나는 당신이 그런 환경을 다시 만들어 낼 수 있을 것으로 생각해요. 그리고 마치 어떤 조건에서는 특정한 화학반응이 일어나고 다른 조건에서는 그렇지 않은 것처럼 영감을 만들었던 그 환경을 다시 만들 수 있다면 그 '영감'이라고 하는 것은 아마도 다시 나올 확률이 높아질 거예요. 그렇게 같은 환경을 제공한다면 불꽃과 함께 화학반응이 일어나 큰 결실을 거둘 확률이 높아질 겁니다. 뜻밖에 좋은 일이 일어날지도 모르죠."

크레이즈의 관점에서 이런 말은 무의미한 이야기가 아니다. 과거 법대생이었던 그는 실제로 이런 경험을 해보았다.

"당신이 뭔가를 알아내려고 한다고 합시다. 심지어 뭘 알아내고 싶은지 모른다고 해도 자신이 좋아하는 그 환경을 만들어 놓기만 해도 여러분은 뭔가를 찾을 수 있어요. 한 번은 저한테 굉장히 문제적인 시상이 하나 떠올랐는데, 잘 안 잡히는 거예요. 그 시는 항상 제 마음속에 있었고 제가 거기에 닿으려고 할 때마다 조금씩 멀리 도망갔어요. 결국 그 시는 제가 가장 좋아하는 방식으로 작업할 때 드디어 쓸 수 있었죠. 제가 시를 쓸 때 도움이 된다고 생각하는 저만의 방식이 있었어요."

그 시가 바로 〈쿠일러빌Cuylerville〉이라는 시로 그의 첫 시집이라고 알려진 《수정주의자The Revisionist》에 실려 있다. 때때로 이 시의 울림은 예사롭지 않아 심장이 돌처럼 단단한 사람에게도 울림을 줄 정도이다.

"먼저, 저는 실제로 쿠일러빌(뉴욕 리빙스턴 카운티의 작은 마을)에 가서 오랫동안 주변을 돌아보며 앉아 있었죠. 그런 다음 그 장소를 떠올릴 수 있는 음악 한 곡을 떠올렸어요. 길고 동양적인 음색을 띠는 찰스 아이브스Charles Ives(미국이 낳은 최초의 급진적 작곡가)의 음악이었는데, 실제 지형이 길쭉하고 경사진('동양적인'의 slope-y와 '경사진'의 sloped를 교묘하게 결합해 사용하고 있다) 곳이었어요. 저는 그 음악을 테이프에 담아서 계속해서 반복해 들었어요. 음악을 틀어 놓고 계속 듣는 거죠. 그러다 보면 결국 뭔가 잡히는 순간이 옵니다. 마침내 뭔가 구체적으로 떠오르면 시를 쓰게 됩니다."

자신의 창조 본능을 강화할 수 있는 조건들에 주의를 기울이면 모든 사람들은 각자 자신만의 해결 방식을 갖게 된다. 역사를 통틀어 보자면 그 환경이라는 것은 창조적인 뭔가를 이루어 냈던 사람들만큼이나 다양하다.

'광란의 20년대'(미국의 1920년대를 표현하는 용어. 예술과 문화가 특히 발전한 시대로서 재즈 음악이 번성했던 시기)에 많은 이들은 프랑스의 파리가 작가나 예술가들이 살아야 하는 유일한 도시라고 여겼다. 반면에 캐서린 앤 포터는 멕시코에서 그 시기를 보냈으며 그의 문학적 재능을 키우는 데 멕시코가 아주 중요한 역할을 했다고 믿는다. 한편 키플링에게는 장소가 중요한 게 아니었다. 그는 흑요석으로 만든 아주 까만 잉크를 고집했다. 칸트는 매일 같은 시간에 침대에서 창밖으로 보이는 종탑를 바라보면서 글을 썼다. 한 번은 나무들이 자라서 그 풍경을 가리자 칸트는 그 나무들을 잘라버렸다. 디킨스는 자신의 침대 머리맡을 북쪽으로 돌려놓았고, 그 방향에서 자력에 의한 힘을 받는다고 믿었다. 실러는 발효된 사과에서 나는 달콤한 향을 좋아했다. 발자크는 커피를 사발로 꿀꺽꿀꺽 마셨다. 프루스트는 방에 코르크 마개를 한 줄로 쭉 늘어놓았다. 베토벤은 그의 머리에 얼음장처럼 차가운 물을 쏟아 부어 정신을 맑게 했다.

크레이즈는 감수성이 풍부하고 예민한 사람이다. 작업환경은 질서 정연하게 정리되어 있어야 했고 조용해야 했다. 그는 고요하고 깔끔한 분위기를 아주 좋아해서 수년간 낮에는 자고 밤에 글 쓰는 걸 선호했다.

암시적인 음악을 듣고, 뭔가를 떠올리게 하는 풍경을 마주하며, 그냥 주변을 둘러보며 망중한을 보내는, 빈둥거리는 시간. 이런 장면은 아주 흔하고 누구나 경험할 수 있는 일이다. 크레이즈에게는 이런 행위가 멋진 시를 쓸 수 있도록 도움을 주는 조건들이다. 그가 쿠일러빌에서 그 고장의 풍부한 역사와 독특한 지형에 매료되어 떠돌아다닐 때도 그는 시간을 낭비하고 있다고는 느끼지 않았다. 같은 음악을 계속 반복해서 듣는 것도 자연스러운 일이었다. 그게 이상하게 느꼈더라도 그만 두지는 않았을 것이다. 그는 편안한 환경을 만들고 싶었고 시상이 떠오를 수 있게 하는 환경을 스스로 만들었다. 아무런 환경을 만들지 않고 마냥 시상을 떠올리고 시를 쓴다는 것은 맨손으로 물고기를 잡으려는 것만큼이나 어려운 일이었다. 말하자면 그는 덫을 놓고 사냥감을 잡는 식인 것이다.

하지만 한 사람의 비책이 다른 사람에게도 적용되는 것은 아니다. 크레이즈는 이제 낮에 글을 쓴다. 하지만 여전히 글을 쓰기 위해서는 평화롭고 깨끗한 환경이 필요하다. 또 다른 사람, 예를 들어, 영화감독 존 세일즈John Sayles같은 사람은 뉴욕의 어느 버스 터미널에 앉아 다른 사람이 쓰고 버린 편지 봉투 뒤에 생각나는 것을 아무렇지도 않게 쓰기도 한다. 세일즈의 집중력은 탁월하다. 그가 작업할 때 필요한 환경은 조용한 공간일 필요가 없다. 그럼 이제 돈이라는 다른 조건을 한 번 살펴보자.

돈과 창조적 본능 사이

시를 쓰는 데 필요한 물질적 도구인 필기구와 종이는 둘 다 구하기도 쉽고, 경제적이다. 반면에 영화를 제작하는 데에는 어마어마한 돈이 들어간다. 스탭 인건비, 필름, 음악, 조명, 크레인, 의상, 소품, 추격신에서 망가질 차들, 무너질 벽들, 세트장 디자인, 교통비, 보안, 숙소, 스텝과 연기자용 밥차, 편집장비, 보험, 사운드 믹싱 비용, 홍보비. 이런 것들은 단지 시작에 불과하다.

만일 여러분이 헤밍웨이의 습관처럼 아침햇살이 비치자마자 일어나서 스무 개의 연필을 깎는 것이 창의적 활동에 필요한 환경이라고 얘기한다면 이를 구체적으로 실행하는 것은 어렵지 않다. 하지만 돈은 다른 문제이다. 돈은 수많은 좋은 의도를 무너뜨리는 장애물이다.

그렇다면 특정한 종류의 창의적인 작업, 이를테면 의학 연구나 해양 탐사와 같은 프로젝트를 위해서만 돈이 필요한 걸까? 돈과 창의력간에 상관관계가 있는 것일까?

물론 사람들이 생존하기 위해서는 돈이 필요하다. 그리고 어떤 활동들은 다른 활동에 비해 분명 더 많은 자금이 필요한 건 사실이다. 하지만 돈만으로 재능의 부족과 게으름, 욕망, 평범한 정신을 완전히 보완할 수는 없다. 영화제작을 간절히 원하고 그럴 만한 재주가 있다면 당장 현금이 없다고 해서 영화를 못 만드는 것도 아니다.

그렇지 않다고 생각한다면, 그것은 상상력의 부족을 드러낼 뿐만 아니라 행운을 끌어들이는 데 필요한 낙관주의가 없음을 드러내는 것이다. 자신의 일에 집중하다보면, 활기차고 즐거운 일이 생기게 마련이고 여러분에게 도움이 되는 방향으로 일이 진행되기도 한다. 그런 걸 생각하면 세부적인 것들을 꼼꼼히 챙겨서 완벽하게 삶을 계획해 놓는 것 보다 우연에 맡기는 게 여러분을 더 행복하게 만들 수 있다.

충분한 시간이 있고 세심한 주의를 기울일 수 있다면 기회를 포착하는 데는 어떤 규칙이 있다는 것을 알아차리게 된다. 불규칙적으로 나타나는 기회는 유동적이다. 즉 기회가 여러분의 필요에 맞출 수도 있고, 여러분이 그 기회에 맞출 수도 있다. 어떤 식으로든 이런 모호한 기회를 붙잡는 것은 창작활동에 적합한 조건을 만들어내려는 인간의 노력에 달려 있다.

이것은 팡글로시안적(볼테르의 작품 《캉디드Candid》에 나오는 낙천적인 인물 팡글로스Pangloss에서 따온 말) 낙관주의가 아니며 감미로운 초콜릿처럼 뻔한 진실을 숨기고 하는, 입에 발린 말이 아니다. 말 그대로 사실이다.

여기서 잠시, 영화감독 세일즈의 초기 작품 중 하나인 〈시코커스 7인의 귀환Return of Secaucus Seven〉이라는 작품을 한번 보자. 이 영화는 순전히 그의 주머니에서 나온 6만 달러로 제작되었다. 이 제작비는 영화 산업에서 큰 수익을 올리는 4천만 달러 이상의 화려한 블록버스터에 비하면 쥐꼬리 같은 금액이다. 〈시코커스 7인의 귀환〉은 1960년대를 배경으로 30대로 들어서는 일곱 사람들의 이야기이다. 이 씁쓸하지만 달콤한 영화는 비용을 절감하기 위해 세일즈가 사는 동네에서 영화를 찍었고 그의 친구들이 배역을 맡았다. 문제의식이 배어 있는 주제를 가지고 저예산으로 제작한 이런 영화를 평론하고자 시간을 낭비할 저명한 비평가는 별로 없을 것이다. 그런데 실제로 그런 일이 일어나자 운명은 또 다른 기회를 세일즈에게 주었다. 세일즈의 영화는 비평가들의 상당한 관심을 받았는데, 정확히 말하자면 6만 달러로 영화를 만들 수 있다는 사실이 믿기지 않았기 때문이었다.

자본에 대한 맹신은 강력해서 마치 양날의 검으로 잘라내듯 창의력에 대한 토론을 무색하게 만든다. 창의적인 일이 '돈 없이' 불가능하다고 주장하는 사람들은 어떤 아이디어를 구현하거나 자기 분야에서 새로운 영역을 개척하는 데 많은 비용이 든다고 주장한다. 한편 창의성은 '돈으로' 가능하지 않다고 주장하는 이들은 돈이라는 피난 효과는 마치 게으른 사람의 몸에 지방을 넣어주거나 미심쩍은 수단으로 부를 쌓은 부지런한 사람들에게 약간의 수치심을 느끼게 하는 것과 같아서 결코 의미 있는 성과를 거둘 수 없다고 말한다.

맥아더 재단이 바로 두 얼굴을 가진 야누스의 머리와 같은 돈의 양면성을 그대로 반영하고 있다. 수상자 프로그램은 창의력을 육성하기 위한 노력의 일환으로 자금을 제공한다. 그러나 존 맥아더 자신은 '공짜' 돈은 머리를 굳게 하고 근면하게 일하려는 동기를 빼앗는다는 믿음으로 재산을 함부로 쓰지 않았다. 어떤 것이 맞을까? 돈과 창조적인 본능 사이에는 어떤 관계가 있을까?

맥아더상의 배경을 보자면, 맥아더상 수상자들에게 수여한 상금은 그들이 가장 흥미롭게 생각하는 연구나 계획에 사용되어 이를 밀고 나갈 자유를 주는 도구와 같다. 인터뷰한 40명의 수상자 중 몇몇은 상금을 은행에 맡겼다. 다른 수상자들은 빚을 갚거나 그들이 진행하고 있는 연구와 새로운 프로젝트의 자금으로 사용했다. 아주 소수의 수상자들은 친구에게 주거나 특정 단체에 기부했다. 두 명의 수상자는 자신만의 또 다른 '미니 맥아더상'을 만들어서 자신의 분야 또는 자신과 관련된 분야에서 일하는 젊은이를 후원하는 데 상금을 사용했다. 이 모든 결정에는 자유로움과 감사의 마음이 배어 있었다. 분명한 것은 아무도 이 상금을 나쁘게 여기거나 상금 받는 것을 거절하지 않았다는 것이다.

그런데 모든 수상자들이 한 목소리로 얘기한 것은 상금 자체보다 창의적인 활동에 훨씬 더 중요한 것은 맥아더상을 수상함으로써 얻게 되는 사람들의 인정이다. 가령 상대방의 전화 응답이 훨씬 빨라졌다거나 자금을 모금하는 시간이 짧아졌으며, 선택의 범위가 넓어져 고르는 기쁨을 누리게 되었고, 상사로부터 따뜻한 축하와 격려를 받았다.

수상자들은 매번 다음과 같은 조언을 했다. 즉 여러분이 통제할 수 있는 문제와 관련해서 창의적으로 일하는 데 가장 도움이 되는 조건을 찾아내 그 환경을 관리하는 데 힘을 써야 하고 돈 걱정은 하지 말라는 조언이다. 스스로 자립할 수 있는 방법을 찾거나 돈 없이도 작업할 수 있게끔 스스로 적응할 것이기 때문이다. 혹은 맥아더 재단과 같은 자비로운 손길의 도움을 받을 것이다. 하지만 어찌됐든, 돈은 창의적 활동에 중요한 조건이 결코 아니다. 자신감을 갖고 자신의 창조 활동을 유지할 용기를 갖는 것만큼 중요한 것은 없다.

창의성은 어디에 있는가

창의적 활동을 위한 조건들 중 또 다른 하나를 생각해 보자면 자신이 살고 있는 문화 속에서 용기와 자신감을 갖는 것은 쉬운 일이 아니다. 개인적 안정, 올바른 자극, 좋은 친구, 그리고 어느 정도 통제 가능한 여러 조건들과 달리, 우리가 숨 쉬고 살아가는 문화는 한 개인이 조절할 수 있는 범위를 넘어선다. 하지만 동시에 문화적 수용성이 없다면 창의적인 작업도 오랫동안 인정받지 못하거나 시대에서 벗어났다는 이유로 불명예스럽게 사라지기 쉽다.

창의적 활동이 받아들여질지 그렇지 않을지 여부는 그것이 사회적 통념에 맞는지, 그리고 빠르게 변하는 가치관에 부합하는지에 달려있다. 지금과 같은 황금 만능시대에 경제적 동기는 금새 바닥을 드러낸다는 걸 잘 알면서도 우리는 이를 쉽게 잊어버린다. 다른 사회에서는 전통이나 집단에 대한 충성, 가문의 명예, 애국심 같은 다른 가치에 더 큰 의미를 부여하기도 한다. 앞으로 다가올 사회에서는 생태계의 안전이나 문명의 진보를 이루는 것 같은 다른 동기에 가치를 더 둘지도 모른다. 중요한 것은 무엇을 추구할지 그리고 무엇이 편협하고 일시적인 것으로 여겨져 버림을 받을지는 그 문화가 결정한다는 사실이다.

이것은 많은 맥아더상 수상자들이 언급했던 바이다. 특히 하버드 대학 출신의 심리학자인 하워드 가드너 박사는 지능의 본질과 창의성, 그리고 정신의 신비에 관한 주제에 관하여 연구하고 있다.

"창의성에 관한 제 생각이 최근에 많이 변했어요. 중국에도 다녀오고, 또 이곳 '프로젝트 제로Project Zero(예술로써 교육을 증진시키려는 시도의 일환으로 1967년 넬슨 굿맨Nelson Goodman에 의해 설립된 하버드대학 내 기관)'에서 동료들과 함께 연구하면서 제 생각이 많이 바뀌었어요."라고 가드너 박사는 설명했다. "저는 한때 창의성을 일종의 개별적인 문제로 생각했어요. 창의성은 사람 개개인의 자질이라고 생각했죠. 어떤 이들은 창의적이고 어떤 이들은 그렇지 않다는 식으로 말이죠. 하지만 이제 그건 틀린 생각이라는 걸 알게 되었어요. 제 동료의 말을 빌리자면 '창의성은 무엇인가'라는 질문이 아니라 '창의성은 어디에 있는가'라는 질문이 적당하죠. 이런 식으로 질문을 바꾸면 무엇을 주목해야 하고 무엇을 주목하지 않아도 되는지를 결정하는 사람과 제도가 있다는 걸 인정하게 됩니다. 어떤 작업을 보고 '이건 이해가 되지만 저건 모르겠네요, 이건 좋지만 저건 아니에요, 이건 독창적이지만 저건 그렇지 않네요'라고 말하는 사람들이 갖고 있는 특정 관습의 영역과 그에 연관된 특정한 사고를 이해하지 못한다면 여러분은 창의력을 행사하지 못합니다. 하지만 이런 판단의 기준에 대한 규정은 없죠."

"제 생각에 창의적인 사람이란, 처음에는 낯설고 특이하지만 결국에는 많은 사람들이 인정하는 방식으로 한 영역 내에서 어떤 문제를 해결하거나 특정한 물건을 만들어 내는 사람이에요. 누군가가 이전에 없었던 이색적인 뭔가를 시도하고 또 그것이 사람들에게 받아들여지는 것은 특정 문화의 가치 판단에 따른 것이에요. 인류 역사상 거의 모든 문화에서는 실제로 창의적인 사람을 좋아하지 않았어요. 사회는 그들을 무시하거나 말살시켜버렸죠. 창의성을 막는 가장 효과적인 방법으로 말이죠. 《악마의 시The Satanic Verses》라는 책의 저자인 소설가 살만 루슈디의 경우에서 보다시피, 혁신적인 사람을 없애려는 시도는 오늘날에도 여전히 존재하죠."

"지식의 측면에서도 비슷한 걸 관찰할 수 있어요." 그는 덧붙였다. 한 개인의 지적 잠재능력이 발현될 수 있는지 여부는 문화적으로 용인되는지 여부에 달려 있다. "그러니 당신이 세상에서 가장 훌륭한 논리수학적 잠재력(숫자를 효과적으로 사용하고, 추론하는 능력)을 갖고 있다 하더라도 수학이나 과학, 논리학, 체스 분야의 잠재력을 장려하는 문화가 없다면 숫자 10까지만 덧셈할 수 있는 걸로 충분하겠죠."

이건 정확한 지적이다. 재능과 재능을 가지고 이룬 성취를 오랫동안 보면 모든 문화에서 창의적인 천재들이 같은 비율로 나타나지 않는다. 미국에서 일어나는 창의성을 예를 들어, 일본이나 중국, 또는 러시아에서 나타나는 창의성과 어떻게 비교할 수 있을까? 20세기의 창의성을 21세기나 25세기의 창의성과 비교할 수 있을까? 창의성이 비옥한 시대와 개성노 없고 칭의적인 결실도 없는 시대를 어떤 요소로 구분할 수 있을까?

학자들은 이 마지막 질문에 대한 답으로 많은 변수들을 언급한다. 가령, 사람들을 더 건강하게 만드는 의학의 발전을 비롯해 사상의 상호교류·교육·여행 기회의 증가, 자유롭게 창의적 활동을 할 수 있게 하는 부의 증가, 영웅숭배나 상명하복 문화의 몰락, 그리고 뭔가 다른 것을 시도하는 것을 자유롭게 만드는 결정권자들의 승인이나 추천 등의 요인은 창의력을 증진시킨다. 반면 규칙이나 관습의 순응을 지나치게 강조하는 문화에서는 예외적이고 일탈적이며 혁신적인 사람들이 숨을 쉴 자리는 없을 것이다.

어떤 문화를 이해한다는 것은, 비록 자신은 새로운 사고에 관대할 뿐더러 나아가 그런 태도가 필요하며 장려해야 한다고 생각하더라도 쉬운 문제가 아니다. 사회적 요구에 순응해야 한다는 압박감도 있고, 자신의 개성이 아무리 강하더라도 마음에서 우러나는 일을 해야 할지, 사회에서 교육받은 대로 살아야 할지 늘 고민해야만 한다.

"만약 다른 이들이 하는 방식을 따르지 않기로 한다면, 여러분은 곤경에 빠질 가능성이 크다는 얘기입니다." 가드너 박사는 계속 얘기했다. "엄격한 문화와 거리가 먼 서양에서도 어떤 분야에서 일반적인 관심을 끄는 것 대신 자신이 원하는 것을 우선시 한다면 주류에서 벗어날 수 있습니다. '저명한' 심리학자나 그런 류의 사람이 되고 싶은 사람들에게는 상당한 문제일 겁니다. 이를테면, 그들은 상을 받지 못하거나 특별위원회에 소속될 가망성도 없어지게 되고 그 분야에서 반듯하게 일해 온 사람들이 받는 것과 같은 강력한 지지나 인정을 받지는 못할 것입니다. 어쨌든, 기본적으로 처음부터 사람들의 호감을 살 일은 없을 테고, 당신에 대한 형편없는 이야기가 떠돌거나 승진에서 누락될 수도 있겠지요. 그래서 기존의 질서를 거부하는 것은 개인적인 결정이지만 사회적인 것이기도 합니다."

주변부의 삶. 쉽지는 않겠지만 흥미진진할 수는 있다. 관용을 베풀지 않는 문화에서라면 잠재적으로 문제가 되는 측면을 해결할 수 있는 방법이 적어도 두 가지 있다.

첫째, 의사소통의 기술에 관한 것이다. 이는 인간의 눈이라는 보석 같은 유기체를 조사하는 데 관심이 있는, 맥아더상 수상자 로버트 샤플리Robert Shapley 박사의 설명이다. 하워드 가드너와 마찬가지로 그 역시 이렇게 강조한다. 여러분이 창의적 활동을 한다면 말 그대로 평범한 경로에서 벗어나 빈 공간이 아닌 갈라진 틈으로 들어가야 한다고 말이다. 또한 새로운 사고나 발견, 성취를 통해 자신의 문화를 뛰어넘을 때 혹 너무 멀리 뛰면 자신이 십자가에 매달릴지도 모른다는 것을 명심해야 한다고도 말했다.

샤플리의 말처럼 사회가 관용을 베풀 수 있는 것과 혁신을 추구하는 사람의 비전 사이에서 그 차이를 해소하기 위해서는 능숙한 의사소통 기술이 필요하다. 샤플리가 언급한 의사소통 기술에는 자신의 생각을 깔끔하고 분명하게 설명하는 능력과 그것을 언제, 어떻게 할 것인지에 대한 감각, 그리고 호감을 살 수 있는 재치와 좋은 매너 등이 포함된다. 샤플리의 경험에서 본다면, 자신에게는 중요하지만 추상적인 프로젝트가 투자를 받을 수 있을지 또는 거절이나 조롱을 받을지는 의사소통의 기술에 달려 있다. 다르게 말하자면 이건 모두 감정의 문제이므로 타이밍과 전략이 중요하다는 말이다.

두 번째는 문화적 기대치와 개인의 창의적 비전 사이의 간격을 좁힐 수 있는 것으로 맥아더상 수상자 버네도의 경우를 한번 살펴보자. 그는 뉴욕시 현대미술관 회화 · 조각 책임자이다. 나중에 좀 더 소개하겠지만, 지금은 창의적 활동의 사회적 요소라는 관점에서 그의 말을 들어보는 것이 필요할 것 같다.

"저는 창의성이 단지 뇌와 관계된 문제가 아니라 사회적인 문제라고 확신합니다"라고 그는 설명했다. "중요한 것은 문화가 새로운 것을 받아들이는 방식입니다. 현대 미술의 혁신과 관련하여 제가 주목하는 내용 가운데 하나는 어떤 획기적인 것이 살아남아 가치를 인정받으려면 사회가 색다른 사람에게 색다른 것을 전달할 수 있는 힘과 매우 이질적이고 때때로 서로 모순되는 의제들을 수립할 수 있는 능력을 포용해야 한다는 것이다."

여기서 버네도가 말하는 내용은, 놀랍고 혁신적인 뭔가를 창조하기 위해 창작자가 사회의 구속에서 완전히 벗어나야 한다는 일반적인 가정이 반드시 옳지는 않다는 것이다. 사실은 정반대다. 사회는 새로운 발견을 받아들여야만 하며 만약 그만한 가치가 없다면 거부해야 한다. 논쟁의 여지는 있지만 사회가 용인한다는 것은 아주 다양한 분야의 사람들이 그 새로운 작업을 혹은 적어도 그 중 일부라도 이해할 수 있을 정도의 창작물이어야 한다는 의미이다.

이러한 견해는 실제로 어떤 사례를 맥락에 놓고 이해할 때 강한 설득력을 가질 수 있는데, 버네도에 따르면 입체파가 바로 전형적인 사례에 속한다.

1907년에서 1914년 사이 입체파가 뿌리를 내렸을 때, 입체주의를 추종하는 이들뿐만 아니라 이 유파에 속한 화가들 중 일부는 입체주의에서 중요한 것은 무엇보다도 세계를 산산이 조각내는 것이 중요했으며 또 그렇게 세상을 보기를 좋아했다. 입체주의자들은 친숙한 이미지를 대담하고 새로운 방식으로 재조합하고 굴절시키는 데에 만족감을 느꼈다. 이성적이고 질서정연한 대상을 분해하려는 시도는 예술계에서 신선하고 환영받는 변화였다.

한편 다른 진영의 사람들은 입체파라는 도발적이고 새로운 양식을 완전히 다른 방식으로 해석한다. 이러한 입장의 예술가와 전문가들에 따르면 입체파는 전혀 세계를 분해하지 못했으며 오히려 세상을 도형화했을 뿐이라고 비판한다. 즉 입체파는 합리적 사고와 관련이 있고, 모든 것을 정각도로 그림으로써, 정작 세상을 해체해야 한다는 주장과 정반대였다는 것이다. 사실 이렇게 대단한 입체주의라는 것이 논리적으로 확대해 보면 일종의 새로운 플라톤 기하학에 대한 변형이라고 주장하는 이들도 있다.

버네도는 계속해서 이야기했다. "그래서 최종 결론은 정말 수많은 사람들이 때때로 자신들이 원하는 것과 완전히 정반대로 작품 활동을 했을 정도로 입체파의 영향력이 아주 강력했다는 겁니다. 이것이 바로 예술사에서 성공한 혁신을 만든 일종의 특징적인 경우라고 생각해요. 서로 다른 많은 사람들이 각기 다른 것을 생각하고 다르게 활동할 수 있게 도구와 기회를 제공하는 것이죠. 새로운 것이 성공하려면 어떤 하나의 혁신적인 일이나 메시지의 기계적인 전파보다는 일련의 가능성을 촉발시키는 것이 중요합니다. 혁신을 알리는 사람뿐만 아니라 그것을 받아들이는 사람도 함께 참여하는 창의적 활동이라야 혁신이 만들어집니다. 양쪽 모두 중요합니다."

비단 예술이라는 측면만이 아니라 모든 성공적인 혁신이나 발견에도 해당되는 이야기이다. 새로운 것은 낡은 사고에 엄청난 중압감을 준다. 사람들은 변화에 둔감하며 낡은 사고 전체를 모두 없애버리려고 한다면 굉장히 거센 저항에 직면한다. 대중들은 자신이 갖고 있는 문제의 아주 사소한 부분이라도 보호를 받는다고 느낄 때, 현 상태를 휘젓고 심지어 깨뜨리는 무언가를 창의적이라고 평가하는 경향이 있다. 적절한 시기에 이르러 충분한 수의 사람들이 새로운 작품을 인정하기 시작한다면, 그때는 새로운 시도가 '미덕'으로 간주되고 문화에 창의적인 기여를 한 것으로 평가될 것이다.

이것은 이상한 이야기처럼 들릴지도 모른다. (독자들이 궁금해 하는 소리가 들리는 것 같다. '무식하고 두려워하는 대중의 입맛에 저의 새로운 시도를 맞추라는 거예요?' '내가 성취하려는 것과 전혀 반대되는 해석도 용인해야 한다는 말입니까?' '내 새로운 창조물의 중요성을 왜 사람들이 희석하도록 내버려둬야 하죠?' '대중의 잘못된 해석으로 왜 제가 힘들어 해야 하죠?' '의도치 않은, 심지어 동의할 수도 없는 결론을 지지하기 위해, 혹은 그런 문제들을 성취하기 위해 내 작업이 이용되는 걸 그냥 둬야 한다는 얘기인가요?')

하지만 이걸 바라보는 또 다른 좀 더 인간적인 방법이 있다. 어떤 기획이나 생각이 대중과 호응할 수 있는 방식으로 제시되고 나타날 때 그것은 생존 기회가 더 많아질 뿐만 아니라 그 자체로 다양한 해석을 할 수 있는 강력한 동기가 된다. 즉 여러분이 만든 새로운 것으로 말미암아 어떤 이들이 새로운 것을 개발할 자신감과 통찰력을 얻고, 이를 토대로 또 다른 사람이 다른 새로운 것을 발견하고 계속해서 발전시키는 과정이 그것이다. 이렇게 해서 우리는 조금씩, 아주 조금씩 문화를 발전시킨다.

세 명의 예술가가 들려주는 창의성과 행동, 배움의 중요성

어떤 면에서 사람들은 자신을 예술가라고 부를 수 있을까?

그림을 예로 들어보자. 자신을 예술가라고 부르기 위해서는 매일 그림을 그려야만 할까? 회화양식과 주제의 변화를 보여주는 수많은 작품들을 쌓아 놓아야 할까? 예술가를 후원해 줄 눈 높은 예술품 애호가를 찾을 필요가 있을까? 자신의 그림을 팔아야만 할까? 대단한 찬사를 받아야만 할까? 다른 예술가들과 모임을 갖고 밤늦도록 아름다움에 대해 토론을 해야만 할까? 이름 있는 미술관에서 전시 요청을 받아야만 할까?

만일 위의 질문들에 대해 '예'라고 답한다면, 스물아홉 살이라는 젊은 나이에 예술가의 위상을 차지한 맥아더상 수상자 로버트 어윈[Robert Irwin]을 한번 살펴보자. 별 어려움 없이 무난히 예술학교를 통과하고,

수많은 감동적인 작품을 만들고, 다른 예술가들과 모임을 갖고, 당시 서부에서 가장 이름 있고 영향력 있는 미술관인 LA 란다우 갤러리에서 자신만의 단독 반추상 풍경화 전시를 했다. 여러분은 아마도 그가 성공했다고 말할지도 모른다.

하지만 어윈은 예술가의 삶에 어울리는 모든 조건을 갖춘다는 것은 '예술가'가 되는 것과 전혀 관련이 없다고 생각했다. 비록 그가 예술가처럼 보였거나 혹은 그렇게 행동하고 노력했을지라도 그는 이 모든 것들은 허울만 좋은 추상적인 행위일 뿐이라고 여겼다. 말하자면 어린 소년들이 리틀 야구반에서 프로 선수들을 흉내 내려고 신발에 묻은 흙을 툭툭 털어내고, 껌을 소리내서 씹는 것처럼 말이다.

어윈이 자신은 한때 예술가가 아니었다고 생각한 이유는 공부와 오랜 연습, 이른 나이의 성공에도 불구하고 그가 정말 깊이 있는 창의성을 갖출 수 있으려면 예술에 대해서 배워야 할 것들이 여전히 너무 많다는 깨달음 때문이었다.

이런 깨달음 덕분에 어윈은 단순한 예술가가 아니라 시각 예술가로서 자신을 변화시킬 수 있는 중요한 분기점을 갖게 되었다. 이때부터 어윈은 열정적이고 자기 주도적으로, 마치 최면에 걸린 듯이 독학에 몰입함으로써 마침내 스튜디오와 심지어 캔버스 자체도 벗어나 자신의 작품을 밖으로 가져오는 데 성공했다. 오늘날 어윈은 환경 조형물을 비롯해 수많은 논쟁을 불러일으키는 공공 미술 작품의 제작에 열중하고 있다. 하지만 그가 여기까지 오는 과정은 특별한 이야기를 담고 있다. 즉 그는 왜, 그리고 어떻게 지식이라는 우물 맨 밑바닥까지 내려가 자신의 분야에서 깊이 있는 천착을 이뤄냈는가에 관한 이야기이다. 그의 이야기는 자신이 무엇을 말하고 있는지 지적으로, 정신적으로, 본능적으로 알지 못한다면 창의적인 일을 할 수 없다는 단순한 진실을 뒷받침하는 데 손색이 없다. 창의적인 작업에 대한 그럴 듯한 말은 금새 바닥이 나기 마련이며, 탄탄한 지식에 기반을 둔 작업에서 우러나는 힘이나 가치를 동반하지 못하는 경우가 많다. 조예가 깊다는 것은 그처럼 탄탄한 지식의 바탕이 요구된다.

예술이란 영감이나 뮤즈의 문제가 아닌 철저한 자기 훈련

어윈의 이야기는 약 30년 쯤 전으로 거슬러 올라간다. 그는 LA에 살고 있었다. 당시 LA는 틀에 박힌 뉴욕과 완전히 달라 확 트이고 자유분방하며 눈부신 태양의 땅이었다. 어윈은 당시 30대 초반으로 추상표현주의자로 활동하고 있었고 상당한 명성을 누리고 있었다.

그런데 그는 점점 자신의 회화 양식에 불만을 느끼기 시작했다. 가령 '이미지'라는 개념이 과연 무엇인지, 추상표현주의라는 양식으로 어떻게 질적으로 다른 뭔가를 구현할 수 있을까 등이 문제였다. 그림에서 어떤 하나의 요소가 하나의 이미지로 '읽혀지도록' 할 수 있을까? 하는 것도 그의 고민이었다. 예를 들어, 구불구불한 선 하나가 무지개를 나타낼 수 도 있고, 기대고 서 있는 한 사람을 나타낼 수도, 교각을 나타낼 수도 있다. 또한 아주 잠깐이라도 그 그림이 뭔가 다른 것으로 보이고 더 이상 단순한 그림으로 보이지 않는다면 어떨까 하는 고민도 들었다.

이미지의 개념에 대해 궁리하다 그는 예술이란 무엇이고 예술가로서 자신의 역할은 무엇일까에 대한 의문이 생겼다. 마침내 단색의 바

탕 화면을 가로지르는 수평으로 그은 단순한 선은 뭔가 다른 것으로
'읽혀질' 수 있는 이미지를 구현하지 못한다는 생각을 하게 되었다.
그러나 선을 그리면 그릴수록 어윈에게는 그림이 더욱 복잡하게 느껴
졌고 과연 순수한 '예술 행위'란 무엇인가에 대한 질문을 계속 떠올리
게 되었다. 결국 어윈은 일상의 산만함에서 빠져나와 자신을 작업실
에 가두고 같은 그림을 계속 반복해 그리면서 자신의 행위가 어떤 의
미가 있는 것인지, 그리고 자신의 인지 능력은 과연 어느 정도인지 알
아내고자 노력했다.

이렇게 자기 헌신적인 수도승처럼 한 달을 보내고, 두 달, 열두 달,
그리고 스물두 달을 보냈으며 지금도 여전히 자신을 고립시킨 채 계속
해서 같은 그림을 그리고 있다. 선례에 비춰봤을 때 그의 이런 행동은
젊고 틀에 얽매이지 않으려 하고 헌신적인 사람의 행동으로써, 그 결
과는 위대해지거나 자신을 파멸시키거나 둘 중의 하나가 될 터였다.

하루도 쉬지 않고 하루에 12시간에서 15시간 정도 그는 같은 그림
에 집중한다. 가로세로 각각 2미터의 밝은 오렌지 혹은 노란색 화폭
에 두 개의 가로선이 있는 그림이다. 처음에는 선의 위치가 주된 고민
거리였다. 그리고 이것은 그의 미적 감각을 시험하는 문제가 되었다.
그는 왜 그 높이에 선을 그렸는지, 자신이 가지고 있는 도덕성과 가치
에 비춰 봤을 때 그 선의 높이는 무엇을 의미하는지 자문해 보았다.

어윈의 예술 세계에 영향을 끼치는 가치와 윤리에 대해 끊임없이
의문을 제기하는 그의 진지함을 이해하기 위한 좋은 방법으로는 그
의 전시와 종종 그가 하는 인터뷰, 그리고 무엇보다도 그의 책《존재
와 환경: 조건적 예술에 대한 메모Being and Circumstance: Notes Toward a Conditional Art》

의 목차를 읽어 보는 것이 도움이 된다. 평범한 독자들조차도 어윈의 논리가 예사롭지 않음을 금새 알아차릴 것이다. 실제로 그에게는 '단호한', '놀라운', '독실한', '교훈적인', '메시아적인', '천상의'라는 수식어가 늘 따라 다닌다. 정치이론을 오래 공부한 학생으로서 어윈은 예술계 거장과 철학가에 대한 공부를 비롯해 한때 오랜 시간을 함께 보낸 예술 분야 사람들과의 우연한 만남까지 그가 경험했던 모든 것을 결합시키고자 한다. 올바른 이해와 명확한 표현에 전념하는 사람이 이런 작업을 수행한다면 야심과 흥분이 뒤엉킨 일이 될 것이다. 사실 어윈은 세상을 이해하려는 노력으로써 일상의 어휘를 본래의 의미에서 벗어나도록 흔들어 놓거나 자신만의 특별한 의미를 갖다 붙이고는 한다. 따라서 그를 이해하려면 먼저 그가 하는 말을 알아야 할 필요가 있다. 하지만 그의 언어는 공상적이고 비약적이며 생각을 집중하기에는 지치는 논리이다.

작업실에서 어윈은 깜박 졸거나 짧은 낮잠을 자면서, 몇 시간이나 계속해서 자신의 그림을 응시했다. 그리고 특별히 아무것도 느끼지 못하고 잠이 들었다. 다시 깼을 때 그는 피곤하지도, 편안히 쉬지도 못한 채 머릿속이 하얘졌다.

그가 다시 정신을 차렸을 때 그는 같은 질문에 맞닥뜨렸다. 선을 아주 조금 더 위로 올려야 할까? 선에 묻어난 자신의 문화적 취향은 무엇이었나? 그 많은 선들은 질서에 대한 자신만의 사회적 조건을 반영한 것은 아니었을까? 만일 선을 옮긴다면 그것은 관념의 체계를 깼다는 증거일까? 아니면 단순히 그가 똑똑하다는 증거일까?

이런 식으로 신을 이주 신중하게 응시하는 것은 선에 내재한 의미를 비워내는 효과가 있다. 선은 그냥 선이다. 거기에 영혼을 드러낼 법한 서정적인 어떤 것도 없다. 그는 지루했다. 그러나 흥미롭게도 해방감과 만족감을 느꼈다. 그에게 예술이란 영감이나 뮤즈, 그런 말도 안 되는 것과 관련이 있다기보다는 오히려 자신의 미적 감각과 예술적 발전에 대한 탐구 그리고 철저한 자기 훈련에 관한 것이다. 뭔가에 몰두하고 있을 때 그는 좀처럼 다른 일을 하지 않고 가만히 앉아서 집중했다. 스스로에게 질문을 하면 그 질문은 또 다른 질문을 만들어내고 그 진지한 호기심이 얕고 단순한 결론으로 넘어가지 않도록 막아주었다. 그는 쉽게 결론을 내리는 걸 좋아하지 않았으며 자신의 피상성을 벗겨내고 싶었다. 2년 동안 그가 그린 그림은 10점이 전부였다. 10개의 그림, 20개의 선. 이것이 그가 2년 동안 강도 높게 일한 결과였다. 이제 그는 35살이다.

이렇게 1962년부터 1964년 동안 어윈은 작업했다. 하지만 이때의 작업을 마냥 가볍게 볼 수는 없다. 그 경험이 얼마나 많은 의미를 갖고 있을까? 캔버스에서 선을 8분의1인치 정도 조금 올리거나 털끝만큼 조금 내림으로써 얼마나 다양하고 풍부한 의미가 만들어질 수 있을까? 만일 예술을 통해 우리 마음을 실제로 조금이라도 알 수 있다면 어윈이 그린 몇 개의 선이 우리에게 알려주는 것은 무엇일까? 여러분이 전시회를 관람하다가 우연히 이런 그림을 본다면 어떤 생각이 들까? 만일 "이 작가는 '판매를 위한 작품'이 아니라 예술가로서 자신의 발전을 위해 스스로를 작업실에 가두어 놓고 '선에 관한 실험'적 작품들을 그리느라 2년을 보냈다"라고 쓰여 있는 큐레이터의 작품 설명서를 본다면 어떤 생각이 들까? 환상적인가? 천재적인가? 다른 작가들의 작품과 어떤 차이가 있을까?

　로렌스 웨슬러는《본다는 것은 자신이 보는 것의 이름을 잊어버리는 것 Seeing Is Forgetting the Name of the Thing One Sees》이라는 제목의 어윈 전기에서 그 2년의 시기를 다음과 같이 언급했다. "여러분이 이 기간 동안 어윈이 했던 활동을 떠올려 보면 '그래, 이 작가는 분명 〈환상특급 Twilight Zone〉(TV공포 시리즈물로 옴니버스형 영화로도 개봉되었다) 속으로 떨어진 게 분명해'라고 생각하며 떨어지는 유성들이 충돌하는 가운데 들리는 로드 설링(미국의 시나리오 작가로《환상특급》,《혹성탈출》등의 각본을 씀)의 '환상특급 속으로'라는 목소리를 기대하게 된다. 이 모든 일은 비현실적으로 느껴진다."

　하지만 어윈에게 이 시기는 진지한 훈련의 시기였고, 다시금 자신의 작품을 알아가는 진정한 배움의 시기였다. 이 시기는 어윈의 예술이 새로운 단계로 진입하는 시기였다. 선 그림을 아주 오래, 아주 열심히 근원적으로 바라봄으로써 어윈은 자신의 인식과 인식에 대한 사상의 변화를 경험했다.

　예를 들어, 작업실 벽에 있는 거미줄처럼 가는 금이 어떻게 그의 인식에 영향을 주었는지, 그리고 그 금을 없애려고 벽을 다시 칠했을 때 그가 작업하던 그림이 어떻게 변했는지를 깨달았다. 이런 일을 겪자 주변 환경 자체가 작품에 깊은 영향을 끼친다는 사실을 알게 되었다. 이런 깨달음이 어윈 개인에게 혁신을 가져다주었고, 그는 작업실에서 완전히 벗어나 '환경 예술'이라고 부르는 분야로 뛰어들었다. 이후 어윈은 여러 가지 실험적이고 탐구적인 작품들을 계속 작업해 나갔다.

　선 회화 이후 어윈은 점 회화를 비롯해 알루미늄 디스크 회화, 빛과 공간 또는 기둥을 활용한 작품, 무한히 펼쳐진 사막의 지평선을 향해 피아노 줄을 길게 늘어뜨린 실험적 작품 등의 활동을 펼쳤다. 이런 조형물에는 금속, 유리, 그리고 암스테르담 여행에서 발견한 '스크림'이라고 불리는 얇고 튼튼한 면포 같은 다양한 종류의 재료들이 사용되었다. 이제 어윈을 추상표현주의자라고 부르는 것은 작업실이나 캔버스를 얘기하는 것처럼 오래된 과거가 되었다.

어윈은 이제 공공장소를 방문해 그곳에 어울리는 작품을 디자인 해 달라는 요청을 점점 더 많이 받게 되었다. 이러한 작업을 환경조형술이라고도 부르지만, 모든 걸 다시 개념 정의하는 걸 좋아하는 어윈은 '공간을 나타내는 프로젝트^{Site-generated project}'라고 부르면서 이 분야의 전문가가 되었다. 그는 한 장소를 조사하기 위해 그 도시 상공을 비행하면서 느낌을 파악하고, 무엇을 필요로 할지 개념을 잡고, 그리고 나서야 그 장소에 어울리는 작품을 만든다. 이러한 작품은 그 장소에 놓지 않으면 더 이상 그와 같은 작품이 되지 않을 뿐더러 심지어는 작품이라고 불릴 수도 없는 것이다. 어윈의 '공간을 나타내는 조형물'에서 장소성을 소거시킨다면 그 조형물은 더 이상 예술 작품이라고도 할 수 없는, 단지 금속 조각 더미거나 쓸모없는 면포 조각일 뿐이다.

어윈이 추진하는 프로젝트의 상당수는 기획단계에서 사라진다. 공공 작품이란 여러 가지 복잡한 일들로 얽혀 있는데, 그는 이러한 사정을 누구보다 더 잘 알고 있어 "이러한 프로젝트는 모순, 실패, 성공, 심지어는 블랙 코미디와 같은 수수께끼로 뒤덮여 있다"라고 말할 정도이다. 어떤 면에서 보면 스튜디오 작업실에서 혼자 일하는 게 훨씬 쉽다. 공공 작품의 프로젝트를 수행하다 보면 자신이 직접 도시 정책에 대처하거나 각종 위원회의 결정을 기다려야 하고, 노조로부터 금속 조각의 용접 작업에 대한 허가 유무를 듣거나 먼지를 치울 수 없다는 관리인의 불평, 작품을 이해할 수 없다는 후원자들의 볼멘소리, 예술 같지도 않다고 입을 삐쭉 내미는 시 행정담당관의 불만, 그리고 '그 작품은 음, 그러니까 우리가 생각했던 것과, 글쎄, 우리가 원했던 것과 상당히 좀 거리가 있는 것 같군, 헨리 무어(영국의 조각가로서 유기적이고 자연적인 형태의 추상성을 현대 조각의 표본이 되는 데 기여했다)의 작품처럼 말이지'라고 말하는 고위 공무원들의 짜증을 감내해야 한다.

어윈은 지금 그가 하고 있는 예술 분야에서 관행이 된 이러한 복잡한 문제에 큰 불만을 갖고 있는 것 같지는 않다. 오히려 지금의 작업을 만족스럽게 생각하며 도전과 흥분, 새로움을 즐기는 듯하다. 이러한 만족을 얻고 열정이 배어 있는 창의적 결과물을 성취하기 위해서 어윈은 예술가가 된다는 것의 진정한 의미를 파고들기 시작했다. 그것은 지식의 근본에 도달하고자 하는 시도였으며, 이제 지식에서 규율의 원리가 나온다. 어윈은 여기까지 오기 위해서 학교로 다시 가서 배우거나, 대가에게 자신을 수련생으로 넣어달라고 하거나, 다른 사람의 예술 작품을 연구하고 친한 예술가들과 얘기를 나누는 일은 하지 않았다. 대신에 그는 예술 철학의 시원을 이해할 수 있을 때까지 작품의 과정에 완전히 몰입했다.

아마도 혹자는 어윈이 "정상적으로 받아들여지는 사회 행동"이라고 간주할 수 있는 한계를 넘어서 작품 활동을 했다고 충분히 주장할 수도 있다. 비록 누군가는 어윈이 자신에게 부과한 고립과 절제가 너무 과도하고 억압적이라고 생각할지 모르지만 그에게는 필요한 일이

었다고 말해 두자. 어쨌든, 이런 논쟁에서 벗어나서, 창의력에 관심
이 있는 사람이라면 주목해야 할 것은 지식에 대한 탐색을 어윈이 과
연 어떻게 했는가 하는 점이다. 그것은 바로 실행에서 배우는 지식을
쫓았다는 것이다.

실행을 통한 창의성

버네도^{J. Kirk T. Varnedoe}는 이 개념에 꽤 익숙하다. 게다가 그는 창의적
자극을 일상적으로 고민하는 예술계에서 자신의 모든 학문적, 직업적
세계를 구축해왔다는 이점을 가지고 있었다. 최근 뉴욕 현대미술관
의 회화 · 조각 책임자의 위상을 생각해 보자면 버네도는 현대 미술을
형성하는 데 세계적으로 가장 영향력이 있는 위치에 있다고 할 수 있
다. 그가 전시를 허가한 예술 작품, 그가 전시를 개최하는 방식, 그가
쓴 글이나 책, 그가 하는 대중연설이나 강연, 그리고 그가 예술에 대
해 언급하는 내용은 중요한 이슈로 관심을 끈다. 한 예술가의 작품에
대한 그의 견해는 그 작가의 경력에 결정적인 영향을 끼칠 수도 있다.

미술관 5층에 있는 그의 사무실은 조각 공원과 마주하고 있다. 지
금 그의 사무실에는 텅 빈 책상, 화려하고 낮은 진열장, 의자 한 쌍이
전부였다. 새하얀 벽에는 아무것도 없었다. 이 방에서 유일하게 예술
적 분위기를 자아내는 요소는 미술관이라는 돈 냄새를 풍기는 문화에
어울리게 완벽하게 차려입은 버네도 자신 밖에 없었다. 삭막할 정도
의 흰 배경으로 말미암아 차분한 인상의 가무잡잡한, 잘 생긴 그의 외
모가 강조된다. 이 배경은 박물관의 입구에 해당하는 이곳이 어느 성
공한 예술가가 작업한 놀라운 정물화임을 완벽하게 연출하고 있다.

텅 빈 벽이 자아내는 환상을 의식한 듯 버네도는 다음 주에 박물관 소장품을 물색해 이 벽에 어울리는 작품을 선정할 계획이라고 한다. 이는 버네도의 위치에 앉은 사람만이 가질 수 있는 특권 중의 하나이며, 보통 미술관이 소장하고 있는 작품의 10%만을 공개한다는 사실을 고려한다면 이렇게 귀중한 보물로 가득한 회랑 하나가 그의 손끝에 달려 있음을 상상할 수 있을 것이다. 이제 버네도는 부드러운 광택이 빛나는 책상 위에 깔끔하게 관리된 두 손을 깍지 끼고 얹은 채 예술을 공부하는 학생에서 예술사가와 선생으로, 그리고 박물관 학자로 변화해 온 삶을 이야기했다. 이러한 변화를 겪으면서 버네도는 밀접하게 연관되어 있으나 서로 다른 다양한 분야에서 일을 하면서 창의적인 과정을 반복해서 살펴볼 수 있었다. 이 내용이 현재 집필중인 에세이 책의 주제를 이루며 일반 대중을 상대로 예술을 설명하는 그의 첫 시도이기도 하다. 그에 따르면 이 책은 1984년에 받은 맥아더상 수상금이 없었다면 결코 쓰지 않았을, 용기 있는 시도였다. 버네도는 현재 38세로, 스스로를 이해하기에 충분히 성숙한 나이이자 자신의 분야에서 뭔가를 새롭게 시작해도 늦지 않는, 더할 나위 없이 좋은 나이이다.

"저는 미리 계획된 노력이나 고정된 목표를 가지고 하는 작업에서 나오는 혁신과 인식이 아니라 자신이 현재 '하고' 있는 것에 집중해서 나오는 혁신과 인식에 감동을 받습니다. 그게 제게는 아주 중요해 보입니다. 그것이 바로 사실상의 진보이고, 예술의 역할을 다하는 것이며 앞으로 나아가는 것입니다."

"예를 들어, 피카소의 스케치북에서 무엇을 발견할 수 있을지 한번 봅시다. 그는 두 번이나 세 번, 스케치를 반복하면서 어떤 차이가 있는지 비교해 보고, 그 세 번의 스케치에서 한 번도 시도하지 않았던 무엇인가를 네 번째 스케치의 모티브로 삼습니다." 그의 설명이 이어 졌다. "혹은 로댕을 한번 살펴봅시다. 깨진 조각상과 주조 틀은 어느 예술가의 작업실에나 바닥에 늘어져 있죠. 이러한 것들은 'A'지점에 서 시작해 'F'지점까지 도달하는 과정의 한 부분입니다. 로댕의 경우 는 작업을 하다가 'C'나 'D'지점에서 멈추고 이야기합니다. '이건 뭔가 다른 거야. 이건 그 자체로 다른 뭔가를 나타내고 있어. 내가 '이걸'로 뭔가를 만들 수 있겠어.' 그는 연습을 통해 익히는 자질을 가지고 있 었습니다. 연습을 하면서 발견을 해나가는 과정인 거죠."

"이것은 아내가 혁신을 구성하는 것에 대해 이야기할 때 항상 강조 하는 것입니다. 혁신은 일하는 과정 속에서 일어나며 일에 집중하는 자신을 주목할 때 다가옵니다."

버네도는 앨린 짐머맨과 결혼했다. 앨린은 환경조각가로서 어윈의 '빛과 공간 프로젝트'를 수행하던 기간에 우연히 어윈의 영향을 받았 다. 앨린에 따르면 예술가들과 살며 교유하는 것은 창조 본능을 이해 하는 데 있어서 배움을 유지할 수 있도록 해준다.

"한 예술가의 예술행위 과정을 가까이에서 관찰할 수 있다는 것 은 정말 놀라운 일입니다. 어떻게 창의력이 작동하는지 그리고 무엇 이 창의력을 구성하는지에 대해서 그 과정을 가까이에서 지켜보지 않 으면 생길 수 있는 오해가 있어요. 제우스는 천장을 뚫고 내려와 당 신 머리에 벼락을 내리치지 않습니다. 창의력은 당신이 고른 신문이 나 누군가의 특이한 언급, 또는 특정한 편향 등과 관련이 있습니다. '여기 캔버스 한 귀퉁이에 뭘 그릴까' 또는 '공공장소에 자연스럽게 어울릴 만한 조각이 뭐가 있을까'에 대한 문제를 고심하는 예술가를 보면 저는 그것이 많은 다른 사람들이 하는 생각과 아주 비슷한 창의력의 과정이라고 생각합니다. 이러한 과정이라는 것이 결국 가까이에서 보면 매우 단순하고 상식적이며 일반적인 경우가 많습니다. 물론 저는 아주 중요하게 보지만요. 제가 확신하는 것은 현대 미술사에서 가장 심오하고 아주 중대한 변화의 대부분을 좌지우지하는 것은 미숙한 사람들, 전혀 유명하지도 않은 사람들, 또는 낯선 작업 방식을 수용하는 법을 익히고 자신의 능력의 다른 측면을 믿고 의지하는 데 있다는 사실입니다."

라이트 형제와 다윈, 스티븐 제이 굴드의 작업 등 자신의 분야에서 영웅이 된 모든 사람들에게 감동 받은 버네도는 예술가가 맞닥뜨린 문제에 대한 창의적인 해결책은 종종 시도 그 자체에서 나온다는 점을 보여주는 더 나은 사례가 되기 위해 열심히 노력하고 있다. 마지막으로 그는 피카소의 유명한 그림 중 하나를 예로 들면서 자연스럽게 다시 예술이야기로 돌아갔다.

"파리에서 〈아비뇽의 처녀들〉 전시회를 막 열었을 때에요. 피카소가 잡은 구도와 스케치를 보았을 때 아프리카의 이국적 느낌을 조금이라도 아는 사람들은 당황했습니다. 중요한 것은 단순하고 계획적으로 도식화하려는 '행위'였어요. 그는 모든 것을 배제하려고 노력했어요. 사람들을 블록처럼도 그려보았고, 머리만도 그려보았고, 그들을 수평선으로 그 다음엔 대각선으로 나눠 보기도 했어요. 그는 신체를 낯설게 표현하거나 뭔가 다른 것으로 만드는 방식을 창조해 내려고 꾸준히 노력했어요. 그런 과정 속에서, 그리고 그때 자신의 모습을 보면서 그는 연습을 통해 나오는 새로운 가능성을 보기 시작했어요. 그 것은 마치 뭔가가 창문으로 그에게 날아오는 그런 식은 아니었어요. 많은 혁신적인 일들은 작업을 하는 과정 속에서, 그리고 그 과정에서 자신이 무엇을 하고 있는지 이해할 때 일어나죠.”

이건 바로 어윈의 경험을 이해할 수 있도록 도와주는 설명이다. 로 버트 어윈은 어느 날 아침에 일어나서 뭐라고 말로 표현하기 어려운 이유로 자신이 아직 많은 것을 배워야 할 때라고 생각했다. 그리고 수 년이 지난 지금도 그렇게 생각한다. 비록 예술계에서는 이미 그를 예 술가로 부르지만 말이다. 예술과 관련한 여러 가지 직업에서 버네도 가 그랬던 것처럼, 직접 해보는 것이야말로 뭔가를 익히고 새로운 것 을 발견할 수 있는 좋은 방법이다.

파리에서 우리가 할 일은?

이번 예술 3부작 이야기의 세 번째 주인공인 예술 사학자 헨리 크 라우스Henry Kraus 또한 마찬가지이다. 그도 직접 해보는 것으로 자기 분 야에서 지식을 탐구하고, 전문가들이 수십, 수백 번 본 작품에 놀라 운 새로운 해석을 가미했다. 그는 책을 읽지도 않았고 학교에 등록해 서 다니지도 않았다. 그는 파리에 있는 박물관들을 돌아다니면서 다 만 보고 관찰한 것들을 적었을 뿐이었다.

파리에 있는 군사학교Ecole Militaire에서 멀지 않은 그의 아파트에서 그 는 휴식을 취하기 위해 조용히 앉았다. 그리고 이제는 오래 돼버린 과 거 파리에서의 삶을 돌아보았다. 그의 첫 유럽 여행은 부인인 도로시 와 막 결혼한 후였다. 그녀는 18살이었고, 그는 23살이었다. 당시 그는 예술에 관심이 없었다. 사람들이 물어보면 그는 어린 시절 고향인 클리블랜드를 떠나서 삶의 철학을 찾기 위해 파리에 간다고 말했다. 그러던 그가 소르본 대학에서 프랑스 문학으로 학위를 취득하기로 했다. 그러다 6주가 지난 어느 날 학교에서 지식인인 체하는 속 좁은 교수와 불쾌한 만남을 가졌다. 그리고 자신이 시간을 낭비하고 있다는 걸 깨달았다. 결국 학업을 중단했고, 그 후로 다시는 학문과 관련된 기관과 인연을 맺는 일은 없었다.

"그래서 도로시와 나는 그것에 대해 이야기를 나눴어요." 그는 물보라만큼이나, 혹은 낡은 레이스 만큼이나 부서지기 쉬운 목소리로 설명했다. "다시 고향으로 돌아가야 할까? 여기에는 과연 무엇이 있을까? 우리는 클리블랜드와 오케스트라가 그리웠고 가족들도 보고 싶었어요. 그래서 우리는 돌아가서 클리블랜드에서 다시 일하기로 마음을 먹었어요. 그런데 여기 파리에서 먼저 해야 할 일이 있었어요. 그렇지 않으면 모든 게 큰 실패인 것처럼 보일 것 같았어요. 그래서 우리는 생각했죠. 파리에서 우리가 할 일은 무엇일까? 결국 우리는 그게 예술이라고 생각했어요. 우리는 '그것이' 위대한 유럽 여행이라는 모험에서 우리를 집으로 데려다 줄 수 있을 거라고 결정했어요."

그리고 이들 부부는 루브르 박물관을 다니기 시작했다. 처음에는 일요일만 공짜이기 때문에 일요일에 갔다. 당시에 그들은 하루에 한 끼만 먹고 1달러로 생활했다. 하지만 루브르는 그들을 정말 황홀하게 했고, 그래서 그들은 어려운 경제 사정에도 불구하고 입장료를 내고 매일 갔다. "루브르에서 6개월 동안 매번 기록을 했어요. 쓰고, 또 쓰고, 또 쓰고, 항상 메모를 했죠. 아무것도 읽지 않고 오로지 혼자서 감상만 했죠. 내가 좋아하는 것과 그 이유를 적었어요. 예를 들어, 저는 카라바조의 작품을 좋아했습니다. 저는 한 번도 그의 이름을 들어본 적이 없었지만 그의 작품이 좋았어요. 저는 그 작가가 대단하다고 생각해요. 그의 작품에서 깊이를 느껴요. 일종의 인간애와 거칠고 투박함, 제 생각에 그런 것들이 환상적이었던 것 같아요.”

헨리와 도로시 크라우스는 이 첫 번째 파리 여행에서 2년 동안 파리에 머물렀다. 그들은 스스로 공부하고 예술 작품들을 감상하면서 시간을 보냈다. 그러다 결국 중세에 발목이 잡혔다. 헨리는 그가 본 작품들에 대한 이론을 만들어내기 시작했고 경제학, 사회학, 정치사에 기대 각 작품의 배경을 파악하려 했다. 그러나 그가 자신의 생각을 정리하기도 전에 미국에 있는 가족들이 그들을 다시 불렀고, 그들은 경제 대공황이 한창인 미국으로 돌아갔다.

십여 년 간 여러 가지 일들로 그들은 예술과 거리가 먼 쪽으로 그리고 그가 오랫동안 하고 싶어 했던 글쓰기와 먼 방향으로 이런 저런 일을 하게 되었다. 그리고 마침내 그들은 한 달에 10달러짜리 작은 아파트를 구했고 재활용 가구로 집을 채웠다. 헨리는 클리블랜드 병원에서 번역 일을 하면서 소설도 한 권 썼다. (《용기의 습득Acquisition of Courage》이라는 책으로 자기중심적인 글이라고 여겨 바로 책상 서랍에 묻어두었다) 도로시는 YWCA에서 연극을 가르쳤다. 그들의 수입은 다 합쳐 일주일에 20달러였다.

여전히 글쓰기에 목마른 헨리는 어느 날 신문에서 조합을 구성하는 기사 하나를 흥미롭게 보았다. 언젠가 사회적으로 유용한 것에 대해 글을 쓸지도 모른다고 생각했던 그는 그날 바로 조합에 가서 기자로 일해 보겠다고 했다. 곧 그는 〈미국 자동차노조The U.A.W., The United Automobile Workers〉에서 기자 생활을 시작하게 되었고, 이 신문은 금새 유명해졌다. 파업과 피켓시위, 연좌농성, 그리고 지저분한 뒷거래 등의 기사가 실렸다. 헨리가 기자이자 조합원 간부, 사건 기록자로서 파업 현장에 머무를 때 도로시는 현장에서 먹거리를 담당했다. 1933년부터 1939년까지 6년 동안 헨리는 조합에 관한 수만 건의 서류를 모았고 이를 토대로 그의 첫 책《다수와 소수The Many and the Few》를 썼다.

그는 유럽에서 2차 세계 대전이 발발하려고 할 때 이 책을 끝냈다. 그러나 책을 바로 출간하면 자국 내에서 서로 협력해야 할 때 적대감을 불러일으킬지 모른다는 두려움으로 출판을 미루었다. 그리고 8년 후인 1948년에서야 책이 출간되었다. 하지만 그때는 헨리와 도로시가 이미 캘리포니아 남부에 있는 산 페드로라는 작은 항구 도시로 이사한 후였다. 도로시는 따뜻한 곳을 원했고, 헨리는 글쓰기를 원했다.

생계를 유지하기 위해, 헨리는 조선소에서 일하게 되었다. 그들의 집은 저소득층에게 제공하는 여러 인종 간의 하우징 프로젝트에 속한 집이었다. 이것이 문제의 불씨가 되었다. 그즈음 그들의 삶의 방식이 되어버린 조합문화에 어울리게 그들은 이웃과 함께 순수한 거주 위원회를 조직했다. 그 조직을 통해 인종적 문제와 지역의 위생 문제를 해결하고 의료 계획과 교통 시스템, 보육 시설의 문제에도 관여했다. 공공의 선을 위해 이 조직이 해냈던 굵직한 활동이었지만 이내 매카시즘의 광풍이 불어닥쳤다.

헨리는 하우징 프로젝트의 경험을 살려《도시 속에 정원이 있었네In the City Was a Garden》라는 책을 집필했다. 그리고 뉴욕으로 이사해서 번역 일을 했었고, 1956년에 다시 파리로 이주해서 미국 의학저널의 지사장이 되었다.

"우리가 파리를 떠난 지 25년이 지났어요. 우리는 빨리 다시 가서 우리가 진짜 하고 싶었던 공부, 예술에 대한 깊이 있는 공부를 다시 계속 하고 싶어 안달이었죠."

헨리와 도로시는 파리를 떠나기 전에 다니던 곳을 그대로 다녔다. 박물관에 가고, 건축학을 공부하고, "보고 또 보고, 그리고 왜? 왜? 왜?"라고 물었다. 헨리는 파리에 돌아온 지 얼마 되지 않아 번역 일을 그만 두고 온전히 예술 공부에 전념했다. 그들은 여전히 검소하게 생활했고, 예술 공부로 돈을 벌 수 있을 거라는 큰 기대도 없이 공부에 전념했다.

"도로시와 저는 절대 돈 걱정은 하지 않아요. 삶을 가치 있게 만들기 위해서는 중요하다고 여기는 일을 계속 해나가는 것이 더욱 중요하죠. 그리고 우리는 항상 축복을 받아 왔잖아요. 오! 이런 그 이상을 원할 사람이 있겠어요?" 심지어 그들은 헨리가 79세가 되는 1984년까지 맥아더상 상금도 받지 않고, 삶의 방식을 고수했다. 평생 검소하게 살아온 삶 덕분에 그들은 뭔가를 소유하려는 욕구가 없었다. 수상금 대부분은 돈이 필요한 예술가 지인들에게 건네주었고, 일부는 그들이 미국에 돌아가면 살 집을 사는 데 쓸 요량으로 따로 떼어 놓았다. 나머지는 택시를 타는 약간의 호사를 누릴 때 사용했다. "물론 비가 왔을 때 타죠."

파리로 돌아와서는 25년 전에도 그랬듯이 박물관과 미술관을 다니면서 부지런히 보고 또 본 것으로부터 무엇인가를 배우려고 했다. 헨

리는 독학을 하면서 색다른 해석이나 간과된 점이 무엇인지를 알아
나갔다. 그는 자신이 알아낸 것을 기록해 두었지만, 자신만의 감상을
완전히 끝내기 전 까지는 작품 설명 등을 의도적으로 읽지 않으려고
회피했다. 그는 어떤 집단이나 학교, 이러저러한 모임과도 교제를 하
지 않았기에 뻔한 방식으로 뭔가를 보지 않는다. '왜?'라는 질문에 대
해 자신만의 결론에 도달할 수 있는 어떤 온전한 자유를 느낄 수 있느
냐가 바로 그가 갖고 있는 관점이었다.

헨리가 살아오면서 여러 일을 할 수 있었던 것은 그가 지식을 추구
하는 방식 덕분이다. 아름다운 예술품 하나와 사랑에 빠지면 어떻게
그런 위대한 예술의 특징인 조화와 명료함, 고상함으로 빛나는 아름
다움이라는 것이 나올 수 있었는지, 그 배경을 결국 알아내고 만다.
결국 그는 그 시대의 더 큰 주제를 탐구하게 되고 그 탐구는 예술의 분
야를 넘어서 확장된다. 이런 방식을 통해 그는 예술품을 사회적 · 역
사적 배경 하에서 설명하는 데 놀랍도록 능숙해졌다.

그리고 이런 접근을 통해 그가 밝혀낸 사실은 적지 않다. 예를 들
어, 노트르담 성당에 있는 한 폭의 그림에서, 소위 대단하다고 하는
예술 비평가들이라는 사람들은 이 작품이 성인의 삶을 묘사하고 있다
고 주장했지만 사실 이것은 세속적인 예술이었다. 또한 한때 우쭐대
는 예술가들의 그럴듯한 이야기로 얼버무려졌던, 성가대 좌석 아래
에 정교하게 새겨진, 어느 누구도 중요하게 언급할 필요가 없다고 여
겨졌던 환상적인 조각 세계를 보여주는 미제리코드(성직자의 좌석 뒤에
기댈 수 있게 만든 받침대)와 관련된 그의 발견도 그렇거니와, 현재로서는
사고로 불타버렸거나 그렇지 않으면 스페인 내전 중에 사라져 버린 것

으로 알려진 스페인 오베도 성당의 고딕 성가대석의 복원, 그리고 그의 초창기 발견 중 하나인 중세미술에서 반유대풍을 언급한 것 등이 모두 그가 밝혀낸 업적에 속한다.

"중세미술에서 반유대풍이라니요? 어디죠?" 프랑스 국립 도서관 관장이자 〈가제트 데 보자르Gazette des Beaux-Arts〉의 편집인인 장 아데마르 교수는 헨리가 파리에서 홀로 찾아낸 반유대풍의 작품을 보고 크게 감동했다. 이 주제에 관한 그의 글은 보통 2년 정도의 집필기간이 필요한 책이지만, 거의 곧바로 출간되었다.

1967년부터 1985년까지 그는 네 권의 예술관련 서적을 출간했다. 모두 다 좋은 글이었고, 좋은 평가를 받았다. 그리고 그는 지금도 부인과 함께 평소와 같은 모습으로 평생을 연구하며 일하고 있다.

◆ ◆ ◆

어윈, 버네도, 크라우스는 각각 예술가, 박물관장, 예술사가다. 셋 다 아주 창의적인 삶을 살았지만 성격과 취향, 스타일 면에서 전혀 다른 삶을 살았다.

그러나 창의적인 진전을 가져온 경험에 대해 이야기를 나누고 그들의 이야기를 들으면서, 나는 공통의 주제를 발견했다. 그것은 창작의 본질에 관한 아주 주요한 관찰인 것 같다. 간단히 얘기하자면 창의적인 노력은 탄탄한 지식을 기반으로 나와야 한다는 것이다. 게다가, 창의적인 노력을 기울이는 방법은 대학교육이나 어떤 프로그램이 아니더라도 얼마든지 가능하다는 점이다. 팔을 걷어 부치고 현장으로 뛰어들어 직접 해보는 것이다. '한다'는 행위 속에서 뭔가 새로운 것,

유용한 것, 아름다운 것, 창조적인 것으로 이끄는 예상치 못한 우연에 자신을 맡길 수 있다.

작가의 예술세계에 대해 나눴던 인터뷰에서 헤밍웨이는 《노인과 바다 The Old Man and the Sea》에 관해 이야기하면서 이렇게 언급했다. "저는 청새치가 짝짓기 하는 것도 봤고 거기에 대해서도 잘 알았어요. 그렇지만 그것을 그냥 내버려두었지요. 저는 50여 마리의 향유고래 떼를 본 적이 있고, 길이가 거의 20미터나 되는 놈에게 작살을 던졌다가 놓친 적도 있습니다. 그것도 그냥 내버려두었지요. 어촌에서 알게 된 모든 이야기들도 그냥 내버려두었어요. 그러나 그 모든 지식이 빙산에서 물 속에 잠겨 있는 부분이 되었던 것이지요."

UNCOMMON GENIUS
How Great Ideas Are Born

six

창의적 본능에 비전을 결합하라

우리는 모두 특정 방식으로 추론하는 것에 익숙하다. 즉, 폭풍우가 왔다, 법률이 번복되었다, 나의 어머니는 나에게 나폴레옹이라는 이름을 지어 주셨다, 그래서 그러그러한 일이 일어났다, 라는 식이다. 이것은 사무적이고 깔끔하며 직접적이고 격의 없는 일차원적인 생각이다. 과거와 현재 사건이 미래를 결정하리라는 가정의 불가피한 요소를 내포하고 있다.

좀 더 모호하고 사소한 종류의 추론도 있다. 즉, 우리에게는 새 청사가 필요해요, 나는 환상적인 새로운 생각을 가지고 있어요, 우리가 아들을 페미니스트로 키울 수 있다면 환상적이지 않을까요?, 그래서 새로운 질서에 영향을 끼치는 이러저러한 것들을 하게 된다면요, 라는 식이다.

이것 또한 일종의 일차원적 사고이지만 평범한 관계를 거스른다. 마치 눈을 가늘게 뜨고 미래를 보는 격이다. 뒤를 보는 게 아니라 앞을 내다본다. 우리의 지난날을 추억하는 데 집중하는 게 아니라, 내일의 개념으로 오늘 우리가 내리는 결정을 하도록 만든다. 당연하게 생각하는 것은 없다. 사실, 이런 종류의 추론은 그 중심에 뭔가 바라는 이미지를 갖고 있지만 그것은 대개 비현실적이고, 말도 안 되는 추측이며 아주 도달하기 힘든 것으로 여겨진다. 다시 말해, 이것은 비전이 있는 사고이다.

단순히 믿을 만한 관측을 훨씬 뛰어 넘는 비전이라는 것과 창조본능 사이에는 어떤 관련이 있다. 새로운 아이디어에 사람들이 갈채를 보내고 그들이 이해할 수 있도록 우리는 우리의 비전을 가능한 한 가장 매력적이고 창의적인 방법으로 포장해야 한다. 우리는 이 점을 이미 알고 있다. 빛나는 것에는 시선이 오래 머물러 있지만, 광택도 없고 활기도 없는 것은 그냥 지나치는 경향이 있다.

비전과 고양된 창의력 사이의 관계는 그보다 훨씬 더 긴밀하고 또한 가치도 있다. 정체된 삶을 살아가는 사람은 자신을 잃어버리고 죽음을 기다리는 사람이다. 무기력함이 그렇게 죽음을 가져오는 것이다. 외로움과 소외도 마찬가지이다. 그러나 불행하고 무기력한 사람에게 자기 자신보다 더 위대하고 더 가치가 있는 꿈을 조금이라도 구현할 명분을 준다면 그는 다시금 삶을 지탱할 수 있는 활기를 되찾을 것이다. 목적이 있는 사람은 계속해서 열심히 창의적으로 한걸음 한걸음 나아갈 것이다.

지속가능한 사회의 비전에 자신을 투자한 레스터 브라운

워싱턴 D.C.에 있는 월드워치 연구소 사무실은 듀폰트 서클에서 조금 떨어진 곳에 있다. 이 건물은 미국의 수도라는 워싱턴의 힘과 권위에 잘 어울리게 깔끔하면서도 견고하게 만들어진, 위엄 있는 구조물이다. 그 건물 안에 흙빛 가구들과 어우러진 풀색 카페트가 마치 그곳을 탁 트인 초원처럼 보이게 한다.

기자들이 도착할 시간이 되자 한 번에 두세 명씩 들어오기 시작했다. 〈뉴스위크〉를 시작으로 〈연합통신〉, 〈세계은행〉, 〈포춘〉, 그리고 〈크리스천 사이언스 모니터〉가 바로 뒤로 들어왔다. 〈미국의 소리〉에서 온 기자는 막 엘리베이터에서 내렸고, 그 뒤로 다른 기자들도 따라 내렸다.

도착한 사람들은 대부분 임시로 만든 탁자 주변으로 빙 둘러섰다. 몇몇 기자들은 값비싼 녹음장치를 설치하려고 그리고 당연히 좋은 자리도 확보하려고 서고 쪽으로 움직이고 출출한 사람들은 오찬을 하려고 포크를 들고 돌아다녔다. 그들은 물냉이 위에 오렌지와 아보카도가 푸짐하게 올려진 까나페, 커리로 만든 라이스 샐러드, 로크포트 마요네즈를 곁들인 치킨을 먹었다. 그들은 조심스럽게 여러 가지 소스와 야채들, 그리고 과일과 치즈를 먹었다. 고급 옷을 차려입고 매너가 좋은, 건강해 보이는 사람들이었다.

치즈를 먹으면서 서로 소개를 하고, 악수를 했다. 국제 정치며 세계 환경 보건이며 하는 이야기들이 뒤따랐다. "아프리카에서 막 돌아왔어요. 구호 상황을 취재하고…." "짐바브웨 전 대사의 친구인 저희 남편이 보기에는…" "네, 저는 네팔 현장에서 일하고 있었는데 거기서 중국으로 건너가 6개월을 보내고 그런 다음 인도에…" "산성비를 잘 아는 사람이라면… ."

정확히 예정된 시간이 되자, 캐주얼한 회색 코르텐에 카라가 없는 파란색 셔츠를 입은 호리호리한 곱슬머리의 한 남자가 기자회견장의 두 배 정도 되는 크기의 서고로 사람들을 안내했다. 50대의 나이로도 보이지 않고 지식인이나 분석가, 열성적인 사람으로도 보이지는 않는 사람이다. 그의 이름은 레스터 브라운Lester Brown으로 월드워치 연구소의 창립자이자 회장이었다.

월드워치 연구소는 지구의 환경을 연구하는 싱크탱크이다. 산림훼손, 해수면 상승, 오존층 파괴, 지하수 오염, 자외선의 영향, 제3세계 경제에서 차지하는 곡물 수확량. 이런 것들이 연구원들의 이맛살을 찌푸리게 하는 근심거리들이다. 온실효과와 관개시설, 화석연료와 지하수에 대해 능숙하게 이야기하며 이 모든 문제들을 두루 살피는 그가 바로 레스터 브라운이다. 평범한 우리들이 지겨운 일상에서 생기는 사사로운 일을 걱정하는 반면, 브라운은 100년, 200년, 500년 후 지구가 계속 거주할 수 있는 공간으로 남을지 어떨지를 걱정하는 데 집중하고 있다. 평범한 우리들이 주식 소식에 귀를 기울이는 반면, 브라운은 어머니 대지의 심장소리를 들으려고 땅에 귀를 기울이고 있다. 그는 '신의 기록자God's Scorekeeper'라는 별명을 얻었다. 충분히 공감이 가는 말이다.

기자들이 자리를 찾아 재빨리 흩어졌다. 운이 없는 기자들은 문에 기대고 서 있었다. 만일 당신이 젊고 똑똑하며 지구 상의 모든 자연환경에 관심을 갖고 헌신하려고 하며, 박사학위 취득에 관심이 없는 사람이라면 월드워치 연구소가 일하기에는 아주 적당한 장소일 것이다. 하지만 브라운은 좀처럼 멋진 스펙만으로 사람을 고용하지는 않는다. 브라운에 따르면 이들은 너무 경직된 사고를 가지고 문제를 해결하려고 하며 전체적인 상황을 파악할 수 있게 그들이 전문적으로 연구했던 분야의 좁은 관점을 좀체 깨고 나올 수 없는 것 같다. 반면에 브라운은 오히려 그 점에서 탁월한, 통합적인 사고를 하는 재능 덕분에 아주 화려한 경력을 쌓아오고 있다. 모든 것들은 서로 연결되어 있다. 예를 들어, 인구과잉은 산림파괴를 가져온다. 그래서 결국 식물과 동물의 다양성을 훼손하고 과도한 방목과 토양침식을 가져오며, 다른 지역으로 이주를 하는 원인이 된다. 인구과잉은 결국 그 지역의 경제와 정치가 어떻게 바뀔 것인지, 그리고 그것이 세계 전체에 어떤 영향을 끼칠지 사람들을 궁금하게 한다. 브라운은 이러한 궁금증을 토대로 사태의 예상과 전개의 가정, 자신만의 충격적이고 심란한 결론을 내놓는다.

추측1: 제3세계는 국방비를 의료비보다 4배 정도 더 많이 쓴다.

추측2: 알래스카 파이프 라인에서 흐르는 가스만큼 많은 에너지가 미국 가정에서 창문 밖으로 새어 나간다.

추측3: 현재와 같은 속도로 산림이 파괴된다면 인도는 이번 세기 말에는 산림이 하나도 남지 않게 될 것이다.

추측4: 지구 상에는 현재 50억의 인구가 살고 있는 것으로 추정되는데 이는 1950년 인구의 두 배이다.

　브라운이 이런 놀라운 결론에 이르기 위해서는 뉴스에서 거대한 양의 정보를 추려내야만 한다. 그는 매일 아침 다섯 개의 신문을 읽는데, 시간을 절약하기 위해서 서서 읽는다. 그는 또한 직원을 비롯해 편지나 전화를 한 사람들, 언론인들, 정부 기관장들, 과학자들, 그리고 활동가들에게서도 정보를 듣는다. 이렇게 전 세계에서 모은 정보를 가지고 자신의 의견을 만든다. 그가 가장 잘하는 것은 정보 간의 연결고리들을 파악해 그것이 미칠 중대한 영향을 파악하는 것이다. 그리고 그는 이상주의자로서 흔들림 없는 확고한 열정을 가지고 자신의 일들을 추진한다.

　이상주의자는 이상에 헌신하는 사람들이다. 그리고 이들은 그 헌신이 아주 강해서 현 상태를 유지하고 싶어 하는 사람들이 종종 갖고 있는 안주하려는 성향이 없고 뭔가 다른 방법이 있을 거라고 주장한다. 이런 주장을 펼치면서 브라운은 현실의 대안들을 고심한다. 가장 쉽고 편리한 결론을 도출해 내는 것이 아니라, 그가 가장 이상적이라고 여기는 사회인 지속가능한 미래를 위해 다른 사람이 가능하다고 믿는 한계점을 넘어설 수 있도록 자신을 세게 밀어 붙인다. 그가 이런 이상을 실현하는 데 관심을 두지 않았다면, 이런 노력에 헌신적으로 전념하지는 못했을 것이며 여기에 다른 사람들을 끌어들일 결심도 하지 못했을 것이다.

　월드워치가 찾아낸 것은 대부분 《지구환경보고서 The State of the World》라는 제목의 책으로 매년 펴낸다. 첫 번째 책은 1984년에 나왔는데, 1만 6천 부를 찍었다. 지구에 대한 일종의 보고서 역할을 하는 이 방대한 연간보고서는 우리가 살아가는 방식 자원을 이용하는 방식에서 나오는 다양한 위험성을 자세히 알려 준다. 이 보고서는 16개 언어로 출간된다. 그리고 1쇄로 10만부를 찍어 120개국 이상에 보내고, 575개 이상의 대학에서 교재로 사용한다. 대부분의 연구기관들은 연구를 계속하기 위해 보조금이 필요하지만, 이 월드워치 연구소는 수입의 절반 이상을 보고서 판매대금으로 충당한다.

《지구환경보고서》라는 연례 보고서 외에도 월드워치는 여러 주요 정기 간행물에 매일 14개 정도의 사설을 보내주고 있으며, 1년에 7~8개의 종합연구 보고서를 내고, 이제 막 새로운 잡지를 출간했다. 오늘 기자회견은 이번 월드워치 연례 보고서 최신판인 80호가 출간됐음을 알리는 자리다.

서고 안 기자회견장 탁자 중앙에는 약간 긴장한 채 연설을 준비한 젊은 여성이 앉아 있다. 그녀 앞으로 마이크가 일렬로 늘어져 있었다. 레스터 브라운은 그녀 옆에 앉아 있다. 그는 무릎 하나를 세워 가슴에 대고 소박하고 편한 자세로 기대고 앉아 있다. "월드워치에 오신 걸 환영합니다." 그는 아주 부드럽고 침착한 목소리로 말했다. 녹화장비에서 빨간 불빛이 깜박이기 시작했다. "아시다시피, 이번 주에는 이곳 워싱턴에서 두 개의 주요 행사가 있습니다. 여러분 중 몇몇은 아마도 저희 회견이 끝나면 다른 행사에 갈지도 모르겠군요."

여기저기에서 기자들이 미소를 지었다. 이곳 워싱턴뿐만 아니라 미국 전역에 있는 모든 사람들은 소련 지도자 고르바초프가 레이건 대통령을 예방하러 이곳 워싱턴에 온 것을 알고 있다. 물론 브라운은 월드워치 기자회견을 고르바초프와 레이건의 역사적 만남과 비견되는 일이라고 농담을 한 것이다. 물론 그냥 농담일 뿐이다.

그리고 나서 그는 이번 80호 월드워치 연례 보고서를 쓴 젊은 여성을 소개했다. 이 보고서는 계속 늘고 있는 세계인구가 세계에 어떤 영향을 미치는지에 대한 것이다.

젊은 여성은 기자회견을 시작했고, 기자들의 펜은 날아가기 시작했다. 레스터 브라운은 머리를 숙이며 듣고 있었다.

창의력은 곧 여러 영역을 넘나드는 연결성

환경보전기금 사무실은 워싱턴 DC 알링턴 카운티의 포토맥 강을 가로 질러 우뚝 솟은 고층 건물들 사이에 있다. 너무 눈이 부셔서 당신의 눈을 멀게 할지도 모르는 유리로 된 고층건물 안에 위치해 있다. 이곳 카페트는 밀빛의 갈색이었고, 오리와 농장 사진이 걸려 있었다.

사무실에서 페트릭 누넌Patrick Noonan은 전화기를 붙잡고 있거나 책상 뒤에서 왔다갔다 하며 서성거리고 있었다. 건장한 그의 옆모습이 커다란 검은 그림자로 벽에 비치고 있었고, 벽에는 상과 상장들, 그리고 누넌이 숲속과 농장, 바다, 공원에서 찍은 사진들이 걸려 있었다.

누넌이 미국에 대해 걱정하기 시작한 것은 '자연보호협회The Nature Conservancy'라는 기관에 대한 짧은 신문 사설을 읽고 난 후였다. 이 기관은 미국의 자연보호 지역을 지키는 데 헌신하는 기관이었다. 사설을 읽은 누넌은 1969년에 이곳의 수습직원이 되었다. 당시 이 기관은 매년 대략 100구획의 땅을 사들였다. 누넌이 일하면서 1973년에는 그 취득률이 두 배가 되었다. 훗날 그는 회장직을 맡게 되었고, 그 후 7년간 그 자리를 유지했다.

그가 회장으로 재임하는 동안, 직원들도 훨씬 늘었고 조직은 성장을 했다. 그 외에도 스물다섯 개의 주에서 자연유산 프로그램을 만들거나 시가로 5억 달러가 넘는 200구획 남짓의 땅을 취득했고, 재정충당을 위해 회전 기금을 만들었다. 또한 약 700여 개의 자연 보존 지역을 망라하는 세계에서 가장 큰 민영 보호구역 시스템을 확립했다. 기관의 목적은 미국 내 자연보호 지역을 파악하고 그 지역을 안전하게 보존하는 것이다. 이런 문제는 거의 항상 자금 문제로 귀결된다. 그래서 누넌과 그의 직원들은 자금을 모으기 위해 창의적인 방법을 만들어 내야만 한다.

하나의 해결책으로 그들은 회전 기금이라는 것을 내놓았다. 즉, 개인과 회사와 재단의 기금으로 일종의 내부은행을 세우고, 위험에 처한 땅을 구입할 수 있도록 재빨리 헐값의 대출을 해 주는 것이다. 오늘날 이 회전 기금의 규모는 거의 1억 달러 정도에 이른다.

또 다른 해결책으로는 자연을 파괴한 것으로 비난했던 바로 그 '나쁜 사람들'에게 호소하는 것이다. 신중한 검토를 통해, 직원들은 위험에 처한 지역을 파악하고 그 '나쁜 사람'이 기여할 수 있는 방법을 강구한다. 그리고 합작 투자와 비슷한 방식으로 사업 제안서를 만든다. 예를 들면, 직원들은 그에게 이렇게 말할 것이다. "여기 미국을 위해 위대한 일을 할 기회가 있습니다. 습지를 보호하고, 산림을 보호하고, 조류 보호구역을 안전하게 만들고, 이 황폐한 땅을 바꿀 수 있는 좋은 기회 말입니다. 우리는 당신의 과거 악행을 비난하려는 것이 아니라, 당신에게 상을 주고, 이런 보존 노력에 당신과 함께 일하게 된 것을 우리가 얼마나 자랑스러워하는지 미국인들에게 알려 주려는 것입니다."

이런 방식으로 누넌은 자신과 자신의 기관이 과거 환경보호주의자들이 겪었던 것과 같은 어려움을 줄이도록 했고 사업가 그룹과는 폭넓은 동반자 관계를 형성했다. 이 방안이 윈윈정책을 만든 것이다. 결국 모두에게 이익이 되었다.

패트릭 누넌이 '함께 일하되 반대해서 일하지 않는' 정책을 처음 실행하기 시작했을 때 이것은 환경문제를 해결하는 새롭고 현명한 대응이라고 사람들은 생각했다. 특히 당시 미국 내에서 환경보호운동이 '상대적으로' 짧은 역사를 가지고 있다는 점을 고려해 봤을 때 말이다. 사실 많은 사람들은 1907년 시어도어 루스벨트 대통령 때 시작했다고 믿지만 말이다. 갈등 모드에서 타협 모드로, 행동에서 협력으로 변화를 이끌어 낸 것이다. 하지만 모든 창의적 발상처럼, 그의 방식에서도 박수갈채와 함께 일정 부분 타당한 비판도 나온다. 누넌의 팀이 이용한 방법은 환경보전 목표에 도움이 될 만한 아주 큰 금액을 모으는 데는 성공적이고, 굉장히 효과적이라고 말할 수 있지만 비판자들은 이러한 환경파괴 기업들에 대해서는 합의가 아니라 소송을 하는 게 올바른 태도라고 주장한다. 이런 비판에 대해 누넌은 처음부터 한결같이 다음과 같이 말한다. "그게 더럽혀진 돈이라는 얘기인가요? 저는 그걸로도 충분하지 않아요."('더럽혀진' 이라는 뜻의 'tainted'에 빗대어 'it t'ain't enough'라고 말함)

습지와 공원, 숲에서 일한 지 7년쯤 지났을 무렵 누넌은 야생동식물 문제에 관한 레이건 대통령 직속 위원회에서 또한 활동하게 되었다. 그가 회장을 맡은 위원회는 야생생물에 관한 새로운 방안을 만들어 내는 책임이 있는 곳이었다.

이런 모든 활동에서 그가 하는 방식은 처음부터 일관성이 있었다고 한다. 전화를 받고 설명을 이어갔다. 그의 직원이 방금 2천백만 달러 기업 후원을 약속받았다는 소식으로 들뜬 나머지 그의 얼굴은 벌겋게 상기되었다. 이 후원금은 대부분 새 국립공원을 만드는 데 쓰일 것이라고 했다. 엄청나게 복잡하고 실제로 불가능한 것처럼 들리지만 누넌에게는 이 모든 게 아주 간단한 일인 것 같았다.

"저는 자유로운 기업활동 체계를 믿어요. 그리고 긴밀히 협력한다면 이 체계가 환경보존에 이득을 줄 수 있는 충분한 동기를 가지고 있다고 믿어요. 사업가 집단과 우호적인 동반자 관계를 만들어 놓는 것이 환경보존의 목적을 이루기 위해 그들이 참여할 수 있도록 하는 좋은 방법이죠. 미국이란 나라가 가지고 있는 자연 생태를 최고로 만들고, 이를 지키고 보전하려는 아주 단순한 목표를 꾸준히 유지해 나가야 해요. 우리는 사람들이 우리를 도울 수 있도록 여러 가지 우대 정책들을 만들어 놓고 있어요. 우리는 문제를 해결할 창의적 방법을 찾기 위해 여러 학문을 넘나들며 생각할 수 있는 사람들로 연구 팀을 만들었어요. 저는 큰 그림을 보지 못하는 단순한 전문가가 아니라 여러 측면의 관점에서 일하는 저희 팀이 자랑스러워요."

레스터 브라운처럼 페트릭 누넌도 미래는 여러 분야를 넘나드는 사람에게 있다는 걸 알고 있었다. 창의력을 '놀라운 연결성'이라고 정의하는 데 주저함이 없는 사람들, 그리고 예상치 못한 변화를 만들어 내기 위해서라면 기존에 갖고 있던 여러 가지 기준들을 충돌시켜야 한다고 생각하는 진보적인 사람들에게 미래가 있다는 말이다. "너무 많은 사람들이 좁은 관점으로 자신에게 필요한 숫자가 7이라고 하면서

2 더하기 2는 7을 만들 수 없다고 여기죠. 다양한 관점으로 문제를 해결하기 위해서는 자신의 분야에서 각기 재능을 가진 다양한 사람을 한 팀으로 모아야 하고, 그것이 바로 우리가 창의적 해결을 하는 방법이죠"라고 누넌은 말했다.

그는 잠깐 멈추고 창밖에 파노라마처럼 펼쳐져 있는 비행기들, 빛나는 오벨리스크, 그리고 기술의 진보를 나타내는 다른 여러 가지 물건들로 관심을 돌려 바라보았는데 이는 마치 자연 늪지에서 혹은 잎이 무성한 숲에서나 볼 수 있는 것처럼 어렴풋이 보였다. 이제야 누넌이 왜 그렇게 현장을 많이 뛰어 다녔는지 알 수 있을 것 같다. 단지 수많은 세부적인 일들을 효과적으로 처리하고 자신이 감독하고 있는 거래의 중요성을 강조하기 위해서 뿐만이 아니라, 직접 땅을 걸어 보고, 농부들과 이야기도 나눠 보고, 주민회의실에도 앉아 있어 보고, 그들의 우려와 두려움을 직접 느껴보기 위해서이다.

"강물이 얼마나 많은 오염을 처리할 수 있는지, 그리고 토양이 얼마나 많은 제초제를 버틸 수 있는지, 그리고 이것이 야생생물들에게, 혹은 지하수에 어떤 악영향을 끼칠지 전혀 고려하지 않거나 상품을 팔고 물물교환을 하듯 우리가 자연을 대하는 것에 저는 좌절합니다. 이 거대한 유리건물 꼭대기에서 일하는 높은 사람들, 그리고 워싱턴의 엘리트들이 이런 현실을 전혀 직시하지 못하고 우려의 목소리를 듣지 못하고 있는 것 같아 이곳 워싱턴에 있는 저로서는 특히 자괴감이 듭니다. 그들은 무엇이 잘못됐는지 알지 못합니다. 그리고 알고 있는 사람들도 그걸 해결할 효과적인 방법은 알지 못합니다."

누넌은 무엇이 잘못됐는지 알고 있었다. 그리고 이걸 어떻게 창의적으로 해결할지에 대해 여러 가지 생각들로 넘쳐났다. 모든 이상주의자들처럼 현 상태를 유지하는 것이 아닌 그걸 넘어서는 뭔가를 그는 바라고 있었다. 그리고 만일 여론에 흔들려서 몇 가지 것들을 바꾼다면 미국이 얼마나 좋아질 것인지 상상해 본다. 그는 가장 고차원적인 이상주의자로서 사회적으로 유용한 방식을 추구한다. 레스터 브라운의 경우처럼 사실이 끝나는 곳에서 꿈은 나타난다.

사실: 인간을 달에 착륙해서 달 위를 걸었다.

꿈: 행성에서 행성으로 자유롭게 여행할 날이 올 것이라고 믿는다.

꿈은 현실 위에 집을 지을 수 있다. 꿈은 사람을 앞으로 나아가게 하고 머릿속에서 뿌옇게 맴돌던 아이디어나 이미지를 어떻게 이룰 수 있을지 창의적으로 생각하게 만든다.

고래의 비범한 창의력

기자회견장의 점잖은 수다와 번쩍이는 도시의 고층 건물들. 이런 것과 동떨어진 숲의 끝자락에 흰 미늘벽 판자집 뒤로 오래된 빨간 창고가 하나 있다. 메사추세츠 주 링컨에 있는 작은 시골 마을로 데이비드 소로의 글에 나오는 곳이다.

사나운 바람에 회색 수염이 흔들리고, 플란넬 셔츠자락이 따뜻한 울 스웨터 아래로 삐져나와 있고, 손에는 손전등을 들고 서 있는, 로저 페인Roger Payne은 쌓인 눈 더미를 헤치고 창고 윗층으로 올라갔다. 그를 만나려면 특이하게도 물보라 치는 바다와 오히려 멀리 떨어진 이곳, 사면이 육지로 둘러싸인 이런 시골로 와야 한다. 그러나 이렇게 개조된 다락 공간은 세계야생기금이라는 단체로, 본사가 있는 평범한 사무실이라기보다는 마치 새 둥지 같다.

페인은 고래를 보호하고 고래의 습성에 관심을 갖고 있는 과학자이자 환경보호활동가, 즉 고래연구학자이다. 겨울철 고래 이동 시기에는 인도, 스리랑카, 아르헨티나 등지에서 오랜 시간을 보내면서 고래를 추적했는데 바로 고래의 멸종 우려 때문이다. 고래 집단과의 이런 오랜 관계 덕분에 페인은 눈으로만 고래를 식별하는 게 아니라 그가 지어준 이름으로 고래를 구별할 수 있다. 그는 또한 20년 전에 처음 만난 고래의 자손들도 알아본다. 그는 고래의 습성을 관찰하고 고래의 행동을 연구해서 열심히 자료들을 모았다. 그 자료들은 아마도 고래에 관한 중요한 발견을 하는 데 큰 기여를 할 것이다. 각각의 자료들은 모두 놀랍다.

통찰1 : 고래들이 신음하거나 슬픈 노래를 부르면 그 소리는 대양분지를 넘어 수천 마일 떨어진 다른 고래에게도 들린다.

통찰2 : 고래의 노래는 제멋대로 부르는 것이 아니라, 실제로 음을 갖고 만든 특정 규칙이 있어서 다른 고래들이 예상할 수 있다.

통찰3 : 그들의 노래는 세대에서 세대로 전승된다. 마치 우리 조부모가 해 주신 이야기를 손주들에게 들려주듯이 말이다. 게다가 우리가 이야기를 전할 때 더 정교해 지는 것처럼 고래도 어린 고래에게 더 발달된 노래를 전한다. 같은 주제이지만 약간의 변형이 부모에게서 자식으로 전승된다.

언론에 고래가 노출이 되더라도 사람들은 왜 고래에 열광하지 않는지 페인 박사는 쉽게 이해할 수 없다고 했다. 아마도 인간과 유인원의 관계가 지나치게 많이 비춰졌기 때문에 사실 점잖고 사회적인 동물인 고래가 우리 인간만큼이나 신비로운 거대한 뇌를 가지고 있다는 걸 인정하는 게 쉽지 않기 때문인지도 모른다. 그리고 우리가 고래에 대해 알고 있는 것은 별로 없다. 바로 이곳 지구에서 인간보다 오래, 아마도 수백만 년 동안 오래 살았던 종이 바로 고래로, 우리가 거의 알지 못하는 살아 있는 경이라는 사실은 페인 박사도 상상할 수 없는 일인 것 같았다.

그는 궁극적으로 고래와 인터뷰하기 충분할 정도의 의사소통을 하고 싶었다. "우리와 함께 일하기 전에 야생에서 살았던 그 과거를 기억할 수 있는지, 그때 상어를 두려워했었는지, 그들의 어머니는 아버지에게 순종했는지, 우리가 원자폭탄에 대해 얘기한 걸 듣고 걱정을 했는지. 이런 것들을 묻고 싶었죠. 사람들이 고래를 계속 괴롭힌다면 고래가 간직하고 있는 이런 신비를 우리가 위험에 빠뜨리는 거예요. 그리고 그 신비가 사라질 수 있다는 건 매우 슬픈 일이죠."

이 거대한 포유동물인 고래에 대한 그의 걱정을 듣고 있자니 그의 삶에서 가장 중요한 고래에 관해 설명해 주는 페인과 나는 어떤 이상한 친밀감이 생기면서 마치 우리가 어떤 비밀을 공유하고 있는 것 같았다. 고래가 노래를 한다는 그들만의 비범한 창의력에 대해, 그리고 그 노래가 갖고 있는 이상하고도 황홀한 힘에 대해 그는 이야기했다. 그걸 듣는 많은 사람들은 주체할 수 없는 눈물을 흘리게 된다고 했다. 호기심이리는 인간의 능력과 비슷한 능력을 가진 고래라는 생명체가 사람과 직접 대면하게 되는 순간에 대해 언급하기에는 F. 스콧 피츠제럴드의 글이 적당하다고 페인은 말했다. "고래는 우리가 바다를 알 수 있게 해주는 환상적인 창문일 뿐만 아니라, 우리 자신의 심장과 영혼으로 들어가는 놀라운 창문이다"라고 말이다.

그리고 페인은 창문 밖으로 달에 비쳐 특이하게 회색빛이 도는 진주 빛으로 빛나는 메마르고 삭막한 겨울나무와 굵고 촘촘하게 내리는 눈송이를 바라보았다. 그는 바다로 나가 시간에 구애받지도 않고 해가 지는 것도 뜨는 것도 모른 채 예전에 했던 것처럼 고래들을 오랫동안 따라다니며 바다에서 사는 것, 그리고 촉촉하고 기름기 많은 눈을 가진 이 고래들을 그냥 바라보기만 하고, 고래와 친구가 되고 싶었다. 그리고 또 누가 알겠는가, 그들 사이에서 죽게 될지. 그렇다 하더라도 그게 그의 영혼이 진정으로 바라는 은밀하고 개인적인 소원이라고 페인은 말했다.

창의적 본능과 비전의 결합

우리는 더 깊이 들어가기 전에 비전을 가지고 열정을 갖는 것에 관해 일반적인 이야기를 해야 한다. 래스터 브라운, 페트릭 누넌, 로저 페인. 지구에 대한 그들의 지속적인 관심과 별개로, 이들이 모두 공유하고 있는 것은 장대한 비전에 대한 헌신이다. 그들이 청사에서 근무하는 간부들보다 일에 더 열정적이어서 그럴까? 그들이 실험실에서 하는 연구원보다 비슷한 실험에 더 직접적으로 관련되어 있어서일까? 아마 그럴지도 모른다. 그렇지만 분명히 그들은 마음의 소리를 의심하지 않는다. 그들은 사회적 균형과 마음의 평정을 희생하지는 않았다. 다시 말해서, 인간의 열정에 대한 평가는 정도의 문제이다.

그렇지만 열정의 '외부적' 한계를 조사하는 정신과 의사나 심리학자들이 만들어 낸 일련의 자료들이 있다. 이를 전문적으로 말하면 '창의적 정신에 관한 정신병리학'이다. 이러한 연구 중에서 K.R. 이셀러 박사의 발견(잡지 〈아메리칸 이마고American Imago〉에 실림)이 가장 주목할 만하다. 즉, 우리 주변에서 실재하고 볼 수 있는 현실보다는 더 높은 사물의 체계를 만들려고 하는 것이다. 이러한 욕구를 만족시키기 위해 이상주의자는 세상을 받아들여야 하지만 그 다음에는 뭔가 새로운 체계를 만들어 내기 위해 세상을 완전히 거부해야만 한다. 이렇게 하기 위해서는 바로 분명한 시야를 가진 현실주의자이자 감상적인 촉촉한 눈을 가진 이상주의자여야 한다.

이셀러 박사의 이야기를 계속해 보자면, 노력의 결실은 이상주의자가 자신의 마음속에 있던 실재를 만들어내는 결과물이자, 어떤 면에서는 미약한 인간이라는 존재가 아닌 불멸하면서도 매우 신성하고 흠잡을 수 없이 완벽한 창조자 같은, 인간이라는 한계를 넘어서는 결과물인 것이다. 예를 들어, 세익스피어가 쓴 희곡을 누가 다시 쓸 생각을 하겠는가? 누가 감히 피카소의 〈게르니카〉나 비발디의 〈사계〉에 변화를 줄 수 있겠는가? 최근 테러 공격으로 희생된 희생자들에게 애도하는 것보다 미켈란젤로의 〈피에타〉 성모상에 누가 사나운 공격을 퍼붓는다면 이걸 더 슬프게 여기지 않을까? 이것이 단순히 위대한 예술은 대체할 수 없는 반면 인간의 목숨은 하찮기 때문일까?

이셀러 박사는 그런 이유 이상이라고 얘기한다. 그가 한 얘기에 따르면, 이런 작품들은 그 자체로 불가해한 현실성을 띠고 있기 때문에 우리를 초월하는 특정한 힘을 갖고 있다. 어떤 면에서 우리는 창조자 자신이 경험했던 강렬함과 아주 비슷하게 창의적 비전의 강렬함 속으로 빠져 들어간다. "창의적 천재에게 있어서 작업이라는 것은 그 자체로 매우 실재적이고, 굉장히 강력한 존재라는 것을 나타낸다"고 그는 주장한다. 괴테는 미뇽(괴테의 작품 《빌헬름 마이스터의 수업시대》에 나오는 인물)이 죽었을 때 눈물을 펑펑 쏟았다고 알려져 있다. 루소(프랑스 후기 인상주의 화가)는 자신이 그린 사나운 동물과 **빽빽**한 정글이 너무 무서워서 창문으로 달려가 숨을 쉬고 와야만 했다. 수없이 많은 작가들이 그들의 작품에 등장하는 인물이 스스로 알아서 행동하고 말하는 것 같다고 수도 없이 우리에게 주장해 왔다.

창조자와 그걸 보는 대중을 압도하는 것은 바로 이러한 꿈에 대한 열정이다. 그러나 그 작업의 강도가 그걸 마주하는 우리에게는 기쁨을 줄 수 있지만, 그 강렬함을 감당하기 힘든 작가에게는 어마어마한 고통을 가져다 줄 수 있다. 창조자는 종종 작품을 만들어 내야 한다는 압박감을 아주 많이 느끼기 때문일 것이다. 그래서 그는 이 문제에 있어서는 선택의 여지가 없다는 것을 잘 알고 있다. 이셀러 박사에 따르면 자신이 경험하는 공상을 어쩔 수 없이 하게 되는 것과 정신 분열증 환자가 느끼는 압박감이 비슷하다고 한다. 또 다른 이유로는 완성한 작품은 당연하게도 자신의 창의적 비전에 못 미친다. 그로 인해 창조자는 희망과 절망, 그리고 의기양양함과 엄청난 실망 사이를 왔다갔다 하게 되고, 이는 롤러코스터처럼 창조자를 결국 거꾸러뜨린다. 정신 분야의 또 다른 연구자인 베라 존 스테이너^{Vera John-Steiner}가 관찰한 바에 따르면, 작품을 떠오르게 한 바로 그 생각 때문에 많은 구경꾼들이 신경과민이라는 꼬리표를 창조자에게 붙이는 정도까지 되고, 이로 인해 창조자는 좌절하게 된다. 이런 것이 열정이라는 물이 밀려들어와 모든 것을 쓸어버릴 때, 이상주의자가 치러야 하는 몫이다. 그러나 자신의 열정을 통제하는 연습을 통해서 상황은 완전히 바뀐다.

◆ ◆ ◆

창의적 본능에 비전을 집어넣는 것이야말로 막연한 꿈에 상상력을 불어넣는 일이다. 그리고 더 훌륭한 선을 추구하도록 하는 꿈에 한걸음 더 가까이 다가가는 데 있어서, 목표를 성취하기 위해 혁신을 만들고 위험을 기꺼이 감수하려는 경향이 비전을 가진 창조자들에게 훨씬 더 두드러지게 나타난다. 개인적인 세계에 자신을 한정시킨다면, 여러분은 자신이 가진 것을 지키기 위해 그리고 여러분이 놓친 것을 얻기 위해 걱정하느라 자신의 창의력을 제한하게 된다. 임무를 부여받은 것처럼 억지로 좀 더 훌륭한 선을 추구하려는 그 생각에서 빠져나온다면 여러분의 마음은 훨씬 자유로워질 것이다.

이것은 래스터 브라운, 패트릭 누넌, 로저 페인이 잘 이해하고 있는 원칙이다. 나는 그 많은 수상자 중 이런 이야기를 나눌 사람으로 세 사람을 선택했다. 왜냐하면 내가 살고 있는 이 지구의 보호자로서 나는 그들이 하는 일에 감사했기 때문이다. 하지만 그들은 맥아더상 수상자를 구성하는 수십 명의 공상가 중 단 세 명일 뿐이다.

예를 들어, 내가 인터뷰한 맥아더상 수상자 중 다수가 민주주의를 강화해야 할 필요성에 대해 장황하게 늘어놓았다. 이것은 아마도 정치학자에게서 들을 거라고 기대할 수 있는 것이지만 말이다. 그렇지만 시인이라면 어떨까? 큐레이터라면? 할렘가 선생님이라면? 많은 수상자들 또한 어마어마하게 큰 꿈을 가지고 있다. 예를 들어, 브레드 리소우서는 단순히 훌륭한 시집 정도를 쓰고 싶지 않아 했고, 시의 본질을 재정의하고 싶어 했다. 조직 활동가 앤디 맥과이어는 그의 관심을 금연에서부터 전쟁 반대로 확대하는 데 있어서 전혀 문제를 느끼지 않았다. 두 명의 연극 감독인 피터 셀라스와 앨런 스튜어트는 예술과 문화 사이의 관계를 알기 위해 전 세계를 종횡무진했다. 법률가이자 추상화가, 작사가인 조안 에이브럼슨은 에이즈를 치료하는 것에서부터 창의력을 강화하는 것과 관련된 많은 기관을 설립했다. 목공예가 샘 말로프는 미국을 위한 목공예 전통을 보존하려는 바람으로 그의 작업 과정을 자유롭게 볼 수 있도록 공개했다. 이러한 예는 끝도 없다. 그리고 각각의 경우에서 자신의 일을 할 수 있도록 이끌고, 아이디어를 표출할 수 있도록 만든 것은 칭찬이나 보상, 또는 영광을 받으려는 바람이 아니라 바로 비전이었다.

그렇지만 당신이 얼마나 창의적이고 다른 사람을 잘 설득할 수 있는 지와 상관없이 당신의 개인적 당위성을 사람들에게 설득시키고 당신의 떠들썩한 꿈에 보조를 맞추어야 한다고 말하려는 것은 아니다.

아주 오래 전, 한번은 젊은 패트릭 누넌이 존 D. 맥아더를 만나기 위해 플로리다로 여행을 했다. 맥아더는 괴짜 백만장자로 미국의 주 하나 정도 크기의 부동산도 소유하고 있었다. 이것은 누넌에게는 일종의 순례 여행으로 마치 낙오자, 개그맨, 사채업자, 행상꾼, 사기꾼, 이사회 회장, 유력한 대선후보, 정부관료, 상원의원, 하원의원의 지나간 흔적을 찾아가는 것과 비슷하다. 늘 그렇듯이, 누넌의 걱정은 지구와 관련된 것이었다. 특히 누넌은 맥아더의 플로리다 땅의 일부를 야생생물 보호소로 보존하고 싶어 했다.

이 만남은 맥아더가 사무실로 사용하는 콜로네이즈 호텔에 있는 커피숍에서 이루어졌다. 패트릭 누넌은 눌린 정장에 산뜻한 넥타이를 매고 나타났다. 맥아더는 지저분한 티셔츠를 입고 면도도 하지 않은 모습이었다. 그는 하루에 스무 잔씩 마시는 커피 습관으로 생긴 흔적과 줄담배로 인한 담뱃재로 지저분해 보였다.

누넌은 시간을 낭비하지 않고 바로 본론으로 들어가기 시작했다. "아시다시피, 맥아더 선생님… 음, 공원 부지를 보존하기 위해… 중요한 습지를… 국가적 유산으로… 생태계를 위해…."

이런 얘기를 하고 있는데 백만장자인 맥아더가 중간에 말을 끊었다. "젊은이, 나는 살면서 단 한 번도 뭔가를 그냥 기부해 본 적이 없다네. 그리고 지금은 그걸 시작할 때가 아니네. 이것 말고 또 다른 사항이 있나?"

"아니요, 선생님." 누넌이 대답했다.

맥아더가 말했다. "그렇다면 나가는 길에 커피 값이나 내고 가게나."

오늘날까지 이 맥아더상을 만든 사람과 직접 얼굴을 맞댄 기쁨을 누린 유일한 수상자가 패트릭 누넌이다. 그리고 아이러니하게도, 누넌이 지키고 싶어 했던 바로 그 땅이 기부되어, 1989년에 존 D. 맥아더 비치 스테이트 파크라는 이름으로, 실제로 일반인들에게 제공되었다.

창의적
잠재력을 키우는
관점의 변화

피카소에 관한 이야기를 들어 보면, 그가 얼마나 수학에 엉망이었는지 알 수 있다. 선생님이 피카소에게 숫자 4를 칠판에 써보라고 할 때마다 그는 숫자 4가 코로 보여 매번 칠판에 코를 뺀 나머지 얼굴을 그렸다. 반에 있는 다른 사람들은 칠판에서 숫자를 보았지만 피카소는 얼굴로 생각했다.

어떤 관점을 갖고 있는가와 창의적 사고 과정 사이의 관계는 익숙함과 만족감이라는 두 가지와 관련이 있다. 뭔가에 지나치게 익숙한 것, 말하자면, 생각이나 말, 방법, 물건 등 이런 것들에 지나치게 익숙한 것은 일종의 덫이다. 창의력이 고려되어야 하는 곳에서 익숙함이 방해가 된다는 것은 일종의 모순 같다. 즉, 여러분이 뭔가에 더 익숙하면 할수록, 다양한 해석을 내릴 확률이 낮다. 기술에 통달하고 그것이 일상이 되어버릴수록 그 분야와 관련된 새로운 접근을 시도하는 게 더 힘들어 질 것이다.

여러분이 어떤 해석을 좋아하는지 모르겠지만 창의성은 습관과 진부한 생각이라는 한 쌍의 마약을 끊고 새로운 뭔가를, 남과 다른 해석을 요구한다. 때때로 극도로 지루해 하거나, 좌절감을 오랜 시간 동안 느꼈다면 이로 인해 사람은 절망에 빠질 것이고, 새로운 시도를 하기 위해 여기저기 떠돌게 되기도 한다. 그러나 좀 더 활기찬 마음을 가진 사람이라면 절망에서 더 빨리 빠져나올 것이고, 자신만의 재미로, 혹은 호기심으로 평범함에서 쉽게 벗어날 것이다. 그냥 자신의 성향을 바꿀 때 어떤 일이 일어나는지 한 번 보자. 인지과학이 점점 발달한 덕분에, 관점의 변화에 수반되는 창의적인 사고의 발생과 아드레날린 분비를 경험해 보기로 결심한 초보자라면 샘플 초콜릿박스처럼 (샘플로 다양한 맛을 먹어볼 수 있도록 여러 가지 맛의 초콜릿을 조금씩 넣어 놓은 박스) 매력적이고 다양하게 만든 연습들을 시범삼아 조금 시도해 볼 수 있다. 우리는 겨우 네 가지만 시식해 볼 것이다. 이 정도가 누구든지 한번에 소화시키기에 충분할 것이기 때문이다.

연습 1번: 여러 가지를 가정해 보기

이 첫 번째 연습은 쉬운 것이다. 우리가 문제를 어떻게 정의하고 어디에서 정답을 찾는지 알아보는 것으로, 우리의 사고를 뒤흔들 의도로 만들어진 일련의 가정으로 된 질문들이다. 예를 들어, 특히 난감한 문제를 해결하려고 할 때, 우리는 1분 정도 멈추고 이번 연습에서 했던 물음을 스스로에게 해 볼 수 있을 것이다.

여러분은 문제를 확대해서 얘기하는가? 아니면 줄여서 얘기하는가? 혹은 더 추상적으로 얘기하는가? 혹은 다른 동사나 명사, 다른 형용사로? 그 문제를 반으로 나눠 볼 수 있는가? 혹은 다양한 조각들을 통합할 수 있는가? 내가 과거에 했던 경험에 그 문제를 연결시킬 수 있는가? 문제를 도식화할 수 있는가?

만일 만족스럽지 않다면, 다음 질문들이 더 나은 덫을 쳐줄 것이다. 우리가 색을 바꿀 수 있을까? 물질을? 옷감을? 냄새를? 밀도를? 거꾸로? 더 크게? 더 작게? 쭉 늘일 수 있을까? 나눌 수 있을까? 다시 배열할 수 있을까? 더 견고하게 만들 수 있을까? 더 소모적으로? 더 유용하게? 더 경제적으로? 더 아름답게?

이런 질문들은 계속 만들어 낼 수 있다. 이런 질문이 적당했든지, 아니든지, 이런 질문의 어떤 것이라도 뭔가 새롭고 상상력이 풍부한 쪽으로 진부한 관점을 환기시킬 가능성은 가지고 있다.

연습 2번: 시각을 날카롭게 하기

이번 창의력 연습은 정신적 만족감을 깨뜨리기 위해 시각을 날카롭게 하는 데 초점이 맞춰져 있다. 예를 들어, 예술대생에게 기억하는 친숙한 물건을 하나 그려 보라고 했을 때, 그 학생은 전화기가 어떻게 생겼는지, 좋아하는 의자가 어떻게 생겼는지 하는 대강의 이미지만을 갖고 있다는 걸 알게 될 것이다. 그러나 고개를 숙여 머리를 무릎 사이에 넣고 거꾸로 물체나 장면을 그려 보라고 하면, 그 사람은 익숙한 상황에서 놓치고 있던 모양이나 연관관계를 알아차리게 된다. 혹은 덜 사용하는 손(대부분의 사람에게는 왼손이다)으로 그림을 그려

보라고 할 때도 마찬가지이다. 또는 같은 물체를 다른 여러 각도에서 그려 보라고 하거나 물체만 그리지 말고 그 주변 공간들을 그리는 데 집중해 보라고 해도 같은 일이 일어난다.

이러한 시각인지 연습에 대해 그 효과를 잘 알고 있는 사람이 바로 베티 에드워즈다. 그녀의 책들《오른 뇌로 그리기Drawing on the Right Side of the Brain》와 후속작《예술가 내면에 그리기Drawing on the Artist Within》는 창의력을 연구한 동시대의 여러 탐구와 같이 신경과학자 로제 스페리와 캘리포니아 공과대학에 있는 그의 동료들이 연구한 내용을 기초로 해서 나온 책이다. 노벨상을 수상한 로제의 이 연구에서 그는 인간의 뇌가 다른 기능을 수행하는 똑같이 생긴 반구 두 개(해부학적으로 말하면)로 구성되어 있다는 것을 밝혀냈다. 좌뇌는 언어를 이해하고 사물을 분류하는 기능을 주로 담당한다. 반면 우뇌는 공간적, 음악적, 감정적, 성적, 영적, 공상적 감각을 담당해서 그 감각의 차이를 구별하는 것으로 알려져 있다. 하지만 이것은 경험에 의한 추측이다. 어떻게 뇌가 직감과 의식, 성격, 예술적 감각을 다루는 지는 여전히 알 수 없는 미스터리이다. 어느 쪽 뇌가 이런 문제를 담당하는 지 또한 알 수 없다.

연습 3번: 은유로 실험하기

은유란 어떤 하나를 의미하는 단어나 구절이 그 뜻으로 적용될 수 없는 물체나 생각을 묘사할 때 사용하는 말의 상징이다. 예를 들어, 바다가 배를 경작한다고 말한다거나, 연인과 걷는 길을 달빛의 리본으로 묘사한다거나 하는 것이다. 은유로 문제를 표현할 수 있다면, 그렇지 않으면 해결하지 못했을 문제를 파악해 볼 수 있을 가능성이 높아진다. 통찰력을 실험하는 데 있어서, 이번 연습은 한 가지 질문이 전부다. 자신의 문제를 바로 은유로 표현할 수 있는가? 그 문제라는 것에는 단순한 문제뿐만이 아니라, 짜증스러운 것, 혼란스러운 점, 가설 등 무엇이든지 가능하다. 은유로 표현하는 게 잘 된다면 여러분은 새로운 관점으로 문제를 해결할 가능성이 더 높다. 이런 장치는 아주 효과적이어서 일시적인 토론보다 더 큰 강점을 가지고 있다.

은유가 본래 가지고 있는 원초적이고, 부드럽고, 시적인 아름다움은 제쳐두고(아름다움이 그렇게 가볍게 묵살할 수 있는 것은 아니지만), 이런 식으로 언어를 능숙하게 다루는 것이 유용한 이유는 서로 다른 것을 비교함으로써, 익숙하지 않은 것을 익숙한 용어로 이해할 수 있도록 해 준다는 점 때문이다. 엄밀하게 말하면, 은유에는 창의적인 힘이 들어 있다. 우리가 아는 단어를 이용해서 우리가 이해하지 못하는 개념을 잘 설명해 준다.

이 점은 과학에서 그 진가가 잘 드러난다. 예를 들어, 진화를 이해시키기 위해 다윈이 이용한 가장 훌륭한 은유는 진화를 '가지를 내뻗은 나무'로 묘사한 것이다. 케큘레(독일의 화학자, 벤젠의 분자구조를 밝힘)는 자신이 이해한 벤젠의 분자구조를 마치 뱀이 꼬리를 물고 있는 고리처럼 묘사했다. 아인슈타인은 상대성 이론을 설명하기 위해 앞에 거울을 들고 한 줄기 빛에 올라탄 자신의 모습을 상상해 보라고 했다. 더 최근에는 초전도성에 관한 이론을 이해하는 데 힘들어 하던 미국 연구팀이 원자 구성입자가 어떻게 짝지어지고, 상호작용을 하는지 나타내는 춤을 댄스 공연팀과 함께 교차로에서 해 보면서 그 안무를 이해할 수 있는지 알아보려고 했다. 그리고 맥아더상 수상자 에드워드

위튼은 물리학에서 반세기 동안 가장 혁명적인 발상이라고 알려진 그의 '끈 이론string theory'을 설명하기 위해 분자과학에서 입자를 기존의 당구공 이미지에서 소위 '도넛'으로 비유한 가는 고리나 닫힌 '실'의 이미지로 다시 나타냈다. 아마도 형상화를 한다는 것이 우스워 보이지만 물리학에서는 오랫동안 사람들을 이해시키기 위해 은유라는 방법에 의존했다. 양자이론의 아버지인 닐스 보어는 다음과 같은 멋진 말로 은유의 성격을 잘 설명해 주었다. "원자에 관해서라면 언어라는 것은 시처럼 사용될 수 있습니다. 시인 역시 이미지를 만들어 내는 것에 고심할 뿐 사실을 설명하는 데는 그리 고심하지 않습니다."

하지만 과학을 제외하고도 은유가 가진 창의력은 예술 분야에서도 동등하게 평가 받을 수 있다. 그리고 여기 맥아더상 수상자인 연극감독 피터 셀라스가 27살에 만든 작품에도 우리가 관심을 가지고 눈여겨봐야 할 충분한 가치가 있는 것이 있다.

은유에 대한 감각

보스턴에 있는 코플리 플라자 호텔Copley Plaza Hotel 로비는 높은 천장에 감청색과 짙은 황금색 카페트가 깔린 우아한 곳이다. 기둥들은 우뚝 솟아 있고, 프레스코화가 위쪽에 그려져 있다. 수많은 크리스털로 장식된 샹들리에가 머리 위에서 빛난다. 중국 도자기 화병은 섬세한 빛깔로 길게 뻗은 난초를 뽐내고 있다. 이곳은 국가 원수나 고위 관료들이 주로 다니는 곳일 거라고 우리가 상상할 수 있을 만큼 고급스럽게 꾸며진 곳이다. 그런데, 심란한 표정으로 피터 셀라스가 긴 홀에서 뛰어온다. 그는 낡은 청바지에 꼬깃꼬깃한 셔츠를 입고 그의 트레이드 마크인 일본식 하피코트(초밥집 요리사가 입는 윗옷)를 꼬리 깃털처럼 펄럭이고 있었다.

아무도 신경 쓰지 않았지만 나는 즉시 그를 알아봤다. 그는 로비에 있는 커피숍을 마치 자신의 또 다른 사무실인 양 이용했고, 호텔 직원은 기둥 근처 작은 아침식사 테이블로 우리를 안내해 주었다. 금새 나는 은유에 대한 그의 천재적 감각에 감탄하기 시작했다.

"환상적이에요! 이것 좀 봐주시겠어요? 이건! 정말! 놀라워요! 정말 맘에 들어요! 정말 대단하군요! 제 작품에 이런 걸 했으면 좋았으련만!"

피터 셀라스는 말을 하다가 중간에 멈췄다. 너무 열심히 웃느라 간이 밴 호박머핀에 질식할 뻔했기 때문이다. 그는 우유를 벌컥벌컥 들이마시고는 갑작스레 짜증을 냈다. 그에게서는 열정과 분노가 쉽게 드러난다.

이런 갑작스런 상황에서 호텔 직원이 이 고상한 곳으로 물건 싣는 카트를 시끄럽게 몰고 왔다. 큰 카트가 내는 철커덕거리는 소리와 듣기 싫은 금속성 물질이 부딪치는 소리들이 고급스런 카페트 위를 천천히 지나갔다. 벽에 높이 걸린 황금색 시계 앞에서 카트 소리가 잠시 멈췄다. 아코디언처럼 생긴 금속 사다리가 펼쳐지고 흰색 실험실 가운을 입은 중국인 남자가 서둘러 사다리를 타고 올라가 시침을 맞추고는 다시 아래로 내려왔다. 시계문을 꽝 닫자, 카트는 다시 구르기 시작했다.

"도대체 이미지란 게," 셀라스는 어이없이 웃었다. 거칠고 큰 웃음소리에 말이 끊겼다. 그는 그 시끄러운 소음에 항의해야 했지만, 천천히 상황을 정리했다.

"여기서 우리는 이 천재적인 계몽시계를 가지고 있어요. 꼭대기에는 작은 태양이 있고 아래에는 작은 퓨토상(르네상스 시대에 유행한 어린이 나체상)이 있는 시계에요. 그리고 이 중국 사람이 입은 흰색 기술자 가운이라니! 시계를 한 시간 앞당기기 위해 이 호텔에 달팽이처럼 움직이는 이 우스꽝스런 카트와 중국 사람이 필요하다니. 아시다시피 제가 이걸 연극 무대에서 했다면, 관객들은 굉장히 화를 냈을지도 모릅니다. 나는 아마도 대리석 기둥과 멋진 가구들을 똑같이 만들어 무대에 올릴 겁니다. 그리고 방 한가운데서 이 이상한 물건을 끌고 다닐 겁니다. 그러면 사람들은 말하겠죠. 어떻게 이렇게 할 수 있지? 사실 여기서 일어나고 있는데 말이죠. 실제 삶에서! 제가 이걸 연극에서 했다면, 관객들은 제가 파괴적이고 적대적이며 미쳤다고 고소할지도 몰라요!"

그건 사실이다. 하지만 여기에는 이유가 있다.

피터 셀라스는 뛰어난 이미지메이커다. 그의 최고 아이디어를 나타내 주는 씨줄과 날줄은 비유와 은유이다. 이것은 그가 하는 가장 창의적인 작업의 요소로써, 서로 다른 것들 속에서 유사성을 찾아내는 능력이다. 그는 여러 작품들 속에서 연결성을 파악하는 재주 덕분에 주요 연극에서 매번 새로운 모습을 보여주고, 오랫동안 묻혀 있었던 작품들을 무대에 다시 올린다. 그는 단순히 뮤직 비디오나 미신을, 무술과 수화를 결합하는 게 아니라 놀라울 정도로 다양한 자료에서 능숙하게 필요한 부분만을 추려낸다. 시각을 큰 폭으로 넓히는 능력으로 셀라스는 관습과 시간이라는 무게에 오랫동안 눌려 있었던 화석화

된 작품들을 다시 살려낸다.

예를 들어, 헨델의 오페라 〈율리우스 시저Julisus Caesar〉의 공연을 한 번 보자. 셀라스가 이 작품을 무대에 올렸을 때, 그는 중동에 있는 카이로 힐튼을 배경으로 공연을 했다. 시저는 사진 찍는 걸 좋아하는 국가 원수로 표현했고, 클레오파트라는 수영장에서 고무 장난감을 가지고 놀고 있는 버릇없는 공주로 묘사했다.

셀라스는 익숙한 작품에 완전히 새로운 해석을 입혀 무대에 올리기 때문에 매번 그는 작품 속에서 관객들의 마음을 완전히 흔들어 놓는다. 모차르트의 〈돈 지오반니Don Giovanni〉에서 주인공은 빅맥을 쩝쩝거리며 먹고, 검 대신 맥가이버 칼을 꺼내고, 샴페인의 아리아(망각의 아리아)를 부르는 동안 상대방을 찌른다. 셰익스피어의 〈리어왕King Lear〉에서는 왕의 권위를 나타내는 상징으로 링컨 컨티넨탈 차를 무대 중앙에 세워 놓았다. 그의 모든 공연에서 장면들이 이런 식으로 새롭게 해석된다. 길버트와 셜리반의 오페라 〈미카도Mikado〉에서 난키푸(주인공 마카도의 아들)는 오토바이를 타고 신용카드로 뇌물을 주고, 코카콜라 광고판과 자동차 선전 포스터가 어수선하게 걸려 있는 일본의 한 고장에서 산다.

셀라스가 중동 문제에 헨델을, 토요일 밤 생방송에 모차르트를, 디트로이트에 셰익스피어를 접목시킨 것은 창의적인 걸까? 아니면 쓸데없는 잘난 척일까? 비평가들은 어느 것에도 동의하지 않는다. 그가 하버드대 학생이었을 때, 그는 혼자서 마흔 편의 작품을 연출했다. 그리고 한참 연극에 미쳤을 때는 한 달에 약 열 편의 작품을 무대에 올리기도 했다. 이런 그를 천재, 혹은 활활 타오르는 유성, 혹은 신동이라고 부르는 사람들이 있다. 그러나 다른 한편으로 그를 폄하하는 사람들은 다른 시각으로 그를 본다. 그가 작품들을 최신 버전으로 각색하는 것을 값싼 속임수로 본다. 일련의 즉흥 개그보다 조금 나은 정도라고 여기는 사람들도 있다. 모차르트의 〈여자란 모두 이런 것^{Cosi fan tutte}〉은 현대적 어휘로 바꿀 필요가 없다고 주장한다. 네온 불빛 식당을 설치하고 주인공들을 블루스 브라더스(미국의 밴드 이름)를 모델로 하는 것은 원작의 힘을 잃게 하는 것이라고 주장한다. 하이든의 오페라 〈아르미다^{Armida}〉에서는 작품의 배경을 베트남으로 바꾸자 비평가들은 이 작품을 정치적 웃음거리로 만들었다고 불평을 늘어놓았다. 셀라스는 베르디의 오페라 〈리골레토〉에 나오는 만투아 공작을 폭력배의 일원으로, 무례하고 뻔뻔한 사람으로 묘사했다.

피터 셀라스는 계속 논쟁을 불러일으켰다. 그는 다음과 같은 끝없는 비난들을 뒤로 하고 세계 여기저기를 누비고 다닌다. '건방지다', '정서적으로 엉망이다', '설득력이 없다', '지루하다', '음악적 감각이 전혀 없다', '심술 사납다', '거만하다' 등 이런 식의 비난 말이다. 하지만 셀라스가 한 때 무모한 젊은이였던 것은 사실이었지만, 지금은 그런 모습이 거의 남아 있지 않다. 아마도 꽤 유망한 직업에서 해고된 영향일지도 모른다. 아니면 아마도 30대로 접어든 충격 때문이었을지도 모른다. 하지만 동기야 어떠하든 그는 어떻게 그리고 왜 그토록 은유에 의존하고 있는지 하는 물음에 대해 아주 진지하게 고민한다. 셀라스는 작품들에서 우리가 느끼는 지루하고 싫증나고 뻔한 예상을 깨고 나올 수 있는 수단으로 은유를 많이 사용한다.

카트 사건으로 충분히 웃고 난 후, 그는 다음과 같이 이야기했다.

"미국 내에서 우리는 유래 없는 문화 위기에 직면해 있어요. 우리가 매일 접하는 영화나, 텔레비전, 광고들은 매일의 이미지 저장고라는 측면에서 보자면 의미라고는 전혀 없는 그냥 껍데기일 뿐이죠. 그 껍데기가 내용을 대체해 버렸어요. 다만 다시 어떤 의미를 갖는 이미지를 얻는 것, 그리고 힘을 얻고 공감을 불러일으키는 것, 그래서 연습한 사람들이 미리 짜 놓은 각본대로 반응하는 게 아니라 사람들로부터 나오는 진솔한 반응을 불러내는 것, 이런 것들을 해야 하는데 결코 쉬운 일이 아니죠."

"제가 노력하는 것은 우리의 현대적 언어를 사용해서 그것을 풍부하게 하는 것이에요. 언어라는 것은 내용의 측면에서 보자면 꽤 허약하죠. 제가 하는 일은 극에 현대적 어휘를 사용하게 하는 것이에요. 그러면 다른 어휘에 노출되어 극의 내용이 풍부해 지는 것이죠. 가부키(일본의 전통 가무극) 무대들, 18세기 오페라 전통들, 그리스 극장들, 회화작품에서 받은 감동들, 그 외에도 수천가지 가능한 것들을 현대적 어휘로 바꾸는 것이죠. 저는 단지 수박 겉핥기식이 아닌 더 깊은 의미를 이런 비유나 은유를 통해 전달하려고 해요."

이것이 바로 관점의 변화가 창의적 사고 과정에 영향을 미치는 부분이다. 관점의 이동은 구습을 타파하는 것이자, 상투적인 것에서 벗어나는 것이고, 관습에서 일탈하는 것이다. 관점의 이동으로 여러분은 새로운 것에 눈을 뜨게 된다. 그리고 새로운 사고의 틀에서 나오는 깨달음은 창조적 본능을 발현하는 동력이 되고, 새로운 발상이라는 폭죽이 폭발하는 것이다.

"제 작품에서 나타나는 병치는 모든 사람을 격하게 공감하도록 만드는 것이에요. '사실은 우리도 그래, 매일 저런 상황에서 살지'라고 사람들은 생각하죠. 병치하는 것이 우리 삶의 재료에요. 그리고 제 작품은 우리가 주변을 둘러보면서 어떤 것, 그리고 그 바로 옆에 뭐가 있는지 알아내려는 단순한 질문일 뿐이에요. 마치 시계를 맞추려고 사다리 위에 올라갔던 중국인처럼 말이죠. 그게 진정한 관찰이죠. 만일 우리가 시각을 조금만 넓힌다면 충분히 볼 수 있는 것들이죠. 우리가 과거의 그 어려운 작품들을 이해하기 위해 할리우드나 브로드웨이의 오만함을 깨부술 필요는 없어요."

그의 말이 옳다. 우리의 관점을 바꾸기 위해 우리는 문화나 정치, 사회경제적 조건들에 익숙해진 것을 없애야 한다. 셀라스는 기존 작품의 틀을 바꾸는 데 있어서 대가이다. 그는 항상 시야를 열어 놓고 다른 것들 속에서 유사점을 잘 찾아내기에 그런 일을 할 수 있다. 이건 우리 중 누구라도 할 수 있는 일이다. 우리에게 필요한 건 은유에 대한 감각을 익히는 것이다.

연습 4번: 시각화 실험

셀라스의 창의적 사고 과정에서 은유가 주된 역할을 할 수 있었던 것은 또 다른 장치 덕분이다. 이것이 바로 내가 토론할 마지막이자 네 번째 주제인 '진부한 시각에서 벗어나기'이다. 이것은 시각화와 관련이 있다.

일반적으로 말하는 시각화는 말하자면 무대 위에서 형상화하는 것이지만 여기서 우리가 얘기하는 시각화는 머릿속에 영상을 만드는 것이다. 마음속에 영화관이 하나 있다고 가정하자. 장면을 다듬고, 어떤 인물은 어둡게 하고, 재치 있는 대화를 나누고, 스릴 넘치는 이야기를 구성하고… 등등. 이렇게 시각화하는 데 필요한 모든 것들은 개인에 의해 좌지우지 된다. 그는 혼자서 시각화를 할 수도 있고, 경험을 통해 그를 '안내'하는 다른 사람과 협력하여 시각화를 해볼 수도 있다. 다른 사람과 같이 할 경우에 '안내받은 시각화'라는 용어가 적당할 것이다. 이 용어는 흔히 정신이나 명상에 관한 용어이다. 우리의 목적처럼, 이런 연습을 하는 목적은 창조적 잠재력이라는 더 심오한 연못 속에서 물고기를 잡으려는 것일 수도 있다. 그러나 시각화 연습은 더 일상적인 일에도 이용될 수 있다. 예를 들어, 자신의 자아상을 강화시킨다거나, 작업 수행 능력을 향상시킨다거나, 테니스 경기 기량을 연마한다거나, 심지어는, 물질적인 부를 얻기 위해서라든지, 이런 일상적인 것들에도 가능하다.

어떻게 하는 걸까? 마이크와 낸시 사무엘 부부는 그들의 책《마음의 눈으로 보기 Seeing with the Mind's Eye》에서 농구 선수들의 자유투 기량을 향상시키기 위해 '시각화'를 적용했던 실험을 언급했었다. 그 연구(호주 심리학자인 앨런 리쳐드슨이 했다)는 시각화를 경험해 본 적이 없는 학생들을 무작위로 뽑아 세 그룹으로 나누고 이들을 중심으로 진행했다. 첫 번째 그룹은 20일 동안 매일 자유투 연습을 했다. 두 번째 그룹은 겨우 첫날과 마지막 날에만 연습을 했다. 그리고 그 사이에는 빈둥거렸다. 세 번째 그룹도 첫날과 마지막 날에만 연습했다. 그러나 그 사이에 하루에 20분씩 슛을 성공시키는 상상을 했다. 그들이 연습했던 시각화는 각 학생들이 마음속으로 그려볼 수 있을 만큼 구체적이었다. 그들에게 딱딱하고 고무로 된 둥근 농구공을 느껴보도록 하고, 자유투하는 선에 발을 내딛는 모습을 그려보고, 그들의 무릎에 뛰어오르는 느낌을 느끼도록 하고, 공이 골대에 들어가면서 나는 '슈욱' 소리를 들어보도록 했다. 혹시 선명한 '슈욱' 소리 대신에 골대를 맞고 튀어 나오는 둔탁한 금속성의 '툭' 소리를 들었다면 그 다음 숏을 상상하는 것으로 조정하였다.

리처드슨의 실험 결과는 흥미로웠다. 매일 연습했던 첫 번째 그룹은 실력이 24퍼센트나 향상되었다. 빈둥거렸던 두 번째 그룹은 실력이 전혀 향상되지 않았다. 시각화를 했던 세 번째 그룹은 실력이 23%나 향상되었다. 나쁘지 않은 결과이다.

그리고 시각화의 성공을 명백하게 보여 주는 것은 앞선 시대를 먼저 살았던 사람들이다. 콘라드 힐튼은 그가 호텔을 사기 전부터 호텔을 갖고 있는 자신을 상상했다. 나폴레옹은 전쟁터에 참가하기 훨씬 전부터 머릿속에 군인이 되는 상상을 했다. 스탠포드대학 로버트 맥킴 교수는 시각화의 가능성에 아주 매료되어서 '이매지너리움Imaginarium' 이라는 시각화 연습 공간을 만들었다. 디오데식 돔으로 지어진 이곳에서 학생들은 바닥에 쿠션을 깔고 누워 정해진 감각을 경험하게 된다. 천장에서는 그림들이 비춰지고, 입체 음향이 나오며, 바닥에서는 진동이 느껴지고, 환기구를 통해서 특정 향기가 나오는 그런 곳이었다. 물론 이런 발상은 어떤 경험을 하든지, 어디에 있든지, 자유롭게 다니면서 자유롭게 상상하도록 하는 것이다.

시각화의 창조적 이점에 관해 이렇게 순식간에 넘치는 정보들이 나오는 것을 보며 나는 어쩔 수 없이 이런 의문이 생겼다. 맥아더상 수상자 중 이런 시각화를 경험해 본 사람이 있을까? 그들의 창조적 사고 과정의 일부가 시각화였을까? 자신의 놀라운 창의적 발상을 발전시키는 데 시각화에 의존한 수상자가 있을까? 그들이 하는 작업에서 시각화 기법을 이용한 수상자가 있을까?

인터뷰를 하는 처음 두 달 동안은 고정관념을 깨는 수단으로 시각화나 형상화 방법을 사용해 본 적이 있는지에 관해 질문을 할 때면 대부분의 인터뷰 대상자들은 멍한 눈빛으로 나를 보았다. 그래서 나는 이 질문을 인터뷰리스트에서 빼려고 했는데 바로 그 때, 한 수상자를 만났다. 그는 내가 말하는 것에 대해 알고 있었을 뿐만 아니라, 암환자와 병으로 고통 받는 아이들에게 그 시각화 기법을 사용했었다고 했다. 그 수상자는 바로 마이클 러너Michael Lerner이다. 그는 스스로를 동부 해안에 사는 반은 유대인 혈통의 지식인이라고, 교수가 되려고 했으나 우연히 뭔가 다른 길로 빠진 사람이라고 설명했다. 다른 길은 바로 그가 설립한 컴온월Common Weal이라는 기관이다.

시각화를 통한 관점의 변화

샌프란시스코에서 컴온월이 있는 캘리포니아 볼리나스까지 안내하는 운전 지시사항은 한 페이지 정도 길이였고, 그 끝에는 2시간 정도 소요될 거라는 충고가 써 있었다. 사실 여러분이 길을 안다면 아마도 쉽게 한 50분 정도면 갈 수 있는 거리임에도 불구하고 말이다. 한 지역 주민의 말에 따르면, 그 지역 사람들은 자신들의 소중한 마을에서 자신들의 사적인 영역을 아주 견고하게 지키고 싶어 해서 표지판을 정기적으로 없애버리거나 외부인을 혼란스럽게 하려고 표지판을 바꿔 길을 돌아가게 한다고 한다.

내가 마침내 볼리나스에 도착했을 때, 주민들의 그런 행동이 조금은 이해가 되었다. 아치형 숲, 쑥쑥 자라난 초록 목초지, 유칼립투스 향이 나는 공기, 바람에 깎인 절벽, 새하얀 해변가, 태양빛에 반짝이는 보석 같은 물보라. 최고의 것들이 신들에게 속한 것이라면 이곳은 신들의 나라이다.

차가운 크림색과 분홍색 집들이 있는 컴온월 복합건물은 수천에이커의 포인트 레이스 국립해상공원 안에 위치해 있다. 이 땅의 절묘한 아름다움과 홀로 떨어져 있어 자연 치유될 것 같은 지리적 위치와는 어울리지 않게 한때 이곳은 태평양 건너로 무선전송을 책임졌던 전자회사RCA와 마르코니Marconi 근로자들이 거주했던 곳이었다. 이곳은 미국 최서단에 더욱 두드러지게 드러나 보이는 땅이다. 그래서 여러분은 이곳을 돌아다니게 될 때 거대한 목초지를 가득 채운 특이한 공동묘지 같은 전신주들을 보고 의아해 할 수도 있다. 이러한 세월의 흔적이 남아 십자가상처럼 서 있는 수백 개의 전신주들은 가동되지 않고 꼿꼿하게 서 있을 뿐, 지금 이 땅은 평화가 지배하고 있다.

한 발은 고루한 학계에 두고, 나머지 한 발은 정통이 아닌 대체의 학에 두면서 균형을 유지하는 탁월한 재주를 가진 마이클 러너를 한마디로 설명하기는 불가능하다. 그는 아이비리그 출신으로 여러 다양한 경력을 쌓은 채 성공적으로 사회생활을 시작했다. 정치철학으로 박사학위를 받았고, 정치 이론과 의학 분야를 공동 작업했고, 그리고 많은 정부 보조금도 받았다. 그러나 그는 유용한 문제점을 제기하는 날카로운 능력이 있었고 답을 찾는 데 있어 앞뒤 가리지 않는 용기도 가지고 있었기에, 자신의 길에서 벗어나 여기저기를 떠돌다 서부 해안,

그중에서도 바로 이곳에 정착했다. 과연 왜 그랬을까?

나는 조바심에 글을 썼다. "러너 박사에게, 저는 당신의 재능과 흥미를 설명하는 데 어려움을 갖고 있습니다. 당신이 자신의 분야에 관해 쓴 간단한 문장 한 줄도 제게는 이해가 되지 않습니다. 저 좀 도와주세요."

답장이 왔다. "데니스 씨에게. 어려운 질문이군요. 여기 몇 가지 답을 드리겠습니다. (1) 저는 오랜 지혜의 산물인 근대 의학이 건강과 치료에 있어서 심리적이고 정신적인 접근을 함으로써 치유의 본래의 기능을 회복할 수 있도록 하는 문제에 대해 고심하는 사회학자입니다. (2) 저는 암 완치나 과거와 다른 암 치료를 위해 객관적인 연구 분야를 개척하려고 합니다. (3) 그리고, 저는 다음과 같은 세 가지 사업에 주요 관심을 갖고 있는 사람입니다. 첫째, 희귀암 환자를 돕는 것, 둘째, 어린이와 젊은이들에게 배움의 기회를 주고 잘못된 생활 습관을 고치도록 도와주는 것, 셋째, 소년원 환경을 개선하도록 지원하는 것입니다."

그는 이러한 관심분야들을 연구하기 위해 1976년 '컴온윌'을 창립했다. 어떤 글에서는 이 센터를 '건강과 인간 생태 분야에 대한 연구와 서비스를 제공하는 센터'라고 설명했다. 다른 글에서는 '돌본다'는 말의 전형을 보여주는 곳이라고 설명한다.

컴온윌에서 가장 오랫동안 지속적으로 관심을 가져온 사업은 어려움에 처한 아동에 관한 일이다. 그 어려움이라고 하는 것에는 법적문제, 건강문제, 가정문제 등이 포함된다. 이 일은 다양한 형태로 나타난다. 예를 들어, 가족 해체를 방지하기 위한 노력으로 여러 사업들을 시행하고, 감옥에 수감된 청소년들의 환경을 개선하기 위해서 노력하고, 젊은이들이 자기계발을 도와주는 일련의 노력들이다.

이 기관의 또 다른 주요 활동은 '암 지원 프로그램Cancer Help Program'으로 1985년에 시작되었다. 이는 러너 자신의 개인적인 사건과 관련이 있다. 자신의 아버지가 암으로 한차례 크게 병치레를 할 때 그는 전통적인 서양의술과는 다른 대안요법을 찾으러 전 세계를 돌아다닌 일이다. 그는 수십 가지의 보완적인 대체 요법들을 찾아냈다. 병에 대한 심리 치료에서부터, 영양상의 치료, 약초를 이용한 치료, 면연체계와 관련된 치료, 행동이나 생활 습관에 대한 치료, 기술적 치료, 영적인 치료까지 그 범위가 다양하다. 건강과 바른 마음의 생활 습관에 대해 그가 평소 생각하고 발전시켜온 철학과 어울리는 조사결과를 토대로 그는 암 지원 프로그램을 신설하게 되었다. 이 프로그램의 목적은 세 가지이다. 암으로 인한 스트레스를 줄이는 것, 대안의 생활 방식을 찾고 싶어 하는 참가자를 교육시키는 것, 그리고 치료가 진행되는 동안 생기는 육체적, 정신적, 감정적 상태를 살펴보는 것이다.

"이 프로그램의 목적은 암이라는 삶의 과정을 거쳐 가는 사람들을 지원해 주려는 것이에요." 러너 박사는 사무실 의자 끝에 앉아서, 오랜 요가로 다져진 꼿꼿한 등을 하고서 확신에 찬 목소리로 말했다. 그는 매우 분명한 태도를 가진 동시에 자발적이고도 아주 탁월한 능력으로 강력하게 일을 추진하는 흔치 않는 사람이다. 그의 얼굴에는 이렇게 중요한 기관을 운영하면서 느끼는 압박감이 전혀 드러나지 않는 아주 차분하고 놀랍도록 한결같은 표정이 어려 있었다. 누군가는 이런 그의 표정을 오해할 지도 모르겠다.

"병에 걸린 사람에게 중요한 문제는 '내가 어떻게 이 병에 걸렸지?' 또는 '내가 이 병을 어떻게 없앨까?'가 아니라 '내가 불러야 하는 나만의 즐거운 노래가 뭐지?'라고 하는 거예요." 러너 박사의 설명이다. "우리는 사람들에게 대안을 제시하고, 가장 살 수 있는 확률이 높을 것 같고, 다시 활기를 되찾을 것 같은, 일련의 행동을 사람들이 선택하도록 도와주기 위해 이곳에 있는 것이죠. 다른 사람에게는 의아해 보일지 몰라도 말이죠. 이곳에 오는 사람들은 그들의 삶에 적극적으로 참여하는 사람들이에요. 우리는 그 치유 과정을 지원해 주죠. 그리고 우리에게 치유라고 하는 것은 삶과 죽음, 둘 다에서 일어날 수 있는 것이라고 생각해요. 암이 얼마나 진행됐는지에 관계없이 삶을 지탱하고 싶어 하는 모든 사람들에게 우리는 그들의 노력을 지원해 줍니다. 또 자신이 죽음을 향해 가고 있다고 여기는 사람에게도 같은 노력으로 그들이 항복한 곳에서 나타날 수 있는 여러 가지 치유 방법들을 지원해 줍니다."

러너 박사에게 치유란 꼭 완치를 의미하는 것은 아니다. 그것은 다시 완전하게 되는 것을 의미한다. 다시 말해서 치유는 우리의 높은 자아를 향해 삶을 고양시키는 것과 관련이 있다. 이런 개념이 '영속 철학Perennial Philosophy'의 일부로서 라이프니츠에 의해 만들어졌고, 올더스 헉슬리의 글로 인해 유명해졌다. 이 사상은 러너의 학구적 세계에 깊은 영향을 미쳤고, 이러한 영향으로 그는 확신에 차서 자신의 일을 추진해 나갔다. 치유하는 과정과 병을 치료하는 데 있어서 헉슬리의 관점을 통합시켰다.

암 지원 프로그램에 참가하는 사람들에게는 이 개념이 다음과 같은 스케줄로 매일 적용된다. 건강한 식단, 요가 수업, 명상 시간, 마사지, 근육이완 운동, 정보교환, 그룹토론, 그리고 마지막으로 머릿속 상상, 즉 시각화를 다양한 형태로 만들어 보는 것들이다. 예를 들어, 모래 상자로 상상하는 것을 만들어 본다거나, 자아 탐구를 위한 융의 도구를 사용해 보는 것이다.

먼저 모래 상자를 만나 보자. 표면은 매끄럽고 깔끔하게 정리되어 있다. 그 주위에는 말 그대로 수백 개의 화려한 물건들이 놓여 있다. 작고 예쁜 인형들, 색이 있는 구슬·조개껍질·깃털·나무 조각들, 플라스틱 병정인형, 미니어처 신랑신부, 가짜 공룡, 징그러운 고무뱀, 야비하게 보이는 상어, 장난감 주사들. 참가자는 자신이 상상하는 것을 골라서 모래에 하나의 장면을 만든다. 이렇게 준비된 환경에서 이루어진 비언어적인 자기표현 방식으로 나타난 상징들은 종종 만든 이도 놀라게 하고, 믿을 수 없는 경험에 대한 통찰을 할 수 있도록 하기도 하며, 치유에 필요한 심오한 표현까지 그 모든 것을 나타낼 수도 있다. 이것이 바로 형상화의 힘이며 관점을 바꿔서 얻게 되는 창의력이다.

마이클 러너는 다음과 같이 말했다. "우리는 창의력과 형상화에 대해 특별한 관심을 가지고 있어요. 그리고 그 두 가지는 내면의 힘과 만나게 된다고 봐요. 그 내면의 힘이란 어떤 식으로든지 육체적 회복을 가능하게 할 뿐만 아니라 심리적 치유 또한 가능하게 하는 힘이에요. 모래상자뿐 만이 아니라 우리는 여러 가지 예술 기법(조각, 데생, 그림 그리기)을 사용해서 사람들 자신이 의식적으로 인식하지 못했던 경험의 여러 측면들을 발견하도록 돕고 있어요. 편안한 환경에서 휴식을 취하는 것이 형상화를 유도하는 가장 좋은 방법이에요. 왜냐하면, 휴식이야말로 안내받은 형상화와 내면에서 우러나와 만든 형상화 둘 다에서 생생하게 경험할 수 있는 더 깊은 의식의 상태로 들어 갈 수 있도록 하기 때문이죠."

시각화는 컴온월에서 만들어 낸 많은 활동 중 하나일 뿐이지만 아주 강력하다. 마음의 평화와 개인의 성장을 추구하도록 관점을 열어 주는 것이기 때문이다. 관점의 변화를 가져오는 능력이야말로 시각화의 주된 기능이다.

◆ ◆ ◆

가정의 기법을 이용한 질문들, 다양한 시각을 통한 실험, 은유의 구조, 농구 경기에서 득점하도록 경기력을 향상시키거나 마음의 안정을 증진시키는 시각화의 다양한 적용 등 이러한 네 가지 연습은 모두 공통의 목표를 공유하고 있다. 관점을 변화시켜서 창의적 잠재력을 키우는 것이다. 더 나은 장치를 만드는 것, 생산과정에서 불필요한 것을 없애는 것, 더 나은 그림을 그리는 것, 연극이나 광고 문구에 재해석을 하는 것, 더 나은 사업 계획서를 쓰는 것, 스트레스를 줄이는 것, 병에서 회복하는 것, 거절하는 방법을 배우는 것 등 사람마다 관심 분야는 다 다르다. 하지만 위의 네 가지 중 여러분의 관점을 바꿀 수 있는 어떤 방법이라도 여러분의 발전에 도움이 될 수 있으며 때때로 그 변화는 극적일 수 있다.

오래전 존 맥아더는 캐나다 공군에서 두 달 동안 훈련을 받으면서 세 번의 비행 사고를 냈고 이후 군사재판을 피해 토론토 병원으로 도망쳤다. 그리고 뉴욕으로 갔다. 탈영병이었음에도 불구하고 그는 이틀 동안 파티를 하고, 마음에 드는 여자와 결혼을 약속하고, 전방으로 가는 군 수송선에 밀항도 했다. 분명히 그는 자신의 병원기록을 바꿀 수 있다고 생각했으며 가장 살고 싶어 하지 않는 두 장소인 아버지의 집과 형의 집으로 돌아가고 싶지 않았다.

하지만 뜻대로 되지 않았다. 그는 배에 탄지 30분 만에 발각되었고, 소환되어 처분을 기다렸다. 그러나 3일 동안을 함께 보낸 여자 친구와 술친구가 리포터 역할을 해 준 덕분에 당당하고 젊은 맥아더는 큰 도움을 받았다. 곤경에 처한 그를 구하려고 여자 친구는 뉴욕시티 신문사에 그를 젊고 용감한 사람으로 묘사하는 글을 썼다. 그 글에서 그녀는 그가 조국을 위해 너무 헌신한 나머지 자신의 심각한 부상을 무시하고 아무도 모르게 배에 올라 전쟁에 복무하려고 했다고 썼다.

일은 잘 풀렸다. 미 육군성은 그를 영웅으로 만들었다. 그는 퍼레이드에서 행진을 하고, 그의 이름으로 자유공채를 팔았으며 그는 다른 젊은이들에게 애국심을 고취시키기 위해 미전역을 돌아다니게 되었다. 그가 다닌 모든 곳에서, 퇴역한 군인들은 그의 등을 토닥이며 격려해 주었고, 이렇게 멋진 젊은이를 키운 아버지를 찬양했고, 그들의 아들도 맥아더처럼 되기를 바랐다. 놀랍게도 그의 자서전 작가는 다음과 같은 글을 썼다. 작가가 예상하기로 그는 군에서 징계 받아 면직된 것임에도 불구하고 오히려 명사 대우를 받은 것이라고 말이다. 결국 그는 완전히 무죄임이 밝혀졌고, 군병원에서는 퇴원한 것으로 기록되었고 심지어는 군에서 생긴 부상으로 연금도 받았다.

보시다시피, 이게 모두 관점의 문제인 것이다.

e i g h t

창의력의
시야를 넓히는
공간의 이동

1987년 10월 10일

셰커지안 씨에게

인터뷰를 하게 되었다면 정말 기뻤을 거예요. 문제는 이겁니다. 우리가 언제 만날 수 있을까요? 저는 10월 20일에 워싱턴에 갑니다. 코스모스 클럽에서 머무를 예정이고, 보통 321호에 묵습니다. 리셉션 데스크에 메시지를 남겨 주셔도 됩니다. 그 다음 일정은 아직 확실하지는 않지만 아마도 11월 5일에는 맥아더상 수상자 모임에 가기 위해 시카고로 갈 예정입니다. 그리고 11월 8일에는 버지니아 주 맥클린에 있는 제 동생 집에 있거나 아니면 노스캐롤라이나 주 내그스 해드에 있는 동생네 해변가 별장에 있을 예정입니다. 저는 우리의 만남을 확신합니다.

안부를 전하며

리처드 크릿치필드

"앨런 스튜어트 씨 계신가요?"

"앨런은 지금 이스탄불에 있어요. 누구시죠?"

"저는 데니스 셰커지안이라고 합니다. 지금 책 쓰는 작업을…."

"아하! 기억나네요. 지난 2주 동안 전화하셨죠? 앨런은 한동안 돌아오지 않을 거예요. 지금은 이스탄불에 있지만, 그 다음엔 그리스, 그 다음엔 한국… 이봐 짐보? 마마가 한국에 가는 거 맞지? 네, 다음에 한국에 갈 거예요. 한국 사람들은 앨런을 아주 좋아하죠. 그런 다음에는 스폴레토에 있는 성을 확인하러 이탈리아로 갈 거예요. 앨런이 성을 하나 갖고 있는 건 아시죠?"

1987년 11월 27일

세커지안 씨에게

당신의 편지에 답장이 너무 오래 걸려서 죄송합니다. 창의력에 관해 당신과 이야기를 나누면 정말 좋을 것 같습니다. 아니면 다른 어떤 것을 생각하셨다고 해도 제가 당신의 이번 프로젝트에 도움이 되고 싶습니다. 제가 자주 외국에 있다고 생각하시는 게 물론 맞긴 하지만, 이런, 요즘 저는 두 가지 이유 때문에 미국에 아주 오래 머물고 싶습니다. 작년에 머물렀던 영국이 그리운 것은 사실이지만, 그렇다고 사우스 하들리에 대해 불평하는 것은 아닙니다.

따뜻한 안부를 전하며

브레드 리소우서

1988년 4월 7일

세커지안 씨에게

편지에 대한 답이 늦어져서 죄송합니다. 하지만 그 편지가 제게 오는 데 시간이 좀 걸렸습니다. 안타깝게도 당신이 추진하고 있는 일련의 인터뷰 과정에 제가 참여하기는 힘들 것 같습니다. 저는 여기서 영국으로 가야 하고, 제가 올해 언제쯤 다시 이곳 뉴욕으로 올지 지금으로써는 알 수 없습니다.

당신의 프로젝트가 성공하길 간절히 바라며

루스 프라우어 야발라

1988년 3월 31일

셰커지안 씨께

3월 18일에 보내주신 편지에 감사를 드립니다. 제가 또 다른 이야기를 듣지 않았다면 바질 스트리트 호텔에 약속한 시간에 제가 나타났을 것입니다. 그런데 저는 템즈 강변 언덕이 있는 리치몬드에서 저를 기다리고 계신 줄 알고 있었습니다. 제 생각에 이곳은 런던 교외지역에서 가장 좋은 광경을 갖고 있는 것 같습니다. 지하철 디스트릭트 선을 쭉 타고 오시면 마지막 정류장입니다.

만나기를 고대하며

리처드 크릿치필드

내가 이 책에 대한 기획을 시작했을 때만 해도 내가 창의력과 여행의 관계를 탐구하는 글로 한 장章을 쓸 거라고는 전혀 예상치 못했다. 만일 내가 여행에 대해 조금이라도 다룬다면 그것은 관점에 대한 나의 생각을 언급하는 부분에서 일부 다룰 거라고 생각했다. 그것은 이 일의 전체 통계가 모아지기 전의 생각이었다.

내가 인터뷰하려고 무작위로 선정한 맥아더상 수상자 40명 중에서 세 명은 아예 해외에 살고 있었다. 파리, 런던, 산티아고. 일곱 명은 간헐적으로 해외에 거주하고 있었으며 일정을 잡을 수는 있을 정도로 자주 들어왔다. 세 명은 적어도 1년에 두 달 정도는 사업으로, 혹은 여행으로, 또는 그 두 가지가 섞여 있는 이유로 해외에 있었다. 다른 한 명은 공항이 당연히 북적거릴 텐데도 인터뷰를 할 수 있다고 생각하고는 공항에 비행시간보다 수시간 일찍 도착했다고 고백했다. 세 명은 지난 6개월 내에 중국에 다녀온 적이 있었고, 적어도 두 명은 내 생각엔, 보들레르가 '위대한 병폐'라고 부르는 다시 말해, '고향의 공포'에 시달리는 것 같았다.

광활한 세계를 떠다니며 인간의 내면을 기록

"눈부시지 않나요?"

"아뇨, 괜찮습니다."

"정말요? 원하시면 이 테이블을 조금 당겨 드릴게요."

"아뇨, 정말 괜찮습니다. 지겹게 오던 비가 멈추고 나온 해니, 햇살을 쬐는 게 좋습니다." 게다가 창문에서 테이블을 떨어뜨려 놓으면, 이렇게 멋지고 눈부시고 완벽하게 영국적인 템즈강의 경치를 볼 수 없게 된다.

산들바람이 부는 화창한 봄날이었다. 리처드 크릿치필드[Richard Critchfield]와 나는 리치몬드의 구불구불한 길을 따라 오랜 산보를 하고 그의 집에 막 들어왔다. 누구나 기대하다시피 리처드가 뛰어난 언론인이자 종군기자였기 때문에 그는 찬란한 무지개 같은 런던의 과거 그리고 현재에 관한 여러 모습을 알고 있었다. 그는 이런 점을 지극한 열정으로 우리에게 전해 주려고 했다. "골짜기에 있는 저 성은 햄 하우스Hamm House예요. 1610년에 지어졌죠. 좀 섬뜩하지 않나요? 이 길을 따라 쭉 올라가면 헨리 8세가 서 있었던 작은 언덕이 나와요. 저 차 좀 보세요. 운전석에 평범한 사람을 두고… 우리 영화관, 오디온Odeon이에요. 상영관이 네 개죠. 여기 이 복사집은 한 장당 44펜스밖에 안 해요. 다른 곳의 4분의 1가격이죠. 이 길 아래로 가면 캐서린이 몸을 던졌던 항구가 나와요. 여긴 오래된 군인 술집이 있죠. 꽤 괜찮은 에일맥주가 있어요. 그리고 이태리 식당, 또 레바논 식당. 저 길을 나가면 조슈아 레이놀즈 경의 주택이 나와요. 저 드릴 소리는 지금 내부 공사 중이라서 나는 소리죠. 왜 미국인들은 오래된 건물을 저렇게 내부수리만 해서 이용하지 않죠? 저렇게 하는 게 좋아 보이지 않나요?"

나도 그의 말에 상당히 공감했지만, 그렇게 말할 틈이 없었다. 그가 계속 이런저런 사소한 얘기를 재잘거리면서 했기 때문이다.

거실에서 그늘 있는 곳으로 조금 옮기려고 했던 그 테이블은 아마도 식사용이지만 현재는 그가 책상 대신 쓰고 있는 것 같았다. 테이블 위에는 그가 말하는 것처럼 빽빽하게 타이프 친 글자들로 가득한 서류들이 놓여 있었다. 요즘 같은 전자기기 시대에 손으로 작업하는 도구인 이 낡아빠진 타자기 올리베티(이탈리아의 사무기기 브랜드)가 손이 닿을 만한 거리에 놓여 있었다. 이따금씩 베란다에서 산들바람이 살짝 불어와 쌓여 있는 종이를 흔들어 댔고, 종이 한두 장이 바닥에 떨어졌다. 《미국인의 눈으로 본 영국An American Looks at Britain》이라는 제목으로 그가 지금 쓰고 있는 원고였다. 이 책은 미국인들이 영국인들을 어떻게 보는지에 관해 쓴 옴니버스 형식의 글이다.

영국인들은 미국인들을 어떻게 보는지 물론 우리는 이미 알고 있다. 퓰리처상 수상자이자 맥아더상 수상자인 시인 존 애쉬베리^{John Ash-bery}는 이에 대해 다음과 같이 언급했다. '영국인들이 보기에 일부 미국인들은 미개인들처럼 떠벌리며 말하는 사람, 또 다른 미국인들은 교양 있는 사람들로 영국으로 이주해 T.S.엘리어트가 되려고 하는 사람, 이렇게 둘 중의 하나일 거라고 생각하는 것 같다.' 만일 어떤 미국인이 둘 다이거나, 혹은 둘 중 아무것에도 해당되지 않는다면, 영국인들은 상당히 실망할 것이다.

우리가 있었던 빌라는 리처드가 일시적으로 머무는 곳으로 그가 렌트한 여러 가지 것들 중 하나였다. 그에게 있어 집이라고 할 수 있는 것은 버클리에 있는 그의 동생 집으로, 거기에는 그를 위한 방이 하나 있다. 이런 환경은 그에게 정착된 삶이 어울리지 않아서가 아니라 다만 그에게 시도할 만한 기회가 주어지지 않았기 때문이었다.

리처드 크릿치필드가 언론인으로 갖게 된 첫 직업은 〈가제트^{Ceder Rapids Gazzette}〉라는 아이오와 주에 있는 신문사에서 농장관련 편집인 일을 한 것이다. 여러 상을 수상하고 외국 특파원까지 한 사람치고는 꽤 평범한 시작이었다. 그의 언론 생활 초창기에는 주로 전쟁과 관련된 취재를 했다. 1962년 인도와 중국 간 충돌을 취재한 것으로 시작해 4년간의 베트남 취재를 끝으로 주로 아시아 지역에서 일했다. 베트남 취재기간 동안 그가 쓴 노트는 종이 패드로 450여 장에 달했다. 그는 그 기록들을 한 묶음으로 묶어 크리스마스 선물로 자신의 고향으로 보내고 베트남을 떠났다. 그는 친구의 도움으로 적절한 때에 베트남에서 빠져 나왔다. 그 친구는 허버트 험프리라는 회사의 공군기^{Air Force Two}에 그의 자리를 하나 만들어 주었다.

누구나 그렇듯이 베트남은 그에게 상처를 남겼다. "아시다시피 이건 정말 잘못돼 가고 있었어요. 모든 건 생사의 문제였죠. 이와 같은 일은 전혀 없었어요. 제 인생에서 가장 강렬하고 중요한 경험이었죠. 정말 저를 끝장내 버렸어요. 저는 모든 것에서 신뢰를 잃었죠. 엄청난 악몽이었어요. 오랫동안 밤에는 밖에 나가지도 못했죠. 갑자기 어디선가 시끄러운 소리가 들리면…." 그는 깊은 탄식을 하며 포기하는 듯한 숨을 내쉬었다. 침묵을 깨고 세상으로부터 격리된 듯한 그의 눈은 방을 한 번 쓰윽 둘러보았다.

그러나 만약 리처드가 베트남에서 머문 기간에 그가 겪었던 끔찍한 일들로부터 자신의 삶을 형성하는 데 영향을 끼친 뭔가 긍정적인 게 하나 있다면 그것은 전 세계를 돌아다니며 향후 십여 년간 세계 곳곳의 마을 사람들에 관해 흥미를 갖게 하는 일에 매달리도록 한 점이다.

"처음 시골에 살게 된 것은 제게는 일종의 도망이었어요." 그가 설명했다. "소위 전쟁이라는 것은 사람들의 가슴 속에, 그리고 마음속에 그대로 남아 있죠. 글쎄, 어떤 사람들일까요? 생각지도 못할 거예요. 그래서 저는 시골로 들어갔고, 거기에서 나중에 베트콩이라고 밝혀진 뛰어난 통역가의 도움으로 베트남 사람들과 인터뷰를 했어요. 그리고 전쟁이 끝난 후엔, 모리셔스(아프리카 동쪽 인도양 남서부에 있는 섬나라, 마다가스카르 동쪽)로 갔고, 그 다음엔 인도, 인도네시아, 이란, 이집트 이런 곳들을 돌아 다녔어요. 시골에 산다는 건 제게 일종의 새로운 삶을 다시 시작하는 것 같았어요. 톨스토이적인 경험이죠. 삶의 기본으로 돌아가고, 아주 단순해지는 것. 아침에 일어나서 아무 일도 일어나지 않을 거란 걸 알죠. 그리고 그게 건강한 거예요. 그런 다음 문밖으로 나가죠. 저는 한 때 미친 사람처럼 담배를 피웠어요. 시골에 살면서 저는 일 년에 만 달러로 생활할 수 있었죠. 정말 대단하지 않나요? 제가 비록 여유로운 돈을 가지고 있었지만 더 이상 필요하지 않았어요. 정말 훌륭하죠. 대단하기도 하구요. 정말 다시 살아 있다는 느낌이 들었어요."

리처드는 평범한 사람들의 삶에 초점을 맞추고, 아시아, 아프리카, 중동, 그리고 라틴 아메리카 등지를 돌아다니며 어디에서든지 그 지역 마을로 들어가 러시아어, 불어, 독일어, 포르투칼어, 힌두스타니어(북부 인도의 상용어), 아랍어, 그리고 우르드어까지 이런 언어로 대화가 가능할 정도로 그곳에 오래 머물렀다. 보통 3개월에서 1년, 혹은 그 이상일 경우도 있었다. 다른 작가가 가난과 가뭄, 기근, 전쟁으로 절망에 휩싸여 있는 비참하고 가련한 영혼들에 관한 그들의 고향 소식을 전해 줄 때, 리처드는 그들이 다루지 않는 그곳 사람들의 존엄성을 잘 포착해서 그들의 상황을 가볍게 해 줄 유머와 아이러니를 섞어 우리에게 전해 준다. 리처드의 설명에 따르면, 그가 자신의 모든 글을 통해서 나타내고자 한 주제는 가족과 부, 기술의 진보를 살펴봄으로써 그가 알아내고자 하는, 문화적 변화에 대한 사람들의 반응이다.

그의 책에 나오는 인물들은 예를 들어, 지금은 프랑스 감옥에 갇혀 있는 모로코인 갱단, 누비아 주술사, 모리셔스 어부, 인도 · 아프리카 · 멕시고 · 지바섬의 농부들, 그리고 불륜으로 비난 받는 이집트 소녀와 같은 평범한 사람들이다. 그의 작품들은 잘 쓰여진 소설처럼 술술 읽히는 논픽션이기 때문에 그의 글에 나오는 사람들을 등장인 물이라고 불러도 무방할 것이다. 이러한 등장인물들은 우리가 한 번 도 들어 본 적이 없을 것 같은 이름들이다. 무스타파, 버락, 하지, 쿠 와, 고덥, 토니오, 사루프, 카탈리노, 벌데브, 칼라, 다켈, 자시디, 옴모하메드, 그리고 악마같은 이름의 샤핫트. 이들은 모두 제3세계 에 사는 시민들이다. 그리고 이들은 모두 리처드와 같이 살았고, 같 이 일도 했고, 함께 마시고, 심지어 어떤 상황에서는 그와 싸움을 벌 이기도 했던 사람들이다. 그들은 리처드와 함께 보리수 나무 아래에 서 가부좌를 틀고 앉아 있었으며, 담배를 같이 피우기도 했고, 해질 녘부터 새벽 동틀 때까지 마을 정책에 관해 논쟁을 벌였던 친구들이 다. 그는 그들을 잘 알고 있었고, 그래서 결국 책을 읽는 우리도 그 들과 친숙해 진다.

여기저기 떠돌아다니는 리처드는 널리 60여 개국 이상을 여행했 다. 그가 애정을 갖고 있던 꽤 많은 수의 마을은 두 번, 세 번, 네 번 까지도 다시 갔었다. 그에게 여행과 일은 불가분하게 얽혀 있었다. 여행은 일에 일은 여행에 영향을 미쳤다. 그는 머물렀던 장소마다 자 신이 관심을 갖고 있는 문화의 변화라는 거대 담론을 설명해 줄 수 있 을 꾸밈없는 소재들로 노트를 가득 채웠다. 그의 서사의 묘미는 그 지 역에 대한 세밀하고 풍부하고 고유한 것들을 잘 표현한다는 점이다. 그러나 그의 여행이 창의성에 미치는 영향이 책과 글에서 자연스럽게 나타난다고 결론 짓는 것은 여행을 너무 단순하게 치부해 버리는 것 이다. 그는 그것 이상이라고 말한다. 다양한 경험과 강도 높은 체험들은 사고와 글쓰기를 풍요롭게 만들었다. 고대 문화들이 지구에서 사라지고 있는 그 순간에 그는 이러한 고대 문화를 직접 접함으로써 호기심이 더욱 왕성해지고, 미묘한 차이를 더 주의 깊게 보게 되고, 세계에 더 관심을 갖게 되고, 현실에 덜 안주하고, 더 민첩하게 대응하고, 더 큰 통찰력을 갖게 된다. 이 모든 것들이 그의 상상력을 비옥하게 하는 데 기여하는 것들이다.

그는 지속적으로 자극을 받고, 끊임없이 이동한다. 다른 사람의 창의력을 방해할 수 있는 생각 없는 습관과 퀭한 눈은 그에게는 아무런 문제가 되지 않는다. 그의 습관과 눈은 의식을 넓히는 도구이다. 세부적인 것들에 대한 끊임없는 갈망을 가지고 그는 자신이 있었던 곳에 완전히 흡수되어 그곳의 모습을 꼼꼼히 이야기한다. 들판을 꼼지락거리며 기어다니던 벌레들에서부터 별을 관측하는 부족장까지 말이다. 리처드의 스타일을 이해하는 독자들은 그의 책을 '횡설수설하는 특이한 역작'이라고 부른다. 작가인 리처드에 대해서도 똑같이 말할 수 있을 것이다. 단순하고 견고하게 만들어진 신사. 그는 일요일에 설교하는 목사를 능가하는 말솜씨를 가지고 있다. 부족 이야기꾼의 리듬을 타고 한 번 의자에 앉으면 좀처럼 말을 끝내지 않는다.

"어쨌든, 주 박람회에서 만난 한 예언자가 나에게 글을 쓰려면 법대에 갈 생각을 포기해야 한다고 하더군요. 그래서 저는 언론학으로 전공을 바꿨어요. 하지만 그 후로 저에겐 돈도, 아무것도 남지 않게 되었어요. 다행히도 그때 삼촌 한 분이 제게 천 달러 수표를 보내 주셨어요. 삼촌의 나이는 80대 중반이었고 자식이 없었어요. 삼촌에게는 56명의 조카들이 있었는데 상속세를 피하느라 그들 모두에게 서로 다른 액수의 돈을 주셨어요. 천 달러는 그중 가장 적은 돈이었죠. 하지만 괜찮았어요. 그리고 삼촌은 그렇게 두 번을 조카들에게 주었어요. 하지만 두 번째에는 저를 포함시키지 않으셨죠. 왜냐하면 저는 세계를 돌아다니느라 그 천 달러를 이미 다 써버렸거든요. 아시다시피, 삼촌은 그 돈을 은행에 저금했어야 한다고 생각하셨죠. 삼촌은 저의 행동을 이해하지 못하셨어요. 저는 멀리 홍콩에 도착해서는 삼촌에게 집으로 돌아가기 위해 300달러만 더 빌려달라고 편지를 써야 했어요. 물론 좋아하지 않으셨죠… 역마살이 낀 거죠. 왜 그런지 아시죠? 그렇지 않나요? 삶은 오직 한 번뿐이고, 누구나 모든 걸 다 해보고 싶지 않나요?

끝없는 광활한 세계를 떠다니며, 위대한 인간 내면에서 일어나는 동요를 조용히 심사숙고해 보려는 그에게는 이렇게 세계를 다니는 것 외에 다른 좋은 방법을 찾을 수는 없을 것 같다.

습관으로부터의 탈피

"제가 왜 여행을 좋아하냐구요?" 브레드 리소우서Brad Leithauser가 다시 물었다. 그는 젊은 시인이자 소설가로 한 때 교토에 살았고, 그 후에는 로마에, 그리고는 런던에, 지금은 아이슬란드에 살고 있다. "제 생각엔, 약간은 제가 자라온 환경 덕분에 생긴 붙임성 때문인 것 같아요. 저는 미국에서 가장 단조로운 중서부 지방에서 자랐어요. 그리고 무슨 특별히 흥미로운 민족의 뿌리도 아니구요. 그냥 평범한 개신교 장로교에서 자랐어요. 저의 모든 환경이 지극히 단조롭죠."

그는 이야기를 계속 이어나갔다. "하지만 당신이 일본에 가서 삼년 동안 거기 살게 된다면 일어날 수 있는 일 중 하나는 그곳에 있는 내내 〈파리 리뷰〉라든가, 〈뉴욕타임즈 북리뷰〉라든가, 〈뉴 크리테리온〉 같은 신문들을 전혀 보지 못한다는 겁니다. 그리고는 다시 뉴욕에 돌아오면 뉴욕이 세계의 중심이라는 느낌을 다시 갖기가 어려워집니다. 왜냐면 3년 동안 그런 생각을 전혀 하지 않았고, 그러고도 살았으니깐요. 그게 바로 제가 외국에서 사는 걸 좋아하는 주된 이유에요. 말하자면 당신이 교토에 있는 일본인들과 마주하게 되면 그들에게는 도쿄가 세계의 중심이라는 걸 알게 될 거에요. 아이슬란드에 가면 그들에게는 레이카비크가 세계의 중심이죠. 모든 이들에게 공통적인 세계의 중심이란 없다는 사실을 계속 되새기게 되죠. 이로 인해 알게 되는 어떤 명확함이 생겨요.”

그가 생각하는 명확성은 습관으로부터의 탈피이다. 습관이 모두 나쁘다는 것은 아니다. 습관의 유용성은 우리가 이미 생각해 왔던 구조와 반복적인 일상에 의존하게 하고 살아가는 데 다시금 고민할 필요가 없게 해준다는 점이다.

그러나 바로 이런 유용성 때문에 창의적 사고를 위해서는 일종의 경직된 사고인 습관으로부터 벗어날 필요가 있다. 여행은 하나의 방법이다. 분명 창의적인 사람들이 다시금 익숙한 낯섦을 만드는 흔한 방법인 것이다. 낯선 문화에서 돌아다니거나 혼자 밥을 먹어 보고, 사람들의 소식을 이해해 보려 하고, 치약도 사 보고, 그 지역 버스도 한 번 타 보고, 불만도 표출해 보고, 사랑을 전해 보고, 자동판매기나 전화기도 한 번 이용해 보자. 이 모든 것들은 여러분들이 아이였을 때 그랬던 것처럼 다시금 아주 낯설게 된 익숙한 행동들이다. 집을 떠나는 모험을 해나가는 것은 모든 개인적이고 전문적인 이유들을 막론하고 시야를 가리지 않게 하고, 마음을 무디지 않게 하는, 말하자면 일종의 유연성을 간직하는 방식이다.

"제가 느낀 점은 만일 당신이 자신에 대해 어떤 실제적인 인식을 하고 있다면 자신이 세상을 보는 시야가 얼마나 작고 제한적인지 절실히 깨닫게 될 거라는 점입니다. 제 말은 예이츠(아일랜드의 극작가이자 시인)의 말을 빌리자면 여기에 우리는 '죽어가는 동물에 얽매여 있다'라는 거죠. 해마다 우리는 성性이라는 것에, 자라온 환경에, 언어에, 아주 제한적인 전문 기술에 갇혀 있죠. 이걸 깨닫는다면 일종의 절망감이 들어요. 자신의 관심을 아주 조금 넓히는 것 외에 우리가 할 수 있는 것은 없어요. 자신의 시야를 바꿔야 하죠."

브래드는 잠시 이야기를 멈추고는 꽁꽁 얼어붙은 북대서양 나라들에서 사는 동안 자신이 얼마나 힘들었는지에 대해 짧고도 푸념어린 얘기를 해 주었다. 자신은 낯선 곳에 있는 것을 좋아한다고 꿈꾸는 듯한 리듬의 목소리로 말했다. 이는 그가 항상 의심스러워했던 것이 사실이라는 점을 확인해 준다. 즉, 그는 사회에 어울리지 않는다는 것, 그리고 다른 사람들과 다르다는 것, 불평하는 게 당연한 외톨이라는 것, 조금은 농담이지만 친구들이 그에게 충분히 자주 편지를 써주지 않는다는 것. 이런 것들 말이다. 그냥 해외에 있다는 것만으로 그는 자신의 상상력에 어마어마한 자유를 주었고, 새로운 생각과 신선한 관점, 그리고 일종의 희망적인 자극을 주었다.

"저는 지리적 위치가 저를 구원해 줄 거라는 생각을 가지고 세계 이곳저곳을 돌아 다녔어요. 정말 비현실적이고, 심지어는 어리석기까지 하지만 동시에 제가 통제할 수 없는 그런 느낌을 저는 항상 가지고 있어요.” 그는 짧게 말하며 한숨을 쉬었다. “만일 제가 북극광 아래에서도 오로지 시를 쓰는 데만 집중했다면 저는 멋진 시들을 쓸 수 없었을 거라고 스스로에게 말하곤 해요.”

여행에서 얻은 창의력의 진정한 가치

연극 감독인 피터 셀라스를 추적하기는 쉽지 않았다. 그를 찾기 위해 나는 그의 여동생이 사는 보스턴에, 그의 어머니가 계시는 비엔나에, 그의 오래된 사무실이 있는 워싱턴에, 그의 새로운 사무실이 있는 L.A.에, 프로덕션이 있는 브룩클린에, 그리고 그의 극장이 있는 북부 뉴욕에 편지들을 보냈다. 아무 데서도 답장이 없었다. 수개월이 지나자, 나는 점점 절망에 빠졌다.

피터 씨에게

브룩클린 음악 아카데미에 있는 엘사라는 이름의 여성은 제게 자신은 당신의 비서가 아니라고 강조하면서 저를 멀리하는 것 같아요. 또, 루이스 앨런 프로덕션에 있는 많은 사람들도 제가 더 이상 메시지를 보내지 않았으면 하고 기대합니다. 하지만 이런 모든 노력에도, 저는 우리가 언제, 어디서 만날지에 관해 아직까지 아무런 얘기를 듣지 못하고 있습니다….

피터 씨에게

200여 명이 넘는 맥아더상 수상자 중 제가 선택한 40명에서 저는 왜 당신을 찾는 걸 포기하지 않을까요? 왜냐하면 프레드 와이드먼 씨가 제게 당신은 저의 글에 사용할 만한 훌륭한 유머 감각이 있다고 얘기해 주었기 때문이에요. 또한, 제 자동응답기에 녹음된 당신의 목소리가 좋았기 때문이기도 하구요. 기억하시죠, 그렇지 않나요? 제게 메시지를 보내신 걸요. '괜찮아요. 인터뷰할 용의가 있어요. 저는 이번 주말에는 L.A.에 있지만 그 후엔…. 알겠죠? 만나서 얘기하죠….' 그리고는 연락할 번호도 남기지 않고 끊으셨어요.

피터 씨

이 얘기는 당신이 여행을 많이 다니신다는 얘기인 거죠. 여기 몇 가지 선택사항을 둘게요….

나는 그에게 그가 있을 거라고 전해들은 모든 장소에서, 그리고 그가 향후 6개월 간 방문할 예정인 몇몇 대륙에서 한정된 리스트로 내가 갈 수 있을 거라 여겨지는 모든 장소에서 그를 만날 용의가 있다고 했다. 마침내 우리가 얼굴을 대면했을 때, 나는 그에게 여행에서 벗어난다는 것은 어떤 것인지, 그리고 여행이 어떤 식으로든 창의력에 영향을 미치는지 물어보았다. 그는 자신의 어머니 이야기를 내게 해줌으로써 그 질문에 답했다.

"저의 어머니는 정말 대단하시고, 놀라운 분이셨어요. 어머니께서는 그냥 어느 날 갑자기 파리에서 살아야 할 때라고 결정하시고는 떠나셨죠. 그때는 하버드대학에 다니기 전이었어요. 그리고 또 어머니께서는 일본에 4년 동안 사셨어요. 지금 저의 어머니는 비엔나에 계세요. 그리고 제게 전화를 걸어, '이번 크리스마스엔 이집트에 가자꾸나' 하시죠. 그러면 저와 제 동생은 그렇게 해요. 이건 저의 가족이 돈이 있어서가 아니에요. 단지 저의 어머니께서 그렇게 할 때라고 결정하시는 거죠. 그러면 우리는 그렇게 해요."

사실 이러한 여행은 제 작업에 정말 커다란 영향을 미치고 있어요. 제가 하는 일은 많은 시간을 박물관에서, 그리고 예술 작품을 보는 것에 할애해야 해요. 그게 단순히 의식을 넓히기 위해서 뿐만이 아니라 어떤 문제에 대해 다시 생각해 보게 만들기 때문이에요. 그래서 저는 항상 다른 사람의 해법에 관심을 갖죠. 이걸 통해 제가 가진 문제가 저만 갖고 있는 문제가 아니라 램브란트도 갖고 있었던 문제라는 걸 알게 해 주죠. 그래서 저는 안심이 돼요. 그러면 제 자신에게 말할 수 있어요. 좋아, 램브란트는 이 문제에 대해 어떻게 생각했지? 티치아노는 이걸 어떻게 다뤘지? 또는 잭슨 폴락도 그런 문제를 가지고 있었다는 걸 알면 저는 아주 안심이 돼요. 그리고 세부적인 것들은 직접 각각의 상황에 노출시켜 보는 거예요. 연극 무대에서 그리고 아마도 다른 어떤 작업에서도 마찬가지로 사람들에게 흥미를 가져다 주는 것은 특수함이에요. 중요한 것은 자신에게 일에 대한 시각을 제공해 주는 것에 집중해야 한다는 것이에요. 그게 바로 우리가 가야 할 길이죠."

연극 작품에 '집중하기' 위해 그가 종종 이용하는 방식은 비유나 은유, 비슷한 사건들, 본보기를 찾기 위해 주변을 둘러보는 것이다. 그러고 나서 거기에 자신의 관찰로부터 나온 생각을 덧붙인다. 이렇게 하기 위해서, 그는 연극이나 오페라에 강하게 집착한다. 관객이 이해할 수 있고, 연극의 의미를 파악하는 안내자 역할을 할 수 있을 이 시대의 이미지를 찾을 때까지 혹은 그 일부를 찾을 때까지 그는 연극이나 오페라를 집중해서 본다. 그런 다음 피터는 연극의 무대장치로, 혹은 유머나 배우의 말로, 의상으로, 소품으로 그 이미지를 비틀어 버린다. 이러한 이미지들은 다양한 자극을 받은 풍성한 삶으로부터 나온다. 물론 그 대부분은 외국에서 지내면서 얻어진 것이다.

"예를 들어, 제가 이탈리아어로 부른 헨델의 18세기 오페라 〈율리우스 시저〉를 다시 한 번 무대에 올릴 때였어요. 저는 중동에서 미국인들이 인질로 잡혀 있는 상황으로 만들려고 했죠. 제가 이런 식으로 무대를 설정했던 이유는 이 공연을 볼 미국인들에게 울림을 주는 상황을 만들고 싶기 때문이기도 하지만, 이 문제야말로 우리가 모두 생각해 보아야 할 이 시대의 진정한 문제이기 때문이죠. 그래서 좋아, 1막 마지막 장면은 미국 여인과 그의 아들이 인질로 잡혀 있도록 만들었어요. 그들이 '저는 슬픔으로 태어났어요^{Sono nato per piangere}'라는 매우 아름답지만 비통한 노래를 부르면서 그 장면을 끝냈죠."

그는 그 장면의 감정에 이끌려 잠시 이야기를 멈췄다. 작품을 무대에 올리느라 고생했던 모든 노력이 떠오른 듯 했다.

"저는 제가 그 작품을 어떻게 적절하게 무대에 올릴 수 있는지 알아낼 수 있다면 아주 강렬하고 감동적인 작품이 될 거란 걸 알았어요. 하지만 문제가 있었죠. 그러는 동안 저는 저희 어머니와 크리스마스를 보내기 위해 이집트로 갔죠. 그리고 무엇보다 이집트 장례식 그림에서 애통해 하는 사람이 그려진 고분 그림을 보았어요. 한 무리의 우는 여인들이었죠. 가장 아름다운 이집트 고분 그림이었어요. 그래! 바로 저거야! 전 답을 찾았죠."

셀라스는 마지막 장면에서 헨델의 오페라에 나오는 배우들에게 이집트 무덤의 그림과 정확히 똑같은 자세를 취하라고 주문했다. 물론 관객들은 배우들이 그렇게 운집해 있는 것이 이집트 고분 그림을 기초로 했다는 사실은 전혀 알지 못했다. 관객들이 알고 있는 전부는 그 장면이 정말 강력하고 감동적이었다는 점이다.

"우리 대부분에게 인질 상황은 단지 신문 머리기사나 뉴스에서 30초 정도 다뤄지는 것이 전부죠. 하지만 제가 헨델을 통해서, 이집트를 이용해서, 공화국 여인과 그의 귀한 아들을 통해서 만들어 내고 싶었던 것은 또 다른 차원으로 그 상황을 재연하는 것이었어요. 그냥 놀랍고 충격적인 것 이상으로 뭔가 오래 지속되는 일종의 슬픔을 전하고 싶었던 거죠."

만일 그가 고분 그림을 보지 않았더라면 그는 정확하게 이런 방식으로 그 장면을 만들어 내지 못했을 것이다. 그러나 그것은 단지 여행으로 얻은 외국의 영향을 빌리거나, 억지로 껴 맞추는 것이 아닌 그 이상이라는 점을 셀라스는 재빨리 강조했다. 광범위한 여행에서 얻은 창의성의 진정한 가치는 바로 예술 그 자체의 핵심을 꿰뚫는다는 점이다. 예술이란 무엇인지, 어디에 어울리는지, 왜 우리가 예술에 관심을 갖는지 하는 핵심을 말이다.

"나를 기쁘게 하는 것, 그리고 내가 이곳 연극 무대에서 계속 찾고자 하는 것은 예술이 대중에게 중요하게 여겨지는 그 순간이에요. 예를 들어, 일본을 한 번 보죠. 보통 일본의 마을에서는 '마쓰리'라고 하는 축제를 해요. 우리에게는 신도 예술공연처럼 보일 수도 있죠. 그들에게는 이게 삶이에요. 남인도에 있는 마을 춤을 우리가 가져올 때도 있어요. 우리에겐 이게 예술인 거죠. 그들에게는 그게 삶이지만."

"미국에서는 예술과 삶 사이에 거대한 격차가 있어요. 우리가 슈퍼에 갈 때 만나게 되는 상황은 예술이 아니에요. 대신에 우리에게 예술은 링컨 센터에 특별한 의상을 입고 있는 사람들이 하는 이상한 것이죠. 이 예술은 어떤 사람들이 뭔가를 하는 동안 다른 사람들은 구경하는 것이고, 심포니 오케스트라의 수장인 독재적인 지휘자와 같아요. 여행하면서 둘러보면 다른 곳에서는 이렇지 않다는 걸 알게 되죠. 예를 들어, 태평양 주변 나라들 같은 곳. 그런 곳에서 예술은 마을 공동의 경험을 바탕으로 한 참여적인 것이에요. 이런 예술은 카라얀 없이도 존재해요. 공연하는 사람과 관객을 나누는 아치형 무대가 있는 공연장에서 하는 게 아니에요. 역사를 간직하고 있는 곳, 마을을 형성하는 곳, 그 지역에서 지리적으로 중요한 곳, 이런 장소에서 하죠. 지금 메트로폴리탄 오페라에서 매주 화요일 밤에 하는 공연은 이곳이 간직한 역사와는 아무런 관련이 없죠."

셀라스의 다음 계획은 제3세계 예술과 소수민족 예술을 미국에 가져오는 프로그램을 진행하는 것이다. 그는 태국, 버마, 티벳, 칠레 등을 여행할 것이다. 그리고 머무는 모든 곳에서 신선한 시각과 새로운 아이디어들을 찾고 흥미를 끄는 사소한 것들을 모아 정신을 풍성하게 할 것이다.

"요즘 제가 관심 있는 것은 21세기에요." 그의 얼굴이 풍선처럼 열정으로 부풀어 올랐다. "미국 문화의 처음 200년은 뉴욕에 들어 온 유럽인들에 의해 만들어졌죠. 뉴욕에 들어와 로워 이스트에 살고, 원주민들을 쫓아내고, 점차 시내로 옮기고, 카네기 홀을 세우고, 그리고 그게 미국 문화가 됐죠. 다른 곳에서 먼저 새로운 문화가 생겨나면 우선 뉴욕으로 보내고 미국 문화라고 봉인하고 인정한 후 다시 처음 생겨난 곳으로 보내죠. 제 생각에 앞으로 200년은 다른 이민자들에 의해 미국 문화가 형성될 거예요. 아시아인과 히스패닉이죠. 그들 만의 도덕적 가치를 가진 또 다른 어휘들을 만들 거예요. 그리고 그 중심지는 LA가 될 거예요."

◆ ◆ ◆

작열하는 페르시아 태양 아래 먼지를 뒤집어쓰고 있던 리처드 크릿치필드, 지구의 북쪽, 얼음으로 둘러싸인 곳을 헤매고 있던 브레드 리소우서, 태생적으로 한 장소에서 온전히 일주일을 보내지 못할 것 같은 피터 셀라스. 이들의 삶으로부터 우리는 과연 무엇을 배울 수 있을까? 그것은 다음과 같다. 즉, 우리 자신의 지평을 넓힐 때 우리 자신의 창의력의 범주도 넓어진다는 사실이다. 이러한 원칙은 독일 시인인 라이너 마리아 릴케의 싯구를 떠올리게 한다.

네가 누구라도 저녁이면

네 눈에 익은 것들로 들어찬 방에서 나와 보라;

먼 곳을 배경으로 너의 집은 마지막 집인 듯 고즈넉하다;

네가 누구라도.

n i n e

집중력을
유지하고
추진하기

어떤 분야에서든지 신선한 생각과 순진하고 검증되지 않은 아이디어는 나타나게 마련이다. 대부분 이런 생각들은 자연스레 금방 사라진다. 다시 말해서 이런 생각들은 유치하고 명확하지도 않으며 유동적이고 불안정하다. 처음 우리가 그런 생각을 하게 되었을 때, 우리는 기대감으로 숨이 멎을 것 같은 경험을 하기도 한다. 그리고 그런 생각을 주위 사람들에게 이야기할 때, 우리는 불확실하지만 그 가능성으로 뜨거운 열기를 내뿜는다. 하지만 이러한 새로운 생각들을 실제로 실행하려는 노력을 펼칠 때면 맹비난을 받게 되는데 이럴 경우 우리는 오래 버티지 못하는 경향이 있다. 그런 공격이 없다 하더라도 새로운 생각은 쉽게 부서질 수 있다. 그 생각을 자기 것으로 만드는 것은 또 다른 문제이기 때문이다. 형태를 갖추고, 한계를 정하고, 입증을 해 보려 노력하는 그 냉정하고 힘든 일을 하다보면, 한때 활기를 띠고 공중에 붕 떠 있는 것 같았던 그 생각들이 음침한 곳에 있는 돌처럼 무겁고 완강하다는 걸 느끼게 된다. 창의적 과정의 바로 이 지점에서 추진력과 집중력이 중요하게 부각된다.

예를 들어, 심리학자인 하워드 가드너 박사를 보자. 그는 오랫동안 정신의 역학관계에 관심을 가져온 온화한 성격의 사람이다. 1987년 봄에 그는 중국의 창의성과 예술 교육을 살펴보기 위해 중국을 방문했었다. 1980년 이후 네 번째 방문이자 가장 긴 여행이었다. 중국에서 돌아와 겨우 6일 동안 그는 타자기 앞에 앉아 창의성과 예술교육이라는 주제로 400페이지 분량의 책을 빼곡히 써내려갔다. 연구소 운영에 대한 책임감으로 정신없이 보내느라 한동안 글을 쓰지 못할 것이기 때문이다. 일곱 번째 날에는 가드너 박사도 쉬었다. 꿈이 있는 모든 창조자가 그렇듯이 말이다.

또 시나리오 작가이자 영화감독인 존 세일즈John Sayles를 보자. 자신의 영화를 찍기 위한 예산을 확보하기 위해 프리랜서로 시나리오를 썼다. 한번은 그가 영화 대본을 다 쓰기 위해 LA에 있는 호텔 방에 틀어박혀 있었던 적이 있다. 그때 그는 집중을 하기 위해 수영장을 들락거리고, 30분 간격으로 알람을 맞춰놓으면서 집중력이 사그라지지 않도록 노력했다. 결국 그는 해냈고, 3일 만에 120페이지에 달하는 영감어린 대본을 만들어 냈다.

또한 셜리 브라이스 히스Shirley Brice Heath라는 사람이 있다. 그녀는 홀쭉하고 큰 키에 반짝이는 경쾌한 웃음과 매우 우아한 자태를 가진 여인이었나. 처음 따뜻한 악수를 나눌 때부터 그녀가 좋은 가문 출신의 사람이라는 게 명백해 보였다. 잠시라도 그녀의 매너, 분명한 어투, 지적인 자신감을 느껴 본 사람이라면 누구도 그녀가 미국 최남부의 뒷산이 있는 시골에서 자랐다거나, 친구라고는 가축들 뿐이며, 수마일 안에 읽을 거라고는 성경책 하나 밖에 없는 그런 환경에서 자랐을 거라고 의심하는 사람은 없을 것이다. 어린 시절 그녀의 아버지는 외판원으로 여기저기 떠돌아다녔고, 어머니는 싸구려 가게의 점원이었다. 셜리 교수는 열여섯 살 때까지 양배추와 양상추(칼로 자르는 게 아니라 손으로 찢을 수 있는 채소)의 차이를 몰랐다. 그런 그녀가 스탠포드대학의 인문 사회과학 전임교수가 되었다는 것은 한마디로 기적이었다.

어떤 비결이 있는 것일까? 어떤 환상적인 걸음마 과정이 있었던 것일까? 어떤 기적이 있었을까? 나는 그렇게 생각하지 않는다. 우리가 여기에서 이야기하려는 것은 지속적인 집중력과 추진력이다. 이것은 우리 중 누구라도 간단히 적용할 수 있는 상당히 흔한 개념으로 목적이 있어야 할 수 있는, 쉽지만은 않은 일이다.

당신의 어휘가 지닌 한계를 벗어나라

셜리 브라이스 히스 교수는 다음과 같이 설명했다. "저는 원래 외동으로 혼자 자랐어요. 저희 집은 버지니아 주 남서부에 담배 공장이 있는 흙먼지 날리는 동네에요. 가장 가까운 시내가 약 50마일 정도 떨어져 있는 외딴 동네였어요. 저희 할머니께서는 성품은 상당히 좋으셨지만 많이 배우지는 못하셨어요. 아버지는 가끔씩 집에 오셨다가 금새 또 가 버리셨어요. 어머니는 일을 좋아하지 않으셨어요. 그래서 어머니 또한 집을 떠나셨죠. 집에 책이라고는 할머니의 성경책이 전부였어요. 저는 부모님께서 책을 읽으시는 걸 본 기억이 없어요. 부모님께서 글을 쓰실 때는 뭔가를 체크하거나 목록을 쓸 때가 전부였어요.”

셜리 교수는 햇살이 내리쬐는 스탠포드 인문대학의 하얀색 건물인 마리포사 하우스의 라운지에 꼿꼿한 자세로 앉아 있었다. 중국산 찻잔으로 민트 티를 홀짝거리며 마시고, 클래식한 라인의 옷을 입어 지적으로 보이고, 톡톡 튀는 말투에 맑은 영혼을 가진 듯 한 모습, 그리고 무릎 위에 손을 가지런히 놓고 있는 모습은 부유한 집에서 자란 듯한 인상을 풍겼다. 그녀에게는 온화함이 있었다. 그리고 세상에 이 온화함보다 강한 것은 없다.

“제가 살던 삶 그 이상의 뭔가가 있다는 걸 처음으로 알게 된 것은 제가 초등학교 다닐 때 새로운 가족과 함께 살 때였던 거 같아요. 그리고 열여섯 살 때 이모, 삼촌과 함께 여름을 보낸 적이 있어요. 그 친척은 북부에 있는 대학가에 사는 식자층이었죠. 그들은 자신들의 경험을 이야기해 주었고, 저는 그게 재미있었어요. 그래서 ‘오, 이렇게 사는 사람들이 있구나.’라고 생각했죠. 갑자기 저는 열심히 공부해서 빨리 그 모든 걸 알고 싶다는 생각을 했어요.”

창의성 연구에서 가장 도외시되는 부분이 바로 추진력과 계획성이다. 습관은 의지보다 다루기가 쉽다. 뭔가 새로운 일을 위해서는 무겁고 차가운 돌에 생기를 불어 넣으려는 노력보다는 반복되는 일상이 정신과 육체에 모두 훨씬 편하다. 셜리 교수는 자신의 삶에 대한 설계를 오랜 시간에 걸쳐 만들었다. 그녀가 성년이 되었을 때, 그녀는 고등학교를 그만 두고 길에서 만난 성실하고 멋진 남자와 결혼할 수도 있었을 것이다. 그 남자는 누구나 예상하다시피, 8학년 교육에, 집안 살림의 노하우가 풍부한 사람일 것이다. 결혼 후 그녀는 농장 일에, 아이 돌보는 일에, 집안일에 모든 시간을 쏟으며 정착해서 시내 공터에 묻혔을 지도 모른다. '여기 셜리가 잠들다. 흙에서 왔으니 흙으로, 재에서 왔으니 재로, 먼지에서 왔으니 먼지로 돌아가다.'

"제가 사촌들과 같이 지낼 때 문득 세상에 무엇이 있는지에 대해 다른 누군가의 정의를 내가 수긍해 버린다면 나는 아주 제한된 삶을 살게 될 거라는 사실을 깨닫게 되었어요. 이건 정말 굉장히 중요한 깨달음이었어요. 이로 인해 저는 다른 사람이 생각하는 한계란 무엇인지 깊은 관심을 갖게 되었어요. 그 순간부터 다른 사람이 어떤 것은 가능하고, 어떤 것은 불가능하다고 말하는 것을 듣지 않았어요."

온전히 그녀의 의지로, 그리고 북부에 사는 친척들의 지지에 힘입어 셜리 박사는 고등학교를 마칠 수 있었고, 그것도 그 지역 최초이자 향후 십여 년 동안 나오지 않을 전미 최우수 졸업생이 되었다.

대학에 들어가려는 노력은 그녀에게는 실로 대단한 것이었다. 결국 우여곡절 끝에 그녀는 근본주의 침례교 대학에 등록했다. 그리고 일 년 후 대학을 그만 두었다. 그리고 나서 첫 번째로 미시시피에 있는 걸프포트라는 곳으로 가서 통신 강좌를 수강했다. 그런 다음에는 남부 캘리포니아로 가서 계속 공부할 돈을 벌기 위해, 일주일에 3일은 강사로 일을 했다. 뉴욕으로 가는 여정에서 그녀는 여러 우여곡절을 겪었다. 두 번의 결혼, 두 명의 아이, 그리고 늦게 받은 박사 학위 등, 여러 어려움을 겪었지만 그녀는 스탠포드대학에서 다른 이들의 선망이 되는 자리를 갖게 되었다. 이곳에서 셜리는 뛰어난 학자이자 삶의 정점을 향해 나아가는 여인으로 우뚝 솟아 있었다.

"제 삶이 진보할 수 있었던 열쇠라고 한다면, 그것은 제가 어떤 종류의 한계도 허락하지 않고 곧바로 그 한계를 뛰어 넘으려고 했다는 사실입니다. '할 수 없다'는 것을 저는 받아들이지 않았죠. 그리고 저는 학생들에게 그들의 어휘가 지닌 한계에서 벗어나라고 강하게 얘기해요. 저는 학생들이 그들 앞에 놓여 있는 어떤 한계라도 걷어차 버리고 그 한계를 뛰어 넘을 수 있는 능력을 어떻게 개발할 것인지 알아내길 바라요. 그러기 위해서는 상상력과 엄청난 노력이 필요합니다. 문제를 해결하는 데 있어서 제가 알고 있는 가장 좋은 방법은 힘든 노력을 많이 해야 한다는 것뿐입니다.

추진력과 엄청난 노력이 현재의 그녀를 만들어 준 것이다. 셜리 박사가 가지고 있는 투지는 그녀가 유년시절의 한계를 초월한 능력을 설명해 주기도 하지만 인류학, 사회학, 민족학, 그리고 언어학에서 깊이 있는 탐구를 하는 십여 년짜리 연구 프로젝트를 지속할 수 있게 해 주는 힘이기도 하다. 첫 책은 멕시코 언어의 진화에 대한 최고의 연구서이다. 두 번째 책에서 그녀는 시골과 교외 지역에 사는 흑인과 백인 아이들이 가족과 학교 시스템 내에서 어떻게 언어를 사용하고 배우는지를 탐구하고 있다. 세 번째 책이자 그녀가 지금 씨름하고 있는 책은 지금까지 펴낸 책 중에서 가장 야심차게 준비하는 작업으로 미국 내 주요 작가의 역사와 민속학에 관한 이야기가 될 것이다. 그녀의 모든 글들은 지나가는 바람에도 소리를 내는 하프 줄처럼 단어에 굉장히 주의 깊게, 정확하게, 정교하게 초점이 맞춰져 있다. 그녀는 내게 말하길, 고상함의 모델이 필요할 때면 문학작품을 읽는 게 아니라 어려운 과학책, 특히 물리학 책을 읽는다고 했다.

신중하고 헌신적인 학자로서 십 년에 책 한 권을 쓰는 것은 굉장히 느린 속도이다. 셜리 교수는 강한 집중력과 헌신을 오래 유지하면서 신중하게 글을 쓰며 철저하다. 예를 들어, 사과파이 요리법을 하나 쓰는 데도 사과를 언급한 에덴 동산에서부터 시작해서 거의 모든 문헌을 먼저 조사하지 않고는 대충 쓰지 않는 성격이다.

학계에서 그녀의 명성을 세우는 것과 별개로 그녀의 추진력은 몇몇 충격적인 개인사 덕분에 유지되어 왔다. 그중 최고는 단연 그녀의 딸이 사고로 광범위한 뇌 손상을 입고 힘들어 했던 일이다. 이 일은 그녀의 심장을 꽁꽁 얼어붙게 하고 정신을 마비시킬 정도로 크나큰 비극이었다. 누구도 딸을 위해 해 줄 수 있는 것이라고는 없었다고 그녀는 말했다. 그러나 그녀는 사람들의 우려를 뒤로 하고 자신의 모든 능력을 집중해 일상을 돌보았고 결국 딸은 훨씬 좋아졌다.

"사람들은 항상 제게 말하죠. 당신의 이야기는 뇌 손상을 입은 자식을 둔 사람들에게 정말 놀라운 이야기라고요. 왜 그걸 글로 쓰지 않느냐고 말이죠. 저의 대답은 자신이 가지고 있는 여러 자원들을 파악하고 그걸 자신에게 가장 도움이 되는 형태로 바꾸어야 하는 그런 고된 일을 제정신을 가진 사람이라면 누가 과연 다른 사람에게 들려 줄 수 있는지 모르겠다고 답하죠. 운 좋게도 저는 다양한 자원을 가지고 있었어요. 주변에는 제 딸에 대해 사고 전부터 잘 알고 있고 아주 도움이 되는 위치에 있는 동료들이 있었어요. 그들은 비록 제 딸이 아무도 알아보지 못할 때조차도, 대화에 끼거나 정상인처럼 행동하지 못할 때조차도 일주일에 한 번씩 저희 집에 와서 저녁식사를 했었죠. 저는 이곳 캠퍼스에서 책임져야 할 일에 쏟을 에너지와 엄마로서 아픈 딸을 위해 쏟을 에너지를 모두 가지고 있어야 했었어요. 저는 의학 정보를 찾아보고 의대 도서관에 가서 제가 이해할 수 있는 모든 자료를 읽었어요. 만일 제 딸이 식물인간 상태에서 나올 수만 있다면, 제가 딸 아이를 위해 무언가를 해 줄 수만 있다면 저는 그 일을 계속할 수 있다고 생각했어요.

셜리의 딸이 중환자실에서 나오던 바로 그 주에 그녀의 남편이 뇌졸중으로 응급실에 실려 갔다. 다시 셜리는 자신의 삶을 지배한 세 가지 규칙을 똑같이 적용해서 남편을 보살폈다. 그녀는 조용히 그것들을 내게 체크해 가면서 보여 주었다. 첫째, 해결되지 않을 거라고 절대로 받아들이지 말자. 둘째, 문제를 해결하기 위해서는 구조적인 장애물을 무너뜨려야 한다는 사실을 명심하자. 셋째, 그 해결책이 쉬울 거라는 생각은 '절대로' 하지 말자.

셜리 박사는 또 다음과 같이 설명했다. "너무 단순해 보이거나 보편적인 것, 혹은 완전한 것이라면 그 어떤 것이라도 저는 좋지 않은 시선으로 보죠. 저는 그런 것은 거꾸로 돌려 보거나 측면에서 보거나 분해해 보려는 경향이 있어요. 단순하고 깔끔하고 완전한 것으로 보이는 것은 일단 의심을 하죠. 인간이 처한 환경에서 깔끔하고, 단순하고, 완결한 것이란 존재할 수 없죠. 인간인 우리의 숙명 중 하나는 그런 세 가지 것이 생산적이지도 않고 창의력을 계발하는 데 적절하지도 않다는 것을 증명하는 것이라고 생각해요."

셜리 박사가 그 힘들었던 시간들을 떠올릴 때, 그녀의 목소리는 약간 톤이 올라갔고, 가늘고 우아한 손은 쉬지 않는 나비의 날갯짓처럼 떨고 있었다. 불안해 하는 이런 소소한 행동에도 불구하고 그녀에게는 강인함과 위엄을 갖춘 모습이 있었다. 결단력은 사람을 더 크게 보이게 한다. 분명 그녀에게는 이렇게 강인한 정신력을 갖게 해준, 그런 세상에서 태어난 것이 행운인 것이다.

셜리 박사는 내게 분명한 어조로 말했다. "운이라는 것은 정신력과는 아무런 관련이 없어요. 그런 예를 본 적이 거의 없어요. 만일 당신이 정말 충분히 열심히 일한다면, 충분히 상황판단이 빠르다면, 다른 사람들로부터 뭔가를 배운다면, 상황을 확대해 볼 수 있다면, 당신은 그 어떤 일도 해낼 수 있을 거예요. 모든 사람들이 바라는 쉬운 길이라는 것, 비결이라는 것은 없어요. 우리 모두는 비결을 찾고 싶어 하죠. 하지만 그런 건 존재하지 않아요."

물론 중심이 되는 이야기는 자신의 일에 전념하고, 초점을 유지하고, 계속 집중하라는 것이다. 하지만 여기에서 놓쳐서는 안 될 아주 미묘한 것이 있다. 그것은 우리가 추진력을 이해할 때 목표에 초점을 맞추고 변경없이 완고하게 밀고 나가는 것이라고 너무 자주 오해를 한다는 것이다. 따라서 우리는 공격적이고, 급하게 행동하고, 공세를 받아들이고 우리 스스로를 앞으로 밀고 나간다. 여기에서 드러나는 오해는 이것이다. 충분한 지식이 없기 때문에, 또는 스스로가 너무 지쳐서, 혹은 실수로, 혹은 자신이 가진 모든 도구를 사용하지 않아서, 혹은 운이 없다는 이유로 우리는 종종 원하는 것을 얻지 못한다고 생각한다. 그래서 원하는 결과를 향해 열심히 달려가는 것만으로는 소중한 에너지를 낭비하는 것 이상의 아무런 결과도 얻지 못할 가능성이 높다.

반면에 셜리 교수는 강하게 추진해 나가지만 그런 추진력에 유연성을 유지하는 것이 얼마나 중요한지 잘 알고 있다. 그런 유연성으로 그녀는 자신이 하고 있는 일에서 생겨나는 문제를 해결할 때 가능한 여러 가지 방법을 폭넓게 생각해 본다. 만일 일이 잘 되지 않을 때에는 다른 여러 가지 가능성들을 떠올려 보거나, 우선 순위를 바꿔 보거나, 도서관에 가서 다른 선택 사항이 있는지를 찾아본다. 이것이 바로 완고하지 않으면서도 추진력 있게 자신의 일을 밀고 나가는 행동이다. 만일 누군가가 하나의 목표만을 고집하지 않는다면 모든 방향으로 열려 있는 하나 이상의 샛길을 따라 갈 수 있을 것이다. 이런 게 바로 유연한 추진력이고 이런 유연성을 갖고 열심히 노력을 해야 한다. 바로 여기에서 혁신적인 진보를 가져오는 결과와 만족스럽지 못한 결과 사이에 차이가 생기는 것이다.

꿈 속에서 영화의 재료를 찾다

존 세일즈는 서른셋의 나이에 맥아더상을 수상했다. 천재들이 죽기도 했던 나이이다. 하지만 책과 연극, 영화, 단편소설, 그리고 대본까지 다방면에서 지속적인 성취를 보이며 서른셋에 죽은 천재가 없었던 듯이 살아간다.

세일즈의 첫 번째 예술적 성공은 그가 〈애틀랜틱 먼슬리 프레스 Atlantic Monthly Press〉라는 잡지에 보낸 50페이지 분량의 짧은 이야기였다. 당시 잡지 편집인은 그 이야기를 읽고 즉시 그에게 짧은 쪽지를 보내왔다. 그 쪽지에는 "당신은 누구시죠?"라고 쓰여 있었다. 편집인이

물은 것은 전문적인 작가인지, 출간된 책을 낸 적이 있는지, 전에 다른 곳에서 그의 작품을 자신이 본 적이 있는지 하는 것들이었다.

당시 그는 소시지 공장에서 고기를 포장하는 일을 하고 있었다. 세일즈에게 이것은 그냥 멀쩡한 사람이라면 생계를 유지하기 위해 해야 하는 당연한 일들 중 하나일 뿐인 것이다. 병원 잡역부, 도랑파는 일꾼, 공장 노동자, 자신의 혈액을 파는 일 등. 우연하게도 그는 공장에서 유일한 백인이었다. 가끔은 자신이 일하는 곳에서 영어를 하는 유일한 사람이었던 적도 있었다.

그가 쓴 이야기는 떠돌이 서커스단에서 야구를 하고 다니는, 여장을 한 난쟁이 사설 탐정가를 다루고 있다. 그는 이 이야기를 책으로 내라는 제안을 받고 6개월 만에 그의 첫 소설인 《빔보들의 자부심^{Pride of the Bimbos}》을 끝냈고, 문학계에 짜릿한 충격을 주었다. 그 후 10년도 채 안되어 그는 자신의 나이 숫자보다 두 배는 많은 이력을 갖게 되었다. 두 번째 소설 《노조의 권리^{Union Dues}》로 전미 비평가협회상^{National Book Critics Circle Award}과 전미 도서상^{National Book Award} 후보로 올랐고 단편으로 '오 헨리상'을 두 번이나 수상했으며 단편 소설집 《무정부주의자들의 전당대회^{The Anarchists' Convention}》를 비롯해 연극 대본 한 편, 20편 이상의 영화 대본, 직접 만든 6편의 영화, 브루스 스프링스틴의 뮤직 비디오 2편, 그리고 지금 작업 중인 세 번째 소설까지 이르렀다.

어떻게 그렇게 방대한 창의적 활동이 가능할까? 적어도 부분적으로 말할 수 있는 답은 추진력과 관련이 있다. 세일즈의 경우에, 그 추진력은 자신만의 영화를 만들려는 지속적인 열망으로부터 나온다.

"제가 감독으로서 계속 남아 있기 위해서는 작품을 찍는 데 필요한 돈을 스스로 구해야만 한다는 걸 깨달았어요. 그래서 저는 돈을 벌기 위해 의도적으로 노력하죠. 제가 그렇게 창의력이 풍부해서가 아니라, 영화를 만들기 위해서는 이 일을 계속 유지할 경제적 능력이 있거나, 그렇지 않으면 사기를 쳐야 하기 때문이에요. 다행히도 저는 글을 쓸 수 있고 글쓰는 걸 좋아하죠.”

세일즈에게 돈을 모으는 가장 빠른 방법은 소설을 각색해서 다른 감독과 제작자에게 주고 각색료를 받는 것이다. 이런 일을 하게 된 것은 B급 영화의 대가인 로저 코먼^{Roger Corman}이 그에게 영화 〈식인어 피라냐^{Piranha}〉를 위해 글을 각색해 달라는 제안을 받게 되면서부터이다. 세일즈는 빠르고 효율적으로 그 일을 해냈다. 인물들에 대해 그가 할 수 있을 만큼 많은 울림을 만들어 냈고, 만일 생명을 위협하는 육식 물고기가 다양한 사회·경제적 지위를 통해 자신의 방식으로 먹어 치우는 데 몰두한다면, 사람들은 실제로 어떻게 행동하고 어떻게 말할지 파악하고자 노력했다. 그 시나리오는 아주 성공적이어서 세일즈는 안정된 프리랜서로서 고정적으로 일을 갖게 되었다. 그 후 자신의 작품과는 완전히 다른 공포 주제와 공상과학, 늑대소년, 원시인, 갱스터, 거대한 악어에 대한 글을 써달라는 부탁을 받게 된다.

그가 직접 만든 영화들은 레즈비언에 관한 영화 〈리안나^{Lianna}〉, 멋진 나날을 보냈던 대학에서 학생운동을 했던 이들이 10년 후 재회하는 것을 다룬 영화 〈세코서스 7^{Return of the Secaucus Seven}〉, 급진적이고 경제적인 이유로 실패한 고등학생의 연애담을 그린 〈베이비 잇츠 유^{Baby, It's You}〉, 도심에 사는 외계인을 다룬 〈다른 행성에서 온 형제^{The Brother from Another Planet}〉, 한 탄광마을에 노조 조직가가 나타난 후 노조 결성 과정에서 겪는 여러 가지 고군분투를 다룬 〈메이트완Matewan〉, 1919년의 시카고 블랙삭스 스캔들(1919년 미국의 월드시리즈 경기 때 시카고 화이트 삭스 팀의 선수 8명이 돈을 받고 일부러 경기에 졌던 사건)을 다룬 〈에잇 맨 아웃Eight Men Out〉등이 있다. 이 영화들은 돈이 넘쳐나는 헐리우드에서 탐내는 그런 영화는 아니기에 그에게 투자하려는 사람을 찾는 것은 거의 불가능하다. 따라서 대부분의 그의 영화는 대본이 쓰여진 순서대로 만들 수는 없는 처지가 된 것이다.

예를 들어, 〈메이트완〉이라는 영화를 보자. 1920년대 웨스트버지니아에 있는 탄광마을에서 노조원들이 투지를 갖고 싸우는 이야기를 다루었다. 이 이야기는 그가 대학원생이었을 때 떠올렸던 것인데 당시 그는 다양한 일을 하면서 전국을 떠돌아다녔다. 그곳에서 만난 트럭 운전사나 공장 노동자의 허풍 섞인 장황한 이야기들을 들었고, 세일즈는 그 경험을 시나리오로 만들었다. 그러나 그걸 영화로 만들기에는 돈이 너무 많이 든다는 걸 어느 날 깨달았다. 그래서 그가 그 돈을 다 모으는 7년 동안 이 대본은 책상 속에 처박혀 있었고 마침내 제작할 준비를 다 끝냈을 때에는 다시 돈이 떨어졌다.

포기할 순간일까? 실패라고 인정해야 할 때인가?

절대로 그럴 순 없었다고 세일즈는 말했다. 대신에 그는 계속 일에 매달렸다. 마약이나 술 같은 것으로 기분 전환하는 것에도 관심이 없었고, 브로드웨이의 상류층 삶에도, 헐리우드의 축제에도 관심이 없었다. 그는 시나리오를 한 장씩 한 장씩 쓰면서, 자신의 영화를 하나씩 하나씩 만들어 가면서 계속 자신의 일에 몰두했다. 〈메이트완〉은 결국 만들어질 것이라고 확신했고, 그가 옳았다. 그러나 동시에 이 일을 겪으면서 그는 자신에게 부족한 것보다 자신의 자리에서 할 수 있는 것에 집중해야 한다는 걸 깨닫게 되었다.

"우리는 〈다른 행성에서 온 형제〉를 찍기로 결정했어요. 하지만 그 영화를 눈이 내리기 전에 완성하려면 당장 일을 시작해야 했어요. 이 건 제가 시나리오를 즉시 써야 한다는 걸 의미했죠. 하지만 당시 저는 다른 사람의 대본을 각색하고 있었어요. 제가 다른 사람을 위해 쓴 많은 영화들은 각색된 것들이고, 거기에는 영화를 찍기 시작해야 할 분명한 날짜가 있어요. 그래서 저는 재빨리 저의 새로운 시나리오를 써야 했어요. 앞에 썼던 것을 모조리 없애고 처음부터 다시 써야 했죠. 그래서 영화를 만드는 데 2주 정도 밖에 시간이 없을 때가 많았고 현장에서 각색하는 일과 겹쳐서 만들게 되죠."

〈다른 행성에서 온 형제〉는 할렘가에 떨어졌으나 자신이 어떻게 그리고 왜 여기에 오게 됐는지 모르는 채 우주에서 온 한 흑인 벙어리 남자에 대한 이야기를 그린 단편 영화로 독특하고 여러 생각거리를 던져 준다. 주인공 외계인은 소외감을 묘사하는 데 이상적인 인물이다. 그는 직업이나 집도 없고, 말도 못하고, 뭔가를 해 줄 수도 없고, 희망도 없으며, 지저분한 시내 할렘에 사는, 사랑받지 못하는 소수자를 대변한다. 말 그대로 외계인이기도 하지만 여러 가지를 상징하는 인물이다.

이 영화에 대한 아이디어는 보통 꿈이라는 게 그렇듯 연관도 없고, 이상하고, 거친 이미지들로 가득한 네 개의 꿈으로부터 만들어졌다. 세일즈는 꿈 속에서 어른거렸던 그 이미지를 분명히 기억한다. 위협적인 길모퉁이, 스크린에 3차원으로 보이는 이상한 제목, 흑인 동네를 뛰어다니는 빅풋(미국과 캐나다의 태평양 연안 산중에 출몰한다는 원인의 별칭), 으르렁거리는 경찰, 그리고 어둡고 음침한 골목을 가득 채우는 색소폰 음악. 뒤죽박죽 섞인, 앞뒤가 안 맞는 꿈으로 영화를 만들어 낼 수 있다니 놀라운 일이지 않을까?

우리가 매일 마주치는 수천 가지의 영상들로부터 꿈 속에서 뇌가 어떤 이미지를 선택하고 왜곡하는지 그 과정은 여전히 굉장한 미스터리이다. 그러나 창의적이고 열심히 노력하는 사람들은 종종 꿈에서 좋은 아이디어를 떠올린다. 꿈을 통한 창의성의 예는 예술에서 넘쳐난다. 18세기 바이올린 연주자이자 작곡가인 주세페 타르티니는 악마에 대한 꿈을 꾸고 거기에서 영감을 얻어 소나타 〈악마의 트릴로 Trillo del Diavolo〉를 작곡했다. 윌리엄 블레이크는 꿈 속에서 그의 죽은 형과 이야기를 나누다가 동판화를 만드는 방법을 알게 되었다. 알렉산더 대왕은 그의 꿈에 따라 전쟁 작전을 짰다. 그리고 현대 예술가인 제스퍼 존스는 밤마다 꿈에 나타나는 이미지인 미국 국기를 캔버스에 그려 넣음으로써 성조기 작품을 만들기 시작했다. 바로 이런 것들이 자신의 일에 몰두하는 게 얼마나 중요한지를 보여 주는 예들이다. 의식이 뻗어 나가는 곳과 우연 사이 어딘가에, 행동과 휴식 사이 몽유병이 일어날 때에, 아이디어는 어둠에서 빛으로 우리에게 다가온다. 스스로에게 주는 예상치 못한 선물이다. 그러나 기다림은 필요하다.

일련의 꿈으로부터 영화를 만든다는 게 세일즈에게는 이상한 일이 아닌 것 같다. 자신의 대본은 말할 것도 없고, 다른 사람의 영화 대본 다섯 편을 써주면서 보냈던 시기에 그는 아주 열심히 일했고 눈에 띄는 결과가 있을 것이라고 믿었다. 결국 그는 〈다른 행성에서 온 형제 The Brother from Another Planet〉를 만들었다. 이 영화는 6일 만에 대본을 완성하고 20일 만에 영화를 다 만들었다. 추진력의 미덕은 그를 배신하지 않는 것 같다.

토마스 만의 소설이 위대한 이유

하워드 가드너 박사는 역사를 통틀어 모든 사상가의 정신 속에는 무엇이 있었는지 관심을 갖고 있었다. 지능이 무엇일까? 정신은 어떻게 작동할까? 생각한다는 건 무엇일까? 천재들의 재능은 어디에서 오는 걸까? 무엇이 모차르트를, 다윈을, 단테를 만들었을까? 시인이 이런 질문을 하자 서정적인 시가 만들어졌다. 과학자가 이런 질문을 하자, '프로젝트 제로'와 같은 연구소가 태어났다.

하버드 롱펠로우 홀 안에 위치한 '프로젝트 제로'는 철학자 넬슨 굿맨이 1967년에 예술적 기법의 발전을 연구하기 위해 처음 제안했다. 이 '프로젝트 제로'라는 이름도 굿맨의 재치 있는 말에서 탄생했다. 정신에 대해 연구하게 되었을 때, "아무도 이것에 대해 알지 못했어요. 그래서 우리는 이걸 '프로젝트 제로'라고 부르게 되었어요." 가드너 박사가 처음부터 이 연구소와 관련되어 일해 왔고, 1972년 이후로는 연구소의 공동소장이 되었다. 당시, 자연스럽게도 내가 그를 찾은 곳은 이 연구소에 있는 방이었다. 둥글고 소년 같은 얼굴에 마흔 몇 살 정도로밖에 안 보이는, 재치와 열정이 솟아나는 인물이었다.

정신에 대한 가드너 박사의 접근 방법은 평범한 아이들, 어린 영재, 특수 재능을 지닌 정신지체아, 예술적 소질이 있는 아이들, 그리고 뇌 손상을 입은 환자들에 대해 그 뿌리가 무엇인지 찾아보는 데 초점이 맞춰져 있었다. 보스턴 예비역 의료센터에서 진행하는 신경 심리연구를 비롯해 책을 쓰고, 보스턴 의대에서 강의를 하고, '프로젝트 제로'에서 연구팀을 관리 감독하느라 시간을 쪼개 쓰면서도 가드너 박사는 창의력에 관한 의문을 다각도에서 파악하는 걸 즐기고 있었다. 처음 가드너 박사가 인지능력과 예술교육에 흥미를 갖게 되었을 때, 그는 다른 사람들 중에서도 에른스트 카시러^{Ernst Cassirer}(독일의 철학자로 문화의 기본 개념으로 상징의 의미를 언급함)의 작업에 의지하여 상징에 관한 연구를 하는 데 모든 노력을 기울였다. 카시러는 인간이 어떻게 상징을 만들어 냈는지 이해하는 것이 다양한 형태의 창의력에 대한 열쇠를 우리에게 주는 것이라고 주장했다. 최근에 가드너 박사는 지적 능력의 영역에 관심을 갖고 있다. 가드너 박사는 인간을 평면적인 1차원으로 평가할 수 있다는 과거의 개념을 거부하고 정신이 어떻게 정보를 처리하는지 그에 대한 훨씬 더 광범위하고 다원론적인 관점을 발전시켜 나갔다. 다시 말해, 과거의 개념에 따르면 지능은 태어날 때부터 갖고 있었거나 그렇지 않았거나 하는 재능으로 지능지수라는 하나의 수치로 측정할 수 있었다. 예를 들어, 70점이라는 점수는 우리가 사는 동안 내내 '멍청하다'는 낙인을 스스로에게 찍는다. 반면에 130점이라는 점수는 우리에게 '천재'의 영역에 들어갈 수 있는, 정상을 넘는 사람으로 여기게 한다. 그의 책 《마음의 틀^{Frames of Mind}》에서 가드너 박사는 지능을 일곱 가지로 나눴다. 즉 언어 지능, 논리·수학 지능, 공간 지능, 음악 지능, 신체 운동 기능, 대인관계 지능, 그리고 개인 내적 지능이다. 한 아이의 강점을 파악하는 데 지능지수보다 더 나은 방법이 필요하다는 인식이 여덟 가지 지능의 바탕을 이룬다. 가드너 박사 덕분에 우리는 "얼마나 똑똑하지?"하는 오래된 질문에서 "어떤 면에서 똑똑하지?"하는 더 의미 있는 질문으로 관점이 옮겨졌다.

가드너 박사는 사람들에게 인간 지능의 잠재력에 대한 이런 폭넓은 관점을 제시함으로써 사람들에게 새로운 차원의 희망을 갖게 해주었다. 예를 들어, 당신의 아이가 우둔하지도 않을 뿐더러, SAT성적으로 측정되지 않는 재능을 소유하고 있을지도 모른다는 것이다. 오히려 이것은 그가 전혀 의도하지 않았을지 모른다. 이 분야에서 그가 공헌한 게 무엇이냐고 묻는다면 그것은 사람들이 생각하는 데 있어서 과학적 방법뿐만 아니라 예술적 방법에도 관심을 기울이도록 했다는 점이라고 간단히 얘기할 수 있다.

이것은 가드너 박사가 관심을 두고 있는 두 가지 측면에 잘 들어맞는, 스스로에 대한 평가이기도 하다. 하나는 정신의 비밀을 파헤치는데 뛰어난 과학자라는 점이고, 두 번째는 언젠가 모차르트에 관한 전기를 쓰는 게 희망인, 모차르트에 대한 끝없는 열정을 가진 음악 애호가라는 점이다. 바로 이러한 이중적 측면으로 인해 그는 창의력 문제에 있어 함께 이야기를 나눌 완벽한 사람인 것이다.

가드너는 다음과 같이 조언해 주었다. "만일 당신이 일반인을 위한 창의력에 대해 쓸 거라면, 제가 생각하는 한 가지 중요한 포인트가 있어요. 그것은 보기에 말도 안 되는 홍보나 광고를 바로잡아 주시라는 거예요. 예를 들어, '주말에 오세요. 브레인 스토밍을 배우세요. 자유연상을 배워 보세요. 저희가 여러분을 창의적인 사람으로 만들어 드릴게요.'와 같은 광고들 말이죠. 제 말은 창의력이 그렇게 단순하게 작동하지 않는다는 것이죠. 이건 만만치 않은 사람들의 만만치 않은 일이에요. 제 생각에 창의적인 작업은 어떤 특정한 사람이 되는 걸 요구하는 것 같아요. 수년간 그 일에 매달릴 수 있는 사람을 말이죠.”

개념을 잡고 일을 완성하는 데까지 모든 과정을 창의적으로 할 수 있는 힘은 목적의식에서 나오는 추진력과 집중력이다. 목적은 모든 범위의 일에 영향을 끼친다. 의도를 가져야 목표가 만들어지고, 그걸 채울 아이디어들이 나온다. 냉정함이 있어야 솜씨를 기를 수 있고 기술이 완벽해진다. 동기가 있어야 어떤 프로젝트를 추진할 것인지, 그리고 어떤 순서로 할 것인지와 같은 결정을 할 수 있게 된다. 단호한 결심을 통해서야 자원들이 모이며, 장애물에 걸려 넘어지지 않도록 조심하는 주의력이 아닌, 장애를 극복할 수 있는 힘이 생긴다. 끈기가 있어야 친구와 협력자를 선별하게 되고 의지가 있어야 새로운 길로 나가야 할 시기를 아는 지혜를 얻는다.

창의적인 작업은 단순히 바란다고 해서 혹은 우연히 발달하지는 않으며 신비한 한 가닥 영감으로 순식간에 생기지도 않는다. 오히려 오랜 시간 시도하는 노력과 지속적인 목적의식을 필요로 한다.

“토마스 만Thomas Mann의 소설이 위대해진 것은 그가 갑자기 뭔가 새로운 것을 시작했기 때문이 아니라 자신의 경험과 그 경험을 반추하는 데 7년이라는 시간 동안 씨름해 왔기 때문이죠”라고 가드너 박사는 말한다.

◆ ◆ ◆

극장 라마마Lamama 사무실은 낡은 브라운스톤의 높은 3층 건물로 맨하탄의 로워이스트사이드에 있다. 거기에서 짐보라고 알려진 키 크고 마른 남자가 케비넷 파일 더미를 파헤치더니, 나에게 보여 주어야 겠다고 생각한 신문 스크랩 뭉치를 꺼냈다. 앨런 스튜어트^{Ellen Stewart}의 오랜 친구이자 매니저인 그는 앨런의 괴짜 같은 이야기를 모두 알고 있었다. 그는 장바구니에 스크랩북을 집어넣는 걸 도와주면서 그 이 야기들을 들려 주었다.

"고마워요, 짐보. 이거면 충분할 것 같네요. 게다가 제가 앨런과 이야기를 나누게 될지 어떨지도 말하기 어려운 상황이구요."

맞는 말을 한 것 같다. 누군가가 앨런과 약속을 잡아 줄 수 있다면 그건 짐보였을 것이다. 하지만 내가 만일 웨이오프브로드웨이^{Way Off Broadway} 극장(브로드웨이 밖에서 비상업적 실험 연극을 하는 집단, 장소)의 원로인 앨런과 마침내 눈을 맞대고 이야기를 나눌 수 있을 거라는 확답을 누 군가 해 주길 찾고 있었다면, 신문 스크랩을 굳이 짐보에게 받지 않 았을 것이다. 그는 앨런의 사진을 다정스럽게 보며 웃었다. 그 사진 에는 강단 있어 보이는 여인이 사파리를 입고 손은 허리에 단단히 고 정하고는 흙먼지 날리는 모로코 상점가 한가운데에 꼿꼿이 서 있는 모습이었다. 그녀는 기분이 좋아 보였다. 분명 그랬을 것이다. 그녀 는 자신만의 공간에 둘 양탄자 한 뭉치를 헐값으로 막 산 것 같았다.

그는 크게 숨을 내쉬며 말했다. "음, 저게 바로 앨런이죠. 나는 앨 런처럼 많은 에너지와 결단력과 목적의식을 가진 사람을 만나 본 적 이 없어요. 그녀의 추진력은 놀라울 정도에요. 정말 믿기지가 않을 정도죠. 저는 항상 이렇게 말하곤 했죠. '만일 그녀가 죽는다면, 이 연극 분야는 롤러스케이트를 타고 최고 속도로 내려가게 될 거야'라 고 말이죠."

"하지만 추진력에 관해 당신이 놓치고 있는 게 있어요." 베드 메타 Ved Mehta가 말했다. 창문 선반을 한 번 만져보고는 비가 들어오지 않게 창문을 닫았다. 인도 라호르에서 태어난 펀자브족인 메타는 세 살 때 병으로 시력을 완전히 잃어버렸다. 메타가 어린 소년이었을 때 배려심이 많은 아버지는 그에게 좋은 교육을 시켜야겠다는 생각으로 그를 미국으로 보내 시각 장애인을 위한 학교를 다니도록 했다. 열다섯 살 때 메타는 완전히 혼자가 되었다. 시각 장애 소년, 가난하고 숫기 없는 아이, 인도인, 망명자. "제 생각에 여러분이 고려해야 할 것은 '왜' 어떤 사람은 추진력이 있을까 하는 것이에요."

왜? 글쎄, 수천 가지 이유가 있을 것이다. 그렇지 않을까? 하지만 그 밑바탕에는 성공에 대한 희망이 있을 것이다. 그것으로 인해 그런 추진력을 가질 수 있지 않았을까? 그 거대한 노력의 중심에, 그 거대한 의지력의 발현에, 그리고 그 긴 인내의 시간 동안 승리할 것이라는 희망이 있지 않았을까? 메타가 자신의 가족사에 대해 쓴 글(이 글로 그는 많은 비평가들로부터 좋은 평가를 받았다), 〈뉴요커〉 주간지에 실은 감동적인 글. 우리가 앉은 그 신성한 사무실에서 본 간디와 인도와 영국인들에 대한 그의 논픽션 작품. 이런 글이 바로 그 자신도 달콤한 성공의 유혹을 받았다는 걸 입증하는 게 아닐까? 메타는 이에 대해 잠시 머뭇거리고는 대답했다. 창밖의 비는 마치 떠들썩한 집시의 탬버린 박자에 맞추려는 듯 세차게 내리고 있었다.

"작가로서 성공한다는 게 어떤 의미인지 혹시 생각해 보신 적 있나요? 때때로 저는 간절히 다음과 같은 성공을 바라요. 이를테면 큰 목소리로 크게 악수하며 파티장에 들어가거나 자신에 대해서도 여유롭고 세상에 대해서도 여유로운 그런 성공을 말이죠. 하지만 작가로서 저는 벤츠를 타고 다닐 수도 있고, 대저택에 살 수도 있고, 모든 물질적인 것은 다 가질 수 있지만 여전히 편안하지 않을 수 있어요. 항상 저를 분리시키려는 그런 성질을 가진 뭔가가 있어요. 톨스토이, 그가 정말 원하고 필요로 했던 게 무엇이었을까요? 그는 자신의 작품인《전쟁과 평화》와《안나 카레리나》를 읽을 가치가 없는 형편없는 작품이라고 비난했죠. 그는 아이들이 있었어요. 결혼도 했고요. 그는 천재였어요. 그런데 그걸로 충분하지 않았어요. 왜 그랬을까요? 천재의 불편함이에요. 어떻게 다르게 표현해야 할지 잘 모르겠어요. 작가란 성공이란 것에 결코 만족하지 않을 수도 있어요. 작가들은 음란한 여자와 비슷한 점이 많은 것 같아요. 뭔가 계속 요구하니까요."

왜 작가나 창의적인 사람은 좀 더, 좀 더, 좀 더 해야 한다는 강박을 느낄까? 창의적인 사람의 마음 속 깊은 곳에는 이상적이어야 한다는 생각이 깊이 박혀 있기 때문인지도 모른다. 이상은 얻을 수 없는 것이기 때문에 성공이나 충만함, 만족감이란 것을 절대 이야기할 수 없고, 오로지 실패에 대해서만 이야기할 수 있기 때문일 수도 있다. 게다가 창의적인 사람은 계속 그리고 계속 시도해 보는 경향이 있다.

또 다른 망명자인 조세프 브로드스키는 확신에 차서 말한다. "제가 말할 수 있는 전부는 저는 결코 제 자신과 제 작품에서 일어나는 일에 대해 그렇게 많이 신경 쓰지 않는다는 겁니다. 그 이유 중 하나는 제가 저 스스로를 프로라고 생각하지 않기 때문이에요." (만일 여러분이 조세프에게 직업이 뭐냐고 묻는다면 그는 자신을 그냥 선생님이라고 말할 것이다. 그는 자신을 작가라고 부를 생각도 하지 않았고, 그는 분명 직업적인 작가도 아니었다. "글은 살기 위해, 생각하기 위해, 존재하기 위해 하는 부차적인 일이다"라고 그는 말했다.)

조세프는 계속해서 이야기했다. "저는 글을 멋스럽게 꾸미고 또 더 많은 꾸밈을 넣으려고 하지 않아요. 아시죠? 제가 원하는 가장 중요하고 기본이 되는 것은 창작의 과정 그 자체에요. 그것이야말로 정말 제 스스로에게 도움이 되는 것이죠. 이제 저는 성공 같은 것들에 대해 신경 쓰지 않는다고 말하는 게 쉬워졌어요. 어느 정도는 제 이야기가 성공한 작가의 이야기라서 아무도 제 말을 믿지 않으려고 할지도 모르겠네요. 하지만 제가 달리 어떻게 표현할 수 있겠어요? 성공은 결코 제게 큰 의미가 없었고, 지금도 그래요. 그리고 솔직히 말해서 만일 제 성공이란 것을 크게 놓고 본다면 제가 받은 맥아더상과 노벨상을 비교해 볼까요? 아니면 저의 수입과 소위 뉴욕의 변호사나 치과의사의 연간 수입을 비교해 볼까요? 글쎄요. 저의 일을 성공이라고 하지 않을지도 모르죠. 만일 당신이 일하는 과정에서 알게 되는 이런저런 종류의 작은(물론 큰 것을 선호하겠지만) 사실들을 표현할 수 있다면, 또는 주목할 만한 방식으로 그 과정을 표현하거나 전하는 게 가능하다면, 그게 저에겐 창의력의 전부인 거죠."

그렇다면 창의적인 사람을 이끄는 힘은 무엇일까? 천재들의 불편함? 그들의 작업 과정 자체? 어떤 소명감? 의무감? 경외감? 한 가지는 확실하다. 성공에 대한 간절함과 별로 관계가 없다는 것, 성공에 대한 보상과 결코 관련이 없다는 것이다.

t e n

운은 준비된 사람을 선호한다

운을 북돋는다는 것은 정말 이상하고 아이러니한 일이다. '운'이라는 단어에 이렇다 할 논리가 없다는 것쯤은 누구나 아는 사실이다. 다시 말해 운이란 것은 불확실하고 임의적이며 우연한 것이고, 기회주의적이고, 방황하게 만들고, 알 수 없는 것이다. 또한, 세상이 바뀌는 방식이자, 동전을 던지는 방식이며, 바퀴가 돌아가는 방식이자, 주사위가 던져지는 방식이며, 공이 튀어 오르는 방식이다.

언어에는 아주 흥미로운 사실이 숨어 있다. 언어는 우리의 마음 깊숙한 곳에 있는 확신을 반영한다. 운을 표현하는 수많은 단어와 어구들이 있다는 것에 비춰 보면 실제로 일을 하는 과정에서 우리 생각 깊숙한 곳에는 운이란 것을 믿는 마음이 자리하고 있다는 걸 알게 된다. 어떤 사람은 이 단어를 말하기만 해도 기분이 좋다. 따라서 맥아더 수상자들을 보며 감탄하는, 또는 운이라는 것의 놀라운 성취에 부합하는 일과 관련된 언급을 할 때면, 사람들은 한숨을 자연스럽게 짓는다. 괜찮다. 몇몇 사람들만 그 모든 운을 갖고 있으니까.

이와 반대로 운이란 일이 이루어지는 방식을 너무 순진하게 보는 것이자 우리의 실망에 대한 변명거리일 뿐이라고 생각할 수도 있다. 창의적인 성취를 오로지 운이라는 것으로 설명해 버리려는 것은 패배주의자들이 하는 일이다. 이런 관점은 우리로 하여금 창의력에 있어서 운의 역할은 단지 우연히 일어나는 번개의 섬광과 유사한 것이라고 믿게 만든다. 정확히 말하자면 이런 태도는 누군가가 철물점에서 최고의 피뢰침을 사서 지붕 꼭대기로 올라가 적당한 자리에 그 피뢰침을 설치한 후 다음 폭풍우를 그 옆에서 참을성 있게 기다리는 일이 될 터이다.

살면서 우리는 여러 가지 우연들을 마주하게 마련이다. 하지만 이것은 우연의 가능성을 오로지 예상치 못한 발견으로만 너무 단순하게 치부하는 것이다. 운이라는 것은 창조적인 일을 하는 사람이 자신의 목적에 부합하는 일을 하려고 할 때 우연히 나타나는 경우가 훨씬 더 많다. 만일 우연한 발견이 자신의 뜻에 맞게 이루어진다면 그건 그가 열심히 일했기 때문이다. 루이스 파스퇴르의 언급을 보자면, "운은 준비된 사람을 선호한다."

일주일 동안에도 우리에게는 천여 개의 우연이란 것이 일어난다. 하지만 그중에서 선택을 하는 것은 또 다른 문제이다. 한 사람의 미래에 결정적인, 그런 놀라운 순간을 알아보는 데는 어떤 비책도 없다는 것은 분명하다. 생각이 깊은 사람들, 대담한 사람들, 경이로운 사람들, 그리고 통찰력이 있는 사람들이라면 알아차리지 못하고 그냥 지나가지는 않을 것이다. 하지만 더 어려운 것은, 사소한 우연을 감지하고 행운의 진가를 알아보는 일이다. 우리 삶 속에서 우연이란 것이 일어날 수 있는 공간을 충분히 만들어 놓고, 그 우연에서 적절한 선택을 하는 지혜를 발휘하는 것이야말로 우리가 운을 북돋을 수 있는 방법이다. 이렇게 하기 위해서는 적어도 세 가지 방법이 필요하다. 첫째는 주의를 기울이기. 그래야 여러분이 일상에서 생기는 작은 차이를 알아 볼 수 있다. 둘째는 잘 보지 못하는 곳에서도 호기심을 쫓아갈 수 있도록 평소에 충분한 호기심과 탐구심을 갖는 것이다. 셋째는 여유를 갖고 즐겁게 시간을 보내는 것이다.

운은 수호천사의 선물일까?

이안 그레이엄^{Ian Graham}은 운을 얻으려면 기이한 것을 알아볼 수 있는 눈과 집중하는 태도를 가져야 한다는 점을 잘 알고 있었다. 또 다른 맥아더상 수상자인 데이비드 스튜어트^{David Stuart}도 마찬가지이다.

영국인인 이안 그레이엄은 맥아더상을 수상할 당시 58세였다. 그는 하버드 대학 부속 피바디 박물관(1866년 조지 피바디가 설립한 미국에서 가장 유명하고 오래된 서양 인류학 박물관)의 오래된 건물 2층에서 일하고 있었다. 미국인인 데이비드 스튜어트는 맥아더상을 수상할 당시 열여덟 살로, 프린스턴대학에 갓 입학했을 때였다. 두 사람의 나이 차이로 보아, 여러분은 아마 두 사람에게 공통점이 별로 없을 거라고 생각할지도 모른다. 그러나 사실 이들은 마야인들의 잃어버린 문명 이야기라는, 상당히 신비로운 분야에서 일하는 선수들이다.

　데이비드 스튜어트는 내셔널 지오그래픽에서 일했던 고고학자인 아버지 조지로부터 이 분야를 처음 접하게 되었다. 데이비드가 여덟 살 때, 조지 스튜어트는 고대 마야 도시인 코바Cobá의 지도를 만들기 위한 탐험에 참여해 달라는 요청을 받았다. 조지는 그 제안을 수락하고 부인과 네 명의 아이들과 함께 웅장한 워싱턴 동네에서 유카탄 반도 깊숙한 곳에 있는 초가집으로 이사했다. 그곳에서 스튜어트 가족은 5개월간 머물렀다. 따라서 데이비드는 폐허 속에서 유년 시절을 보내며 원주민이 거주했던 땅에서 그릇 조각들을 파내면서 놀았던 기억을 갖고 있다.

　이 분야에 대한 이안 그레이엄의 애정이 어떻게 시작되었는지 추적하기가 쉽지 않다. 원래 그는 영국에서 물리학을 공부했었다. 그가 말한 바에 따르면, 마야에 대해 관심을 갖게 된 것은 한 30여 년 전에 미 대륙을 누볐던 경이로운 '1957년식 롤스로이스'와 관련이 있는데 너무 많은 좌회전을 한 나머지 결국 멕시코 땅에 이르렀다고 한다.

　그의 말을 빌리자면, 그곳은 젊은이가 자신의 경력을 열심히 쌓는데 무관심하고, 젊은 신사가 목적 없이 떠돌아다니는 것이 아무렇지도 않은, 완벽하게 '정상인 곳'이었다고 한다.

　그래서 그는 아무런 계획 없이 멕시코 해안에 머물렀다. 즐겁게 지내기 위해 박물관을 여기저기 돌아다녔고, 자신보다 더 빈둥대는 깡마른 길 잃은 개들과 둥근 얼굴의 멕시코인들로 북적이는 먼지투성이 도시들을 여행했다. 그는 또한 여러 저녁파티에 초대 받았다. 이렇게 매력적인 젊은 영국 신사가 멋진 나비넥타이에 놀랄만한 롤스로이스를 타고 나타나는데 누군들 요청하지 않을 수가 있겠는가. 잔을 쨍그랑 부딪히고 달그락거리며 포크질을 하면서 이런저런 이야기를 하다 보면 종종 이야기는 마야인들로 흘러갔다. '누구라구요?' 이안은 골똘히 생각하다가 더 알고 싶은 욕구가 느껴져 스스로 알아보기로 결심했다.

　마야인들은 AD 250년부터 스페인이 정복하기 전까지 번창했었다고 전문가들은 확신하고 있다. 마야 제국이 전성기였을 때 그들의 문명은 유카탄 반도에서부터 과테말라, 온두라스, 벨리즈에 이르기까지 넓은 영토를 차지했었다. 이렇게 넓은 제국을 가지고 있었다는 것만으로도 우리는 고도로 발달된 문명을 예상할 수 있는 것이다. 예를 들어, 그들은 시를 썼고, 말장난을 매우 좋아했으며 서구에서 실행한 가장 복잡한 글쓰기 체계를 발전시켰다. 또한, 화폐를 사용했고 별들을 관측했으며, 전쟁을 수행했고, 농작물을 키웠으며 정교한 수도시설과 광범위한 신화를 만들어 냈고, 달력 시스템을 아주 정교하게 만들어서 수천 년이 지난 행성의 활동 날짜까지도 정확히 알아낼 수 있었다. 그런 다음 갑자기 그들은 완전히 사라져 버렸다. 멸망한 문명의 흔적들을 남겨 둔 채.

　물론 가설일 뿐 그들에게 무슨 일이 일어났는지 아무도 확실히 알지는 못한다. 그리고 그것이 바로 마야 문명을 연구하는 학자들이 지금까지 갖고 있는 주된 질문이다. 그들이 사라진 후 19세기에 그 폐허들이 발견될 때까지 900년이라는 너무 많은 시간이 지났다는 점은 연구에 큰 걸림돌이다. 타기 쉬운 나무 등걸에다 쓴 거의 모든 책들은 에스파냐 교회에서 파견된 신부에 의해 파괴된 것으로 추정된다. 에스파냐 신부는 그 책들이 사탄의 말을 기록한 것이라고 믿었다.

이안 그레이엄의 사무실은 낡은 나무 바닥으로 된 긴 복도 끝에 있었다. 야생토끼 굴 같은 복도, 아치형 천장이 있는 길, 그리고 알 수 없는 작은 방들을 지나갔다. 그의 사무실은 높은 천정에 먼지투성이 공간이었고, 특이한 모양의 라디에이터가 지하실로부터 열을 끌어 올리느라 시끄러운 소리를 내고 있었다. 그의 방에는 온통 탐험가로 살아 온 흔적들로 가득했다. 알아보기 힘든 지도들, 동물 등뼈로 만든 책들, 색을 입힌 골동품 유리병들, 돌로 된 공예품들, 끝없이 쌓여 있는 사진들, 그리고 많은 스케치용 연필들이 커다랗고 널찍한 책상 위 여기저기 흩어져 있었다.

그 널찍한 책상들은 거무튀튀한 창문들을 마주하고 있었지만, 스탠드가 밝게 비추고 있었다. 지난 30년 동안 이안의 작업은 마야 예술품에 새겨진 글들을 부지런히 그리고 충실히 기록하는 것이었다. 이것은 인내가 필요한 매우 정교하고 세심한 작업이다. 대략 60개로 된 말뭉치 중 지금 그는 15번째를 하고 있다.

쇼팽이 라디오에서 부드럽게 흘러나오고, 냉장고에는 가끔씩 멋진 샴페인 병이 들어 있는 사무실에서 그가 몇 시간 동안 하는 노동은 만족스럽다. 그러나 육체적으로는 이곳에 편안하게 있지만, 이안의 마음은 온통 중앙아메리카의 중심부를 배회하고 있다. 그는 〈보이스 오운 페이퍼The Boy's Own Paper〉(1879년부터 1967년까지 출간된 젊은 소년들을 위한 영국 이야기 잡지)를 보며 자랐다. 그는 떠돌아다니는 걸 좋아하는 사람, 다시 말해 타고난 탐험가였다.

그가 접하는 세상은 온통 미끄럽고 새까만 동굴 같은 세상이었다. 벽에서 깜박이는 손전등 불빛, 수세기 동안 아무도 지나가지 않은 길들이 다반사인 세상이었다. 물살이 그의 편일 때, 그리고 폭우가 강의 제방을 넘치지 않을 때, 카누로만 닿을 수 있는 곳에서 그는 버려진 도시들의 거대한 풍광을 보았다. 진흙 속에 전면이 엎어져 있는 두껍고 무거운 돌을 만난 스릴을 경험하기도 했다. 돌이 두껍다는 것은 그가 도굴꾼들을 이겼다는 표시이다. 왜냐하면 도굴꾼들은 물건을 배에 실을 때 무게를 가볍게 하기 위해 거대한 돌은 잘라내 버렸을 것이기 때문이다. 엎어져 있었다는 것은 돌에 새겨진 것들이 완전히 지워지지 않았을 가능성이 높다는 것을 반증한다. 머리 위에서는 원숭이들과 새들이 소리를 지르고 팔꿈치에 재규어의 움직임을 느끼면서도 새로운 유적을 찾아내려고 빽빽한 정글에서 몸부림치면서도 이안은 혼자서 다양한 역할을 해왔다. 지도 작성자, 정찰병, 사진가, 팀원을 이끄는 사람, 캠프 요리사, 그리고 망보는 사람. 그는 이 모든 일들 중에서 망보는 일이 가장 중요하다고 말했다. 왜냐하면 이안의 탐험팀 중 한 명이 의도치 않게 도굴꾼들을 방해했다는 이유로 도굴꾼이 쏜 총에 맞아 이안의 발밑에서 죽은 적이 있었기 때문이다.

"학문적 욕심이 그리 많지 않았다는 게 제게는 행운이었죠." 이안은 계속해서 이야기했다. 그는 목적 없이 방랑하는 자유가 책에서 배우는 것보다도 젊은이들의 품위 있는 교육에 더 낫다고 확신했다. 그리고 그는 내가 오랫동안 의구심을 가져왔던 것에 대해 다음과 같이 말해 주었다. "바람은 단지 이쪽에서 저쪽으로 제게 불어올 뿐이에요. 저는 그냥 몸을 맡기죠. 제가 조금이라도 창의적이라면 그것은 이런 모든 탐험을, 특히 아무도 관심을 갖지 않는 상황에서 처음 이 일을 시작한 것이겠죠. 원정을 떠나는 것은 경제적으로 힘든 일이에요. 하지만 저는 그걸 고수하고 싶었어요. 정말 끈질긴 성격이죠. 마야인들의 미스터리를 풀만큼 불타는 열정이 있는 건 아니에요. 저는 그냥 즐기고 싶었어요. 그냥 여기저기 흘러가는 데로 다녔고, 나머지는 끈기가 해결해 주었죠."

'그 나머지'란 돌에 새겨진 것들을 따라 그려 기록하는 이안의 노력을 말한다. 그 돌에서 나머지 부분이 깨졌거나 닳아버렸거나 빼앗겼거나 하지 않았다면 그릴 수 있었을 것의 위치를 조금이나마 알 수 있게 하는 그림, 점, 선, 그리고 명암이 뚜렷한 것들이라면 이안은 모두 그린다. 이 일은 무엇이 새겨져 있는지를 나타내는 작업인 동시에 무엇이 빠져 있는지 파악해 보는 작업이기도 한 것이다. 그가 따라 그린 것들의 정확성은 다들 혀를 내두를 정도이다. 이러한 그림에 시선을 사로잡는 아름다움이 있다는 것은 보너스다. 지하세계의 신들, 심장을 울릴 듯 거침없이 말하는 제사장, 무시무시한 장군 등. 좋은 스탠드와 쉬지 않는 손놀림은 필수이다.

맨 처음에 아무렇게나 뒹굴고 있는 조각을 우연히 발견한 것은 순전히 운이었다. 하지만 실제로 그걸 자세히 보니 그 복잡함을 '알아내는' 것은 운을 북돋는 방법이었다고 이안은 말한다. "만일 제게 창의력에 도움이 되는 게 무엇이냐고 묻는다면, 그것은 무언가를 알아차릴 수 있는 눈, 그리고 그걸 엉망으로 만들지 않도록 주의하면서 가까이 다가가 정확하게 관찰하는 눈을 기르는 것이라고 말할 겁니다." 그렇게만 할 수 있다면 운이라고 부르는 것을 발견할 가능성이 높아질 것이다. 하지만 실제로는 성급한 사람이 미처 관심을 갖지 못했던 것을 단지 알아차리는 것뿐이다. 종종 창의적인 작업에서는 구체적이고, 정확하고, 특별하면서도, 세부적인 디테일을 알아차리는 개인의 능력이 거창한 이론적 관점을 파악하는 것보다 중요하다.

이쯤에서 나는 두 번째 마야 학자인 젊은 데이비드 스튜어트를 불러야겠다. 밖에서는 아주 매력적으로 보이고, 안에서는 매우 엄숙해 보이는 위엄 있는 건축물인 프린스턴 대학 내에 있는 헨리 홀 기숙사 방에서 데이비드를 만났다. 편안한 대학 생활의 자유를 보여주듯 정돈되지 않은 침대와 구겨진 옷들로 늘어져 있는 그곳은 한 방에 세 명이 사용하는 전형적인 기숙사 방이었다. 방에는 1960년대 대학 장식에서나 나올 법한 칙칙한 파랑색 라바램프(유색 액체가 들어 있는 장식용 전기램프)가 있었고, 누군가 스위치를 켰다. 그 램프가 여전히 존재한다는 것, 그리고 벼룩시장에서가 아니라 여기 대학 기숙사 방에 가만히 놓여 있다는 것만으로도 이 램프는 문화적 공예품의 수준으로 고상해 보였다. 스튜어트는 안경을 고쳐 쓰고 운동화 신은 발을 카페트 밑으로 집어넣으면서 인터뷰하는 걸 쑥스러워 했다. 하지만 그는 공예품을 좋아해서 공예품들로 둘러싸인 공간을 만들었다고 설명해 주었다.

대중의 눈에서 데이비드 스튜어트라는 사람은 마야인들의 상형문자의 의미를 해독하는 재능 있는 사람으로 여겨진다. 이 분야의 전문 용어로 말하자면 그는 새겨진 글을 연구하는 사람을 뜻하는 '금석학자'이다.

여러분은 또한 그가 매운 운이 좋다고 말할지도 모르겠다. 물론 그렇기는 하다. 아직도 연구 중인 마야인들의 우주론을 어린 소년 시절에 이미 접할 기회를 가졌으니 말이다. 이는 그에게 다가온 수많은 행운 중 첫 번째 행운이다. 그리고 그가 그림을 볼 수 있는 눈을 가지고 있다는 점, 그리고 좋은 시각 기억을 가지고 있다는 점에서 또한 운이 좋다. 그는 사람들이 거의 이해하지 못하는 마야 작품들을 하나의 양상으로 관련지어 볼 수 있다는 점에서, 그리고 여러 작품에 대한 연결성을 잘 파악한다는 점에서도 운이 좋다. 그리고 그에 관해 고려해 볼 수 있는 또 다른 운은 그의 성격이다. 평범한 얼굴에, 아주 정직하고 친근한 젊은이인 데이비드는 사람들이 주변에 두고 싶어 하는 그런 사람이다. 예이츠의 표현을 빌리자면, 데이비드는 다정하고 교활한 기색이라고는 전혀 없는 사람이자 모든 생물 중 가장 비열한 인간이라는 종족, 그중에서도 나쁜 일을 묵인해 버리고, 잔꾀를 부려 원하는 것을 얻어내고, 자신을 방어하는 무기로 논리를 사용하는 그런 어른으로는 자라지 않을 것 같다.

이 모든 것들이 섞여 데이비드에게 기회가 만들어졌다. 탐험에 참여해 달라는, 글을 써 달라는, 그리고 그에게 이야기를 듣고 싶어 하는 수십 명의 전문가들로부터 보고서를 보내 달라는 요청을 수없이 받았다. 이런 기회들은 보통 자신의 분야에서 경력의 정점에 달했을 때에야 받을 수 있는 것들이다. 하지만 데이비드는 면도할 나이도 채 되기 전에 이런 기회 속에서 고르고 선택해야 했다.

이것을 행복한 우연의 긴 사슬이라고 부를까? 데이비드 스튜어트, 행운의 아이? 그의 삶에서 운의 역할을 부정할 사람은 없다. 그러나 동시에 그러한 운의 일부는 그가 스스로 만든 것이다. 그는 단순히 집중하고 뭔가를 알아내려는 의지를 가지고 행운을 북돋은 것이다.

아직 발견되지는 않았지만, 만약 마야인들에게도 로제타스톤이 존재했다면, 그렇다면 전문가들이 그 새겨진 것들(암호가 아닌 그림)이 실제로 언어였다는 것을 결국 동의하기까지(1960년에 와서야 마침내 동의했다) 그렇게 오랜 시간이 걸리지는 않았을 것이다. 데이비드는 단순히 관찰하고 집중하면서 수백 개의 이미지에 다른 수백 개를 대조해 보면서 상형문자의 의미를 파악해 왔다. 현장에서는 유물을 이용하고 다시 본국으로 돌아 왔을 때는, 사진을 이용하거나 이안 그레이엄이 공들여 본뜬 것을 이용했다.

열린 마음을 가지고 직접 유물들을 접하면서 그는 그림마다 보석으로 장식된 두개골이 조금씩 다르게 보인다는 걸 알아냈고, 왜 그런지 궁금해 했다. 그는 또 어떤 돌의 가장자리에 뭔가 다른 것과 연결된 흔적으로 보이는 회오리 모양을 찾아 연구하기도 했다. 길일까? 아니면 어떤 자국일까? 핏방울일까? 아마 그럴지도 모른다. 하지만 다시 보면 아닌 것 같기도 하다. 그는 다른 상형문자에 비슷한 이미지가 있었던 것을 떠올리고 그 두개골들을 비교해 보았다. 그 의미를 더 잘 추측할 수 있는 자료의 틀이 늘어난 것이다.

충분한 시간을 갖고, 그는 결국 소소한 발견들을 해낼 것이다. 운이 있다면 몇 군데만 살펴보는 것으로도 궁금했던 것에 잘 들어맞는 이미지를 알게 될 것이다. 새로운 관점으로 이 회오리 모양이 마야인들의 삶의 한 측면 즉, 어쩌면 전쟁 이야기이거나 성을 다룬 어떤 이야기를 알아내는 데 서광을 비출지도 모른다. 운은 수호천사로부터 그냥 나오는 걸까? 아닐 것이다. 그걸 알아차리는 것이 운이다.

탯포탯 전략을 낳은 호기심

관심에는 사촌이 있다. 바로 호기심이다. 이 둘은 같은 혈통을 갖고 있다는 걸 알 수 있다. 왜냐하면 하나가 보통 다른 하나를 쫓아가기 때문이다. 호기심이 이끌고 관심이 따라간다. 혹은 그 반대일 수도 있다. 관심이 먼저인 경우다. 희미한 선을 보고 가까이 다가가 더 보려고 애쓴다. 그런 다음 호기심이 생긴다. 그 선들이 다른 여러 가지에 어떤 영향을 끼치는지 궁금해 할 수도 있다. 적절한 타이밍에 그 연결고리를 알아내게 되고 사실관계가 밝혀질 수도 있다. 여러분이 더 적절한 단어를 알지 못한다면, 여러분은 이것을 순전히 운이라고 부를 것이다.

미시간대학교 교정의 한쪽에 자리 잡고 있는 로버트 엑셀로드Robert Axelrod의 깔끔하고 널찍한 사무실에는 상업예술가인 그의 아버지 작품인 유화 그림 두 점이 걸려 있는 것을 제외하고는 완전히 책으로 둘러싸여 있었다. 외모는 젊지만 엑셀로드 박사는 경험 많은 정치학자이자 종신교수다. 그는 또한 재기 발랄하고 열정적이며 호기심 강한 성격이다. 그는 여러 가지에 호기심이 많았지만, 그중에서 어떤 한 가지 궁금증이 수년 동안 그를 사로잡고 있었다. 바로 '강력한 중앙 권력이 없이도 이기주의자들로 가득한 세상에서 협력이라는 게 가능할까? 그렇다면 어떤 조건에서 만들어질 수 있을까?'라고 하는 것이다.

누구나 적어도 한두 명 혹은 스무 명 남짓한 굉장히 이기적인 사람을 알고 있을 것이다. 이름을 말할 필요는 없다. 우리 모두가 이성적이고 신중한 성격의 좋은 가문 사람들이라고 본다면, 공격적이고, 자기 중심적인 이런 야수 같은 사람들과 협력한다는 것은 불가능할 것 같다. 그렇지 않을까? 엑셀로드는 여기에 호기심을 품었다.

한동안 그 문제를 고심하던 그는 '죄수의 딜레마'라고 하는 게임에 관심을 갖게 되었다. 이 게임은 그 문제를 해결하는 데 이상적인 도구일 것 같다고 생각했다. 엑셀로드의 연구에 나오는 용어를 이해하기 위해서 여러분은 그 게임에 대해 조금은 알아야 한다. 이것은 그의 책 《협력의 진화The Evolution of Cooperation》에 잘 설명되어 있다.

우선 두 명의 선수는 진행을 하는 과정에서 일련의 결정에 직면하게 된다. 말하자면 두 상대 나라가 휴전협정을 하는 영예를 누릴지 그렇지 않을지 결정해야 한다. 결정을 하는 매 분기점마다 각 선수는 소위 협력을 할 것인지 아니면 배신을 할 것인지 둘 중의 하나를 선택해야 한다. 이게 바로 실제 우리가 사는 세상에서와 비슷한 방식이다(상대편에 스파이를 심어서 어떻게 할지 몰래 알아내지 않는다면 말이다). 이기고 지는 사람이 있어야 하므로, 이 게임에 점수를 매길 것이다. 각자가 결정한 후 점수는 다음과 같다.

		A 선수	
		협력	배신
B 선수	협력	각 3점	A 5점
			B 0점
	배신	A 0점	벌점
		B 5점	각 1점

딜레마는 이것이다. 만일 둘 다 협력한다면 둘 다 꽤 괜찮은 점수를 받는다. 하지만 둘 다 배신한다면 둘 다 끔찍한 점수를 받는다. 그리고 다른 편이 무엇을 선택하든지, 배신하는 경우는 상대보다 항상 더 나은 보상을 받는다. 엑셀로드가 정리한 바에 따르면 딜레마는 상대편도 완전히 똑같은 논리를 가지고 있다는 것을 깨닫게 되면서 나타난다.

　그렇다면 다시 그가 궁금해 했던 원래 질문으로 돌아가 보자. 어떤 상황에서 이기주의자들은 협력을 이끌어 낼까? 이에 답하기 위해서 엑셀로드 박사는 죄수의 딜레마 게임을 하는 컴퓨터 대회를 생각해 냈다. 이 게임에는 전문적인 게임 이론가와 아마추어 게임 이론가들을 초대해 그들이 선호하는 전략을 써서 대전하도록 했다. 여러 가지 상황들이 있지만 간단히 줄여서 얘기하자면(통계적인 분석, 짝짓기, 컴퓨터 용어 등 다양한 전략으로 가득했다), 핵심적인 우승 전략은 간단했다. 팃포탯^{tit for tat}. 다시 말해서 상대편이 무슨 선택을 하는지에 따라 자신도 같은 선택을 한다는 것이다.

　성격 좋고 마음씨 좋은 엑셀로드 박사조차도 이걸 믿지 않았다. 그는 의아해 했다. 황금률이라니! 내가 대접받고 싶은 만큼 대접하려는 시도가 삶에서 일어날까? 그는 그 게임을 다시 해 보았다. 또 다시 팃포탯 전략이 우승했다.

　이러한 결과를 이용해서, 엑셀로드 박사는 그 게임에서 얻은 정보를 바탕으로 협력의 이론을 만들어 냈다. 불필요한 갈등을 피하라, 엉뚱한 자극이 있는 경우 반응하라, 그 대응 후에 상대를 용서하라, 그리고 상대방이 당신의 입장을 정확히 알 수 있도록 당신의 행동을 분명히 하라. 바로 이 조건이 강력한 중앙 권력이 없어도 이기주의자들의 세상에 정말로 협력이 만들어질 수 있다는 그의 발견에 기초가 되었다. 컴퓨터 게이머의 우연한 결과라고 단순히 치부해 버릴 수도 있는 것을 생각해 낸 놀라운 결론이다.

　그러나 이것은 엑셀로드 박사가 소위 '운 좋게 발견한 것'의 첫 번째일 뿐이다. 호기심이 가득한 그는 이 이론이 외교가 아닌 다른 상황에서도 맞는지 궁금해졌다. 슬프지만 현실에서 일어나는 터무니없는 전쟁의 상황을 한번 보자. 팃포탯 전략이 과연 적과 총을 들고 대치하고 있는 상황에서도 협력을 이끌어 낼 수 있을까?

그 답은 1차 세계대전을 이끌었던 참호전의 공존공영 방식에서 찾을 수 있다. 엑셀로드가 쓴 글을 보면 같은 소부대가 장시간에 걸쳐 서로 마주보며 싸워야 하는 참호전의 고정성 덕분에 전략의 균형이 맞추어 진다. 양쪽 진영은 비록 상부로부터 전투의 직접적인 지시를 전달 받는다 할지라도 다른 편이 똑같이 하는 한 평화를 유지하게 된다.

엑셀로드는 놀라움을 금치 못했다. 그러나 다시금 그의 호기심이 발동했다. 그는 자연선택이론, 진화론, 그리고 자연 평형설과 같은 자연의 공존에 대해서도 궁금해졌다. 상호관계에 기반을 둔 협력의 가설이 과연 자연에서도 작동할까? 자연은 예를 들어, 박테리아나 새 같이 소위 참가자가 그들의 공격적 행동의 중대성을 평가하지 못하는 상황에서도 그의 가설이 적용될까? 생물학자인 친구의 도움으로 엑셀로드는 그 문제를 실험해 보았고, 다시 한 번 그 가설이 맞다는 걸 밝혀냈다.

진실을 알아내려는 로버트 엑셀로드의 호기심에는 끝이 없었다. 다른 사람이었다면 첫 번째 컴퓨터 게임으로 그 일을 잘 해냈다고 하는 주변의 격려에 만족하며 일을 끝냈을 것이다. 하지만 엑셀로드에게는 새로운 발견이 있을 때마다 다른 수십 개의 새로운 질문이 또 나온다. 그리고 그 모든 것에 답을 알아내고 싶어 할 만큼 그는 탐구심이 많다.

어린 시절, 단순한 놀이 유지하기

운을 북돋는 세 번째 요소는 사실 아주 쉬운 것이다. 그것은 빈둥대는 것이다. 운과 빈둥거림과의 관계는 에드워드 드 보노^{Edward de Bono}가 아주 깊이 있게 탐구했다. 그는 삶의 황금기를 창의력을 조사하느라 보낸 심리학자로서 다음과 같은 글을 썼다. "만일 새로운 아이디어를 생각해 내려는 목적이 누군가가 찾지 못한 것을 볼 수 있게 해 주는 것이라면 그것을 가능하게 하는 방법이 있을 지도 모른다. 노는 것이 아마도 가장 이상적인 방법일 것이다. 다만 설계도 하지 않고, 방향도 없이 하는 목적 없는 놀이여야 한다. 마치 세심하게 설계된 실험이 논리적 연구의 길을 따라가는 특징을 갖고 있듯이, 노는 것은 찾아내지 못했던 어떤 현상이 발현될 기회를 넓혀 주는 시도이다. 즉, 노는 것은 가능성을 내포하고 있는 실험인 것이다."

여기에서 얘기하는 놀이는 어떤 종류의 놀이일까?

과거를 떠올려 보자. 오래전 여러분이 아이였을 때, 짐작컨대 여러분은 이 신비로운 세상에 내내 놀라워하며 놀았을 것이다. 마당에서, 혹은 장난감을 가지고, 혹은 친구들과, 혹은 강아지와 함께 말이다. 《이상한 나라의 앨리스》에서 앨리스가 '가정해 보세요'라고 하얀 여왕에게 말했던 것을 기억하시는지. 하얀 여왕은 하루에 30분씩 상상해보는 연습을 했고, 아침식사 전에 여섯 가지나 되는 불가능한 것을 마음속에서 이뤄질 것이라고 믿었다.

언제 그리고 왜 아이들은 노는 걸 멈췄을까? 드 보노는 "놀라운 일이 일어날 수 있는 미지의 곳인 이 세계가 모든 것에 대해 적절히 설명할 수 있는 곳으로 바뀌었을 때"라고 말한다.

미묘한 차이와 다름을 알아챌 수 있는 궁금증과 호기심어린 마음이 없다면 어떤 적절한 설명도 충분하지 않고, 어설픈 가능성에 매달리는 것도 사람들을 헷갈리게 하는 유혹일 뿐이다. 어른이 되었어도 어린 시절 그 단순한 놀이를 유지하는 것은 자신의 창의적 가능성에 문을 열어 두는 것이다. 스스로 즐기는 것은 행운을 불러일으키는 효과적인 방법이다. 인터뷰한 맥아더상 수상자 중 그들이 언급한 본업 이외의 오락거리로 선호하는 것들은 음악 듣기, 미술 감상, 독서, 춤, 아이들과 함께하는 놀이, 여행, 친구 만나기, 그리고 자신이 뭐하는 사람인지 묻지 않고 혹은 맥아더상에 대해 들어본 적도 없는 동네 사람들과 길거리 농구하기 등이다.

그러나 일하면서도 놀 수 있다. 예술가는 재료들을 가지고 논다. 정치학자는 게임이론을 가지고 논다. 연극 감독은 무대장치와 배우들, 대본을 가지고 논다. 작가는 단어를 가지고, 활동가는 전략을 가지고 논다. 그리고 이들 중에 맥아더상 수상자 빌 어윈[Bill Irwin]이 있다. 그는 장난의 대가이며 또 그래야 한다. 왜냐하면 그는 광대로서 훈련을 받았기 때문이다.

놀면서 좋은 아이디어를 얻는 행운

빌 어윈이 자신의 작업실 워크숍에서 가르치는 걸 보는 것은 그 자체로 하나의 연극을 배우는 일이다. 수업하기 한 시간 전에 수업은 이미 시작된다. 그는 자신의 트레이드 마크인 배기 바지를 입고 거대하고 빳빳한 흰 셔츠 위에 맨 멜빵끈을 휙 잡아 올리며 고독하게 서 있다. 오늘 아침 그는 갖고 있는 모자 중에서 부드러운 회색 중절모를 골랐다. 이 모자는 수년간 그의 집 천장 가까이 높은 곳에 빛나는 벽걸이에 걸려 있었다. 그 벽걸이에는 실크모자(서양의 남성 정장용 모자로 모자 통 부분이 높음), 중절모, 터키식 모자, 벼룩시장에서 산 특별한 모자들이 있다. 어떤 상황이라도 거기에 어울리는 각각의 모자를 갖고 있다. 뉴욕에 살면서 느끼는 문제는 공간이 부족하다는 것이다. 특히나 고무로 만든 마른 닭, 거대한 신발, 온갖 모양의 가짜 코, 접을 수 있는 의자, 보기 흉한 가발, 그리고 어마어마하게 긴 플라스틱 스파게티가 가득한 옷장을 가진 젊은 예술가들에게는 특히 그렇다.

그의 작업실에서 나는 소리라고는 닳은 나무 바닥을 부드럽게 울리는 그의 신발 소리와 그가 새로운 발동작을 연습하느라 숫자를 세는 작은 소리가 전부였다. "다섯, 여섯, 일곱, 여덟, 점프! 둘, 셋, 넷…." 그가 동작을 추가하고, 두 걸음 멀리 가고, 팔을 위아래로 흔들고, 주변에 가득한 거울로 자신의 모습을 비춰보면 그 거울 안에 보이는 백여 명의 춤꾼들이 동작을 맞추려고 노력하는 모습이 보인다. 먼저 그는 무릎을 V자 모양으로 구부리고, 그 다음 몸을 쭉 펴는가 하면 다음엔 6피트 정도인 자신의 키를 반으로 줄이면서 논다. 그는 발을 헛디딛는 연습을 하지만 결코 넘어지는 법이 없다. 그런 다음 사지를 완전히 축 늘어뜨리고 실신하듯 쓰러진다.

시간 내에 첫 학생들이 도착했고, 그들은 멀리서 어원의 동작을 따라해 보려고 하지만 그리 쉽지 않다. 그는 몸의 각 부분이 어떻게 움직이는지 이해하고 있었고, 정확히 얼마만큼의 움직임이 그 공간에 어울리는지도 순식간에 알아챘다. 그의 동작은 군더더기가 없었고, 깔끔했으며, 목표가 있고, 여유로웠다. 그는 아무것도 낭비하지 않았다. 그의 구상은 거창하지 않고 깔끔했다. 그리고 여러분이 그의 기이한 행동에 웃음이 나오지 않는다면 여러분은 이미 어원의 고상함에 푹 빠진 것이다.

유머는 빌의 작업에 있어서 많은 부분을 차지한다. 그는 유머를 통해 끊임없이 여러 가지 시도를 해 본다. 사실 그는 편한 마음으로 즐기는 것을 좋아하기 때문에 그의 연기는 기본적으로 전통적인 연기와 동떨어져 있다. 그리고 그는 링글링 브라더스 앤 바움 & 베일리 연기대학에 입학해서 슬랩슈즈를 신고 '탁' 소리를 내는 방법과 넘어지지 않고 45도 각도로 몸을 기울이는 법 그리고 보이지 않은 악마에게 쫓기거나 또는 진공청소기에 빨려 들어가듯이 무대 뒤로 사라지는 연기 등을 배웠다. 트램펄린에서 뛰는 법, 공중으로 뛰어 오르는 법, 저글링, 접시를 돌리기, 코끼리 등에 타기, 불을 삼키는 묘기 등을 배운 곳도 학교였다. 그는 이런 기술에 꽤 소질이 있어서 지금까지도 능숙하게 잘한다. 다만, 맨하탄에서 코끼리 공연을 한다는 것은 흔치 않은 일이고, 불을 삼키는 묘기를 하다가 얼굴에 화상을 입은 이후로 힘들긴 했지만 말이다.

연기학교를 졸업하고 빌은 홀로 자신의 분야를 개척해 나가기 위해 서커스에서 단원으로 오라는 제안을 여러 번 거절했다. 그의 이런 행동을 연극 비평가 멜 구소는 "웨스트포인트(미 육군사관학교)에서 공부하고는 프리랜서 군인이 되겠다고 장교직을 버리는 것과 같은 것"이라고 말했다. 그러나 광대 역할을 하며 연기의 다양한 기술을 익히며 놀고 있을 때 그는 〈여정을 고려해 봤을 때 The Regard of Flight〉라는 협력 작품에 공동 집필과 감독, 출연을 맡게 되었다. 결국 이 작품은 미국에서 가장 권위 있는 극장 여러 곳에서 상연되었으며, 교육텔레비전에도 방영되어 빌은 명성을 얻기 시작했다.

이 작품에서 어윈은 다음 공연을 위해 계속 탐구해야 할 인물을 위한 기초 작업들을 실험했다. 그는 주변 세상과 어울리지 않는 일종의 보통 사람, 이해와 적응, 능숙함과 거리가 있지만 정직하고 약간 어리석은 그런 사람을 그리려고 한다. 보통 사람이라는 꼬리표는 어느 비평가가 붙여 주었다. 그가 보여주는 연기가 그의 언어이다. 그리고 그는 굳이 말로 표현하려 애쓰지 않는다면 움직임이 더 낫다고 생각한다. "완전히 자신만의 것으로 만드는 유일한 방법은 그것에 이름을 붙이지 않는 것이에요. 아마도 그냥 이름을 붙일 수 없는 것도 있을지 모르지만 여러분의 몸이 그걸 조절하도록 해야 해요. 박자에 편안함을 느끼고, 그걸 가지고 놀아야죠. 그래야 보는 힘이 생기고 공연을 즐길 수 있어요."라고 그는 말한다.

정확히 11시에 빌은 과장된 펭귄걸음으로 녹음기 쪽으로 걸어가서 경쾌한 춤곡을 준비하고 여덟 박자만에 다시 벽에 붙은 연습용 가로대로 돌아왔다. "좋아" 그는 소리쳤다. 그리고 스무 명의 열정적인 얼굴들이 주위로 모여들었다. 이제 두 시간 동안 빌은 그들을 자신의 감각에 흠뻑 젖게 하고 공연예술에서 그가 가장 자신 있는 보드빌(1890년대 중반부터 1930년대 초까지 미국에서 유행했던 버라이어티 쇼의 일종. 무용수·가수·배우·곡예사·마술사 등이 출연해 각각의 공연을 펼친다) 배우의 기본 요소들을 가르칠 것이다. 동시에 그는 자신의 다음 작품을 준비한다. 막이 오르기 전까지 두 달여 남아 느긋한 편이다. 지금 이 순간, 그는 다양한 생각을 즐기고 있다. 몇 개의 촌극을 연결해 보고, 그걸 또 바꿔

보고, 다시 시도해 보고, 이렇게 놀면서 그는 한두 개의 좋은 아이디어를 얻는 행운을 가지게 될지 모른다.

구경꾼들에게는 촌극이 만들어지는 방식이 우연히 푸른 하늘에 번개가 내리치는 것과 같아 보일지는 모르지만 그건 착각일 뿐이다. 하버드대학의 D.N. 퍼킨스가 지적했다시피, 완전히 새로운 결과를 가져오는 어떤 새로운 길을 극적으로 여는 것이 우연이라고 생각하는 것은 순진한 생각이다. 더 정확하게 우연은 다만 '방향을 바꿔 주거나, 확대시키거나, 날카롭게 하거나, 단순하게 해 준다.' 빌이 우연을 얻을 수 있었던 것은 무엇보다 그가 우연이라는 위치에 자신을 두었기 때문이고, 둘째는 예술적 가치의 잠재력을 알아내려는 목표를 가지고 충분히 집중했기 때문이다.

움직임과 형태, 그리고 구조에 민감한 감각은 그가 하는 일에 도움이 됐다. 뉴욕의 거리를 돌아다니면서 여자 부랑자가 어떻게 흐느적거리며 거리를 걷는지, 한 무리의 사람들이 어떻게 카드 사기꾼 주변에 몰려들어 서로 밀치는지, 혹은 웨이터가 의자에 걸려 넘어질 때 얼굴 표정이 어떤지 유심히 관찰한다. 이런 장면들은 모두 그가 마음속 깊이, 그러나 언제든 필요할 때 꺼낼 수 있게 저장해 두는 동작들이다. 집에서 그는 복도를 오가면서 팔다리를 흐느적거리는 등 자신이 뉴욕 거리를 돌아다니면서 수집한 동작들을 직접 해 보며 논다. 그리고 아침에는 거울을 보며 여러 표정을 지어 보며 작업실에 가면 단원들이 걸려 넘어지거나 비틀거리는 연기, 또는 실신하는 연기를 할 때 어떻게 보여지는지 확인해 본다.

오늘 학생들과 같이하는 작품은 한 번 해보고 싶었던, 그러나 뭔가 모호하고 형태가 갖추어져 있지 않은 아이디어에서 출발한 것이라고 그는 쉬는 시간에 얘기해 주었다. 그의 생각은 이랬다: 아마도 이 작품이 잘 된다면, 관객의 호응이 좋다면, 예산이 적당하다면, 무대가 적당한 형태라면, 마지막에 뭔가를 느끼게 해준다면, 하나 혹은 여러 가지 생각거리를 던져 준다면, 그리고 재미있다면, 그렇다면 아마도 괜찮은 작품이 될 것이다. 이것을 하나의 짤막한 문장으로 표현할 수 있다. "비디오가 어떻게 우리의 삶을 일정 부분 앗아갔는지, 그리고 그것은 무엇을 의미하는지, 그리고 그것을 어떻게 나타낼지를 비디오로 다시 본다면 재미있을 것이라고 생각했다." 바로 그것이다. 장편 길이의 공연 작품에 대한 전체 영감은 그 정도이다. 작품의 나머지 부분은 연습으로 채워진다. 두 달 후 시티센터에서 〈대체로, 뉴욕 Largely/New York〉공연이 시작되었다. 그 아이디어와 구성 표현이 훌륭했고 동시에 짧은 폭소도 자아냈다.

◆ ◆ ◆

한편, 자신의 운을 북돋기 위한 노력은 그만한 가치가 있으며 운은 환영받을 만한 일이라는 것은 당연한 말이다.

맥아더상 수상자이자 언론인인 티나 로젠버그Tina Rogenberg는 다음과 같이 경고한다. "하지만 제가 운에 대해 뭔가 다른 걸 얘기해 볼게요. 소위 행운이라는 것은 세상 사람들이 대체로 생각하는 그런 것이 항상 아닐 수도 있어요."

티나가 맥아더상을 수상할 당시 그녀는 27세였다. 그녀는 〈아틀란틱〉과 〈월간 워싱턴〉을 포함한 유명한 잡지에 아주 탄탄하고 좋은 글을 쓰는 작가였다. 즉시 주변 몇몇 사람들은 어린 나이에 그런 대단한 영광을 받는 것이 작가로서 자연스런 발전에 방해가 될지도 모른다는 우려를 나타냈다. 말하자면, 편집인들은 그녀에게 너무 많은 기대를 할지도 모르고, 그녀는 세상의 이목에 떠밀릴지도 모른다는 것이다. 그리고 다른 젊은 작가들처럼 실수를 하고, 상대적으로 안전한 익명성 속에서 이런저런 시도를 해보고, 자신만의 색깔을 정하고 자신의 목소리를 찾을 만한 넉넉한 여유를 즐기는 것이 그녀에게는 주어지지 않을지도 모른다는 것이다. 티나는 수상을 하게 된 것은 기뻤지만 그 파급효과의 현실을 충분히 인식했다.

빌 어윈도 마찬가지였다. 겨우 34세에 수상을 했으니 꽤 일찍 수상을 한 셈이었다. 젊은 나이에 좋은 직업을 선택했고 영광스런 상을 수상했다는 소식이 알려지자, 모기떼처럼 수많은 언론이 그에게 몰려왔다. 빌은 자신의 익명성을 잃어버리는 게 장기적으로 어떤 결과를 가져올지 궁금했다. 가고 싶지 않은 칵테일 파티에 가서 거기에 나오는 대화에 갇혀 버릴까봐 걱정했고, 매니저로부터 '누군가가 나를 크게 만들고 싶어 하고, 내가 아닌 그 누구도 나를 대신해 줄 수 없는 그런 사람으로 나를 만들고 싶어 하고, 내가 지하철을 포기하고 리무진을 타고 다니며 그 안에서 주스를 홀짝거리는 그런 삶을 살도록 해주고 싶다'는 요청에 시달릴까 두려웠다.

그리고 그는 또한 준비하는 작품의 예산이 얼마나 적은지 그리고 단원들이 얼마나 적은 돈을 받게 될지를 설명해야 하는 일에 일종의 죄책감을 갖고서 워크샵을 진행한다. 젊고 덜 알려진 배우에게 맥아더상 상금은 정말 큰 액수이긴 하다. 어쨌든 빌은 "모든 사람이 항상 제가 점심을 살 거라고 기대해요."라며 한탄스러워 했다.

　그러나 갑작스런 경제적 여유에 젊은 수상자들이 경험하는 다양한 불편함과 달리 경력도 훨씬 많고, 상당히 나이도 있는 수상자들도 여러 가지 부담감을 느낀다. 물론 이런 부담감은 스스로가 만든 것이지만 맥아더 재단은 수상자에게 그 어떤 것도 요구하지 않는다. 다만 비용을 재단에서 전액 지불하는 수상자 재회 날에 참여하지 않는 한 그들을 만나기조차 못하기 때문이다. 하지만 부담감은 모두 똑같다. 이는 무언가를 만들어 내야 한다는, 영리해야 한다는, 가치 있는 일을 해야 한다는, 수상금을 지혜롭게 써야 한다는, 그들 안에 있는 자신감을 정당화해야 한다는, 한동안 공동으로 작업해야 하는 동료들과의 관계를 원만히 해야 한다는 무언의 압력이다.

　티나 로젠버그는 다음과 같이 말했다. "맥아더상을 수상한 그날은 샴페인을 터트리는 날이에요. 하지만 그 다음날 뭔가를 하려고 하는 것은 새로운 종이 위에 타자를 치는 것과 매우 비슷하죠. '이것은 최근에 맥아더상을 수상한 수상자에 의해 쓰여진 아주 놀라운 글입니다.' 그 다음에 무슨 일이 일어날 거라고 생각하세요? 아무 일도 안 일어납니다."

　운의 또 다른 측면에 대한 그녀의 관찰은 맥아더상 수상자들 사이에서 회자되는 아이러니한 불평을 잘 설명해 준다. "이봐, 조. 나 그냥 너에게 맥아더상 수상 축하 전화를 하려고 전화한 거야. 그리고 너무 우울해 하지 마."

e l e v e n

본능과 판단력 사이의 조화

창조의 열기 속에서 여러 가지 결정들은 어떤 식으로 이루어질까? 하나는 본능이다. 섬세하고 연약하고, 서툰 감각이자, 코를 허공에 대고 알 수 없는 탐지기에 철저하게 신뢰를 해야 하는 일이다. 이것은 창조적인 일을 하는 사람들이 한치 앞도 보이지 않는 깜깜한 곳을 탐색할 때 이용하는 방법이며 실패하지는 않을 것이라는 희망으로 위안을 갖는 그런 것이다.

"하지만, 이봐요 랄프 씨, 제 질문에 답을 하지 않는군요. 당신은 어떻게 훌륭한 교향곡을 만들 수 있었죠? '소리에 관한 건축 구조물'이라고 즐겨 부르는 이런 교향곡을 어떻게 만든 거죠?"

점점 강렬해지는 오후 햇살에 빳빳한 갈기 같은, 부스스한 흰머리가 눈부시게 비치는 어느 날, 작곡가 랄프 세이피^{Ralph Shapey}는 크게 껄 껄 웃었다. "오, 이런. 얘기해 볼께요. 믿을지 말지는 당신의 선택이에요. 하지만 사실, 저는 여러 가지 이상하고 말로 정의할 수도 없는 본능적인 감정, 그리고 논리를 뛰어 넘는, 비상식적인 어떤 계시를 받으며 평생을 살아왔어요. 직감이라고도 하죠. 당신이 뭐라고 부르든 그건 중요하지 않아요. 저는 이런 순간을, 작업할 때 일어나는 어떤 본능적인 것이라고 생각해요."

그리고 다른 하나는 판단력이다. 논리적이고 추론 가능하며 이성적인 과정이자, 이해할 만하고, 일관성 있고, 매우 순차적이고, 그리고 무엇보다도 논리적으로 설명할 수 있는 것이 판단력이다.

"하지만, 데릭, 물론 나는 영감이라는 것이 언제, 어디서든 나올 수 있다는 걸 잘 알고 있어요. 하지만 당신이 글을 쓰려고 책상에 앉았을 때, 머릿속에서 들리는 수백 가지의 소리 중에서, 또 마음속에 간직해 둔 수없이 많은 이미지들 중에서 어떤 것이 당신에게 가치가 있을 거라는 걸 어떻게 알 수 있죠?"

캐러비안 출신의 시인이자, 극작가, 수채화가인 데릭 월콧^{Derek Walcott}은 한쪽 눈을 가늘게 뜨고 담배연기를 바라보며 담배를 한 모금 힘껏 빨아들였다. 이 사람에게는 체격보다는 확신에 찬 모습에서 풍기는 견고함과 육중함이 있다. 그는 망설임 없이 확고하게 대답했다. "자 보세요. 이런 식이에요. 전문가는 무엇이 좋고 나쁜지 알죠. 알면 판단할 수 있어요. 시나 연극을 보면서 우린 판단을 하죠. '이건 잘 만든 작품이야, 이건 아니야'라고 말이죠. 저는 이런 걸 말하는 거예요. 하지만 잘 되진 않죠. 형편없는 것이라면 던져 버리세요. 아마추어들이나 그런 걸 지키고 방어하려고 하죠. 전문가는 더 잘 알아요. 그는 자신의 판단력을 이용하니까요."

　생각하는 사람의 마음속에서는 전쟁이 일어나고 있다. 각각은 상대에게 칼을 휘두르고 있다. 본능의 외침은 절박하고, 철학적이고, 심지어 약간은 영적이기까지 하다. '이쪽으로 와, 여기가 좋아. 회의론자들의 말은 듣지 마. 상상력이 없는 운명의 예언자들에게 등을 돌려. 나를 믿어. 나는 항상 너와 함께야. 네 곁에 있는 건 나뿐이야.' 하지만 그 다음엔 판단력이 말한다. '본능이 하는 말 따위는 잊어버려. 현명해져. 그런 어리석음을 치워버리라고 말하는 사람이야말로 자신이 무슨 얘기를 하는지 알고 있는 거야. 게다가 이 증거들을 좀 봐. 저건 말이 안 돼. 저건 비논리적이야. 저건 잘 되지 않을 거야. 그런 걸 시도한다면 굴욕적이고 창피를 당하게 될 거야. 당장 멈춰. 왜 모든 걸 위험에 빠뜨리려고 하지? 분명히 망치고 말거야.'

　창조의 열기 속에서 여러분은 어떤 목소리를 따를 것인가? 모호하고 알 수 없는 본능의 외침? 혹은 신중하고 이성적인 판단력의 충고? 답은 이 둘 중에서 하나를 선택하는 게 아니라 이 둘의 팽팽한 긴장을 조화롭게 유지해야 한다는 것이다. 왜냐하면 둘 다 가치 있고, 둘 다 진실을 드러내기 때문이다. 창의성이 정말 그 자체로 유지되기 위해서는 이 두 가지 상반된 개념의 시너지를 인식하고 이 두 극단적인 개념을 조화롭게 하려는 능력이 필요하다. 이것은 바로 로버트 콜스^{Robert Coles} 박사가 잘 이해하고 있었던 원칙이었다. 그리고 또 그의 삶 자체가 판단력과 본능에 균형을 맞추려는, 혹은 이성에 직감을 더하려는 원칙을 고수했던 삶이었다.

글 쓰는 떠돌이 의사의 본능과 판단력

로버트 콜스는 아동 심리학자이지만 이야기꾼에 더 가깝다. 그의 사무실 책장에 꽂혀 있는 수많은 작품만큼이나 좋은 시적 서술 감각과 인물 묘사 감각을 가지고 있는 이야기꾼이다. 그 작가들 중에는 워커 퍼시, 제임스 메지, 플래너리 오코너, 레오 톨스토이, 레이먼드 챈들러, 그리고 그의 멘토인 윌리엄 칼로스 윌리엄스가 있다. 그가 직접 쓴, 현재 40여 권이 훌쩍 넘는 책들도 보이지는 않지만 벽장 속에 쌓여져 있다. 거기에는 1973년에 퓰리처상을 수상한 《위기의 아이들 Children of Crisis》이라는 5권짜리 시리즈도 있다.

그가 출간한 책과 글을 모은 가장 최근 목록은 거의 43페이지에 달했고, 마지막 번호가 1001번으로 끝난다. 목록의 마지막은 〈뉴리퍼블릭The New Republic〉에 실린 맥아더상 수상자 프레드 와이즈먼의 최신작 〈청각 장애, 시각 장애…Deaf, Blind…〉에 관한 논평이다. 성공이란 것을 하게 되면 세상은 좁아진다. 처음 그가 문학과 의학 두 가지 직업을 갖겠다고 생각하기 훨씬 전부터 그는 자신의 마음을 따라야 할지, 말아야 할지 심각한 고민을 하고 있었다.

성실한 부모 밑에서 자란 콜스 박사는 뉴잉글랜드에서 편안한 어린 시절을 보냈고, 하버드대학를 졸업하고, 컬럼비아대학 의과 대학에 진학했다. 그 후 레지던트로 근무하던 중 국방부의 소집 명령으로 군에 들어가 이곳저곳에서 군의관으로 복무했다. 그는 런던이나 샌프란시스코, 혹은 로스앤젤레스에서 근무하길 희망했다. 왜냐하면 그곳에서는 어떤 새로운 의술을 펼칠 기회가 있었기 때문이다. 하지만 운명은 다른 계획을 가지고 있었고, 그는 미시시피로 보내졌다. 1960년대 초반 당시 이곳은 격렬한 폭력과 심각한 시민 폭동이 있던 곳이었다.

그가 말하길, 어느 날 아주 우연히 루비 브리지스라는 이름의 어린 흑인 아이를 만나게 되었다고 한다. 이 아이는 콜스 박사의 삶에 강력한 영향을 끼쳤다. 당시 콜스 박사는 30대 초반으로, 자신의 재능에 대해 아직은 확신을 갖지 못하고 있었지만 정통 정신의학을 배운 사람으로서 객관성은 유지하고 있었던 젊은이였다. 아마도 당시 그는 자신이 정규 대학교육의 가르침에 따라야 한다고 생각했던 것 같다.

루비는 당시 겨우 6살이었고, 뉴올리언즈에서 백인들이 다니는 공립학교를 다니기 위해 주위 친구들의 강렬한 적개심과 싸워야만 했던 소녀였다. 콜스 박사와 루비는 금새 친구가 되었다. 그리고 루비는 그를 신뢰하게 되었고 다음과 같은 희망과 걱정들을 그에게 이야기했다. 그는 이 내용을 자신의 책《아이들의 윤리적 삶The Moral Life of Children》에 다음과 같이 기록했다.

"저는 제가 그냥 루비란 걸 알아요. 학교를 열심히 다니려고 노력하고 엄마를 도와주기 위해 저보다 어린 동생들을 주말이나 방학 때 항상 돌봐주어야 하는데 그렇지 못할까봐 걱정하는 그런 루비에요. 또한 학교 아이들이 뭐라고 하든지 저는 그 학교를 다녀야만 하고 교실 밖에서도 참고 견디며 학교를 계속 다녀야만 하는 루비란 걸 알고 있죠. 게다가 목사님께서는 하나님께서 자신의 일을 이루기 위해 우리를 선택하셨다는 걸 기억하라고 하셨죠. 그래서 저는 하나님의 루비여야 해요. 그걸 하나님께서 원하신다면요."

이 글은 다른 사람의 말을 귀 기울여 들을 줄 아는 콜스가 기술한 것으로 스트레스를 받는 한 아이가 스스로를 관찰한 이야기이다. 로버트는 본능적으로 그 아이에게 끌렸다. 그는 이 젊고 어린 전사의 강인함에 감동했다. 그 아이가 마주하고 있는 다양한 감정에 그는 깜짝 놀랐다. 그는 자신이 평생 동안 해야 할 일을 찾았다는 걸 직감적으로 느꼈다. 이것은 단순한 논리로는 설명할 수 없는 일종의 눈치에 기반 한 결정이었다. 하지만 마음속 깊은 곳에서 그는 자신의 결정이 옳다는 걸 알고 있었다. 그는 계속 루비와 이야기를 나눴고, 다른 동네 흑인 아이들의 이야기도 듣게 되었다. 물론 KKK 멤버인 백인 아이들의 이야기도 들었다. 노트에 기록해 가면서 말이다. 그는 딥 사우스(미국 최남동부 지역으로 흔히 조지아, 앨라배마, 미시시피, 루지애나, 사우스 캐롤라이나 주를 말함)의 기질과 진흙 강(여기에서는 미시시피를 말함) 문화에 온전히 매료되었다.

콜스 박사 자신은 비록 의사였지만, 그들의 정신적 고통을 증상으로 보고 이 아이들을 '치료하려고' 하지는 않았다. 그가 설명해 놓은 글을 보면, 그가 한 일은 다음과 같다.

"아동정신의학을 하나의 독립적인 분야로 기록하려고 노력했다. 어린아이들이 그들의 정신적 삶 속에서 역사적 위기(학교 내에서 인종 통합)와 사회·경제적 위기(애팔래치아 산에 살던 가족들의 재판과 이주 농장 가족들의 재판), 또는 오래된 인종 문제(알래스카 해안에 사는 에스키모인들과 남서부에 사는 인디언들의 삶의 환경)들을 어떻게 감내하고 있는지 기록하려고 한 것이다. 나는 일상생활에서 드러나는 사람들의 여러 가지 심리를 파악하려고 노력했다. 혼란에 대한 심리, 그리고 혼란에 대처하는 심리, 의심과 두려움이라는 수많은 장애가 있지만 희망을 갖으려는 심리들을 말이다."

이것이 그가 향후 30년 동안 하는 연구를 특징지을 수 있는 일이자 사명이 되었다. 처음에 콜스 박사는 이 일을 문제가 되는 남부 시골 마을로 한정했었다. 미시시피, 루지애나, 조지아, 뉴멕시코, 그리고 애팔래치아의 끝없는 언덕들. 그곳에서 그는 이주 아동들과 소작인들, 산에 사는 소년들과 인디언들의 삶 속으로 들어갔다. 그들의 이야기에 그는 흥미를 가졌고, 그들에게 자신의 이야기도 들려주었다. 서로 이야기를 주고받아야지만 다른 사람에 대해 알 수 있고, 믿을 수 있다는 그의 신념에 따른 것이다.

그는 나중에 지평을 넓혀, 남아프리카, 북아일랜드, 캐나다 북부, 브라질, 니카라과, 폴란드, 그리고 동남아시아를 다녔다. 윤리적이고 도덕적이며, 경제적이고 정치적인 문제로 고통 받고 있는 아이들이 있는 곳이라면 어디든지, 콜스는 한동안 그곳에 머물러 아이들의 이야기를 듣는다. 그는 이 아이들과 그 부모들을 '환자'나 '질병사례'로 여기지 않는다. 오히려 그들을 자신들의 잘못도 아닌 가난과 무지라는 좋지 않은 여건에 얽매여 마음에 심각한 문제를 가진 사람들이라고 여긴다. 그는 자신이 모은 정보를 '자료'나 '데이터'로 생각하지 않고 기록물이자 이야기로 생각한다. 그는 만나는 사람들에게 절대로 중대한 질문들을 많이 물어보지 않는다.

"처음에는 그냥 다들 제가 이 일을 하는 데 완전히 미쳐 있다고 생각했어요." 그는 길고 높은 목소리인 완전한 보스턴 말투로 당시를 떠올리며 이야기했다. 콜스 박사의 목소리는 너무 작아서 듣는 사람이 그의 거칠고 뚝뚝 끊어지는 소리를 알아듣기 위해서는 몸을 앞으로 기울여야만 했다. 우리는 하버드대에 있는 그의 사무실에서 만났다. 그곳은 바로 프랭클린 루스벨트가 학부시절을 보낸 바로 그 공간이었다. 이렇게 자신의 초기 기억을 더듬어 가면서 콜스 박사는 평생의 직업을 만들어 낸 본능과 판단이 경쟁을 벌였던 당시를 재구성해 보려고 열심히 노력했다.

"우선은 옳은 일을 한다고 느꼈어요. 다른 한편으로는 모든 사람들이 나를 미쳤다고 생각했지요. 저의 선생님은 제가 힘들게 배운 것을 그냥 낭비하고 있다고 생각하셨어요. 제 친구들은 제가 뭘 하고 있는지 이해하지 못했어요. 도대체 정신의학이 무슨 소용이 있냐고, 저의 의학 공부에 아무런 가치도 없다고 여기셨던 아버지조차도 어쩔 줄 몰라 하시면서 제가 다시 정신의학을 해야 한다고 저를 강력하게 설득하셨어요. 저는 이곳 하버드에 있는 사람들로부터도 똑같은 충고를 받았어요. 그냥 정신의학을 공부 하라고 말이죠."

그가 아주 특이한 삶을 살게 된 것은 당연한 일이다. 대부분 갓 의사가 된 이들은 일찍 결혼해서 곧바로 직업 전선으로 뛰어들어 가정에 정착을 한다. 특히 아이가 태어나면 더욱 그렇다. 콜스 박사는 그런 평범한 삶을 살지 않았다. 그와 그의 부인 제인은 살림살이들을 창고에 넣어두고, 스테이션 웨건(아마도 옛날 스투드베이커사의 라크라는 차였을 것이다)에 약간의 짐만을 싣고 다녔다. 글 쓰는 떠돌이 의사인 콜스 박사는 힘없는 사람들과 추방당한 사람들에게 관심을 기울이면서 지구 상에서 불미스런 일이 생긴 곳이라면 어디든 이곳에서 저곳으로 떠돌아다녔다.

그의 세 아들 중 첫째가 태어난 후에 그는 가능한 한 아끼면서 여전히 같은 삶을 살았다. 얼마 후 그의 다른 아들들이 태어났지만 전 세계를 돌아다니는 일을 멈추지는 않았다. 그렇게 수년이 지나고 그는 주류 보스턴 의대에서 훨씬 안정적이고 상당히 좋은 자리를 제안 받았지만, 그는 여전히 자신이 하던 연구를 계속하고 싶었다. 즉 의사와 시인과 기록하는 사람 사이를 오가면서 사람의 마음을 사로잡는 탁월한 묘사력으로 그의 발견을 기록하는 것이다. 하버드대에서 하는 그의 수업조차도 이야기 중심으로 그렇게 혼재되어 있었다. 그는 법대 학생들과 디킨스를 읽는 수업을 진행했고, 신학대 학생들에게는 신의 영광에 관한 플래너리 오코너의 글들을 읽고 토론해 보도록 했다. 그리고 경영대 학생들에게는 탐욕스런 영웅들의 이야기를 가지고 자유롭게 수업했고, 의대 학생들에게는 안톤 체호프, 실비아 플라스, 토마스 만, 그리고 자신의 위대한 친구인 윌리엄 칼로스의 작품 속에 흠뻑 빠져들도록 수업했다.

그의 회상을 들어보면 로버트 콜스의 삶이 어떻게 그렇게 결실이 가득하게 되었는지, 어떻게 그렇게 창의적으로 의학과 문학의 조화를 이루어 냈는지(거기에는 그의 사회적 책임감 또한 잘 용해되어 있다)를 알아내는 것은 아마도 그리 어렵지 않을 것이다. 지나고 나면 모든 것이 수월하게 느껴지고 우리 모두는 각자 다 천재로 보인다. 그렇지만 처음에는 본능이 어떤 한 가지 것만 알려 주었고 판단력이라는 냉정하고 견고하며 날카로운 것은 또 다른 하나만을 나타내 주었다.

그래서 나는 물었다. "하지만 콜스 박사님, 특히나 모든 사람들이 박사님을 미쳤다고 하는 상황에서 어떻게 그렇게 평생의 일을 찾았다고 확신하셨나요?"

그는 잠시 멈추었다가 다시 신중하게 말했다. "전 그냥 알았어요. 제 마음속에서부터 알고 있었죠. 저는 본능을 믿고 어떻게 이런 동네들을 가는지 알아요. 또한, 이 아이들과 어떻게 얘기를 나눠야 하는지, 그리고 어떻게 그들과 함께 그림을 그려야 할지도 알죠. 어떻게 그들의 부모님과 함께 얘기를 나눠야 하는지도, 그리고 어떻게 그들과 함께 먹고 마시는 지도 알아요. 저는 제가 알게 된 것들에 놀라움을 금치 못하죠. 저는 완전히 이 일에 매료되었고 그러자 자신감이 생기기 시작했어요. 다만 이렇게 말할 수 있을 것 같아요. 저는 능숙해졌을 뿐이라고요. 저는 이 일을 어떻게 해야 할지 알고 있고, 이 일을 '사랑'할 뿐이에요."

계속 질문을 이어갔다.

"박사님께서는 스스로 정통 의학으로부터 그렇게 떠나신 걸 어떻게 정당화하셨어요? 그리고 그 방향으로 가면 뭔가에 이를지도 모른다는 걸 어떻게 확신할 수 있었죠? 아이들의 두서없는 이야기를 좋은 목적으로 바꿀 생각은 어떻게 하셨어요?"

이 질문에서 그는 미소를 지었다. "저는 비난에 귀를 기울이지도 않았고, 저를 사회학자나 인류학자, 혹은 의사가 아닌 다른 무엇으로 분류하려고 하는 사람들의 말도 듣지 않았어요. 저는 저의 판단만을 믿고 따랐어요. 저는 제가 받은 교육에서 몇 가지는 따르고 싶지 않았어요. 특히 끔찍한 환원주의자들의 멋들어진 그 모든 말과 의학이 붙잡고 있는, 그러면서 학생들에게 강요하고 있는 그런 깔끔해 보이는 꼬리표, 이런 것들 말이죠. 하지만 의학에서 배운 것들이 제 일에 필요한 것도 있었죠. 저는 그런 것들은 유지하려고 노력했어요. 그리고 이 일을 하면서 여러 가지 다른 기술들을 배울 필요가 있었어요. 저는 제 일을 믿었고 중요하다고 생각했어요. 물론 이 일은 제 평생에 다 완수할 수는 없을 테지만요."

본능이 제공하는 것은 눈치, 간절한 욕구, 갈망, 흐릿한 가능성들이다. 판단력이 제공하는 것은 구조, 평가, 형태, 목적이다. 이 두 가지를 병행한다면 여러분은 자신의 작고 당당한 기회의 꽃봉오리를 창의성이라는 꽃으로 피울 수 있는 정점으로까지 이끌 수 있는 그 기회를 잡기 시작하는 것이다. 이것이 바로 콜스 박사의 경우에 도덕적 상상력이라는 강력한 처방으로 만들어낸 결합이다.

'진행 중인 일'이라는 말이 갖고 있는 마법

비록 콜스 박사가 그의 마음속에서 상충하는 긴장을 조화롭게 하는 놀라운 재능을 가지고 있었다고는 하지만, 이런 능력을 가진 사람이 그 혼자만은 아니다. 맥아더상 수상자들 안에서도 그런 경우는 일일이 열거하기 힘들 정도로 많다.

영화감독 프레드 와이즈먼은 본능에 따라 여기저기에서 영상을 찍고 또 다른 곳으로 가서 더 찍는다. 판단력은 그가 90시간짜리 필름을 두 시간으로 편집하는 과정에서 필요하다.

커크 버네도가 특정 예술가의 작품에 관심을 갖게 된 것은 아마도 본능일 것이다. 그리고 그 작품에 대한 해석에 영향을 주는 것이 바로 판단력이다. 어찌됐건, 그는 뉴욕현대미술관이 어떤 작품을 구입해야 하는지 판단하는 것, 그리고 그렇게 구입한 작품을 가장 의미 있고 많은 이들의 관심을 끌 수 있도록 어떻게 전시해야 하는지 결정하는 것은 판단력이 될 것이다.

독학으로 공부한 예술사학자 헨리 크라우스가 올바른 해석이라고 학계에 널리 알려진 노트르담 성당 내부에 있는 판넬화 해설을 의심한 것은 본능 때문이었을 것이다. 그가 옳다는 걸 증명하기 위해 증거를 수집하는 방식에는 판단력이 작용했다.

본능은 창조 작업을 하는 이에게 일련의 다양한 가능성을 나타내 준다. 반면, 판단력은 그중에서 어떤 선택을 해야 할지를 알려 준다. 유용한 것은 그대로 두고, 어수선하게 하는 것, 산만하게 만드는 것, 마음속에 잡음을 일으키는 것을 어떻게 치워버려야 하는지를 알려주는 것이 판단력이다.

그러나 밀물과 썰물처럼 이 두 가지가 서로 밀고 당기는 것을 창조적인 사람이라면 어떻게 조절할 수 있을까? 자신의 본성 안에 있는 이 두 가지 속성들이 난투를 벌이고 부조화를 가져오는 상황을 수습하려면 어떤 방법을 생각해야 할까?

본능이라는 측면에서, 맥아더상 수상자들로부터 얻었던 최고의 충고는 그것을 알아내는 법을 배우고 믿으라는 것이다. 비록 그럴듯하거나 깔끔하게 잘 정돈된 말로 설명할 수는 없다 하더라도 말이다. 이러한 노력을 가능하게 할 수 있는 실제적인 방법은 본능을 계발하는 일을 평생 동안 해야 하고, 자신의 분야에 대한 확고한 지식에 뿌리를 두고 있어야 한다는 점을 명심해야 한다는 것이다.

반면, 판단력의 측면에서 보자면, 그 충고라고 하는 것은 좀 더 구체적으로 제시되고 타이밍의 문제로 바뀌게 된다. 예를 들어, 너무 일찍 판단해 버리면, 본능으로부터 혹은 심지어 더 막연한 자극으로부터 나오는 새롭고, 불완전하고, 깨지기 쉬운 사고가 무르익을 기회, 그리고 정밀한 조사를 통과해 낼 기회를 갖기도 전에 일을 그르칠지도 모른다.

이것은 좋은 충고지만, 그에 따르는 문제점이 있다. 서양 문화는 판단력을 아주 큰 가치로 여긴다. 부모로서 우리는 아이들에게 옳고 그름을 너무 자주 주입하려고 한다. 일터에서는 흔들림 없는 리더십이야말로 가장 효율적인 것이라고 믿는다. 우리는 공동체의 일원으로서, 나라의 시민으로서, 끊임없이 '가' 또는 '나'에 투표하라는, 혹은 장단점 중, 혹은 '예' 또는 '아니요' 중 하나를 선택하라는 요구를 받는다. 둘 다일 수는 없다. 중간에서 망설이면서 시간을 흘려보낸다면 사람들은 그를 약하다고 생각한다. 우유부단함은 가치 없는 것으로 여겨진다.

일을 하는 과정에서 그 일의 장점과 가능성을 판단하게 되는 때가 언제여야 하는지를 아는 것은 쉽지 않다. 하지만 이런 어려움을 극복할 수 있는 간단한 방법이 하나 있다. 이것은 맥아더상 수상자들과의 인터뷰 과정에서 알게 된 것이다. 자신이 갖고 있는 그 어려움을 '진행 중인 일work-in-progress'로 생각하는 것이다. 다시 말해, 끊임없는 창의적 과정 속에서 일시적인 휴식을 갖는 부분이라고 여기는 것이다.

이 '진행 중인 일'이라는 긍정적인 말이 갖고 있는 마법은 자유로움이라는 좋은 느낌을 선사한다. 여러분이 만일 각각의 프로젝트를 창조적인 일이라는 연속체의 일부로 생각한다면, 결정을 내리거나 끝을 내는 일, 끝났다고 생각하고 다른 것으로 넘어가는 일이 훨씬 쉬워질 것이다. 마치 창작자가 스스로에게 다음과 같이 말하는 것과 같다. "그래, 이 프로젝트를 완벽하게 만들기 위해서는 몇 달을 더 고민해야겠군. 그런 다음 더 많이 일하면 돼. 하지만 대신에 나는 이걸 '진행 중인 일'이라고 생각하고 다음 프로젝트에서도 계속 그렇게 할 거야. 그렇게 탄탄한 기반 위에서 일해야 내가 처음 시작했을 때 마음속에 생각했던 것에 훨씬 더 가까워지고, 훨씬 더 나아질 거야."

'진행 중인 일'이라는 말은 내가 인터뷰하는 동안 여러 다양한 맥락에서 수없이 많이 거론되었다. 연극 배우 어윈은 자신의 오리지널 공연들을 다 '진행 중인 일'이라고 불렀다. 그의 프로그램 노트에서도 적지 않게 기술되어 있듯이 작품들의 제목조차도 그 불완전성을 그대로 드러내고 있다. 〈아주 조금At the Very Least〉, 〈아직은Still Not Quite〉, 〈아직, 뉴욕Not Quite/New York〉, 〈어떤 면에서는In Some Regard〉, 그리고 〈대체로, 뉴욕Largely/New York〉.

다른 예술가들도, 특히 그중에서도 시인이자 극작가인 데릭 월콧, 시인이자 소설가인 브레드 리소우서, 그리고 연극감독인 피터 셀라스 등은 아마도 그들이 기대했던 것에 미치지 못하는 뭔가에 정착해야 하는 느낌에 대해, 특정한 작업을 하게 만드는 느낌에 대해 그렇게 언급했다. 그리고 처음 프로젝트를 시작할 때 흐릿하게 마음속에 그렸던 것과 마지막에 만들어진 것 사이의 간격을 다음에는 줄일 수 있을 거라는 바람을 하는 것으로 '진행 중인 일'을 언급했다. '과학'이라는 분야에서도 마찬가지이다. 과학에서 '사실'이라고 여겨지는 것은 다른 발견, 즉 다른 해석이 나오기 전까지만 일시적으로 머물 뿐이다. 그러니 과학이건 예술이건 간에 일이 끝났다는 판단은 최종적인

것을 표현하는 것이라기보다는 창조적인 과정에서 연속되는 일의 한

과정으로 보는 것이 맞을 것이다.

UNCOMMON GENIUS
How Great Ideas Are Born

절망과 고독, 광기와 사소함

애드거 앨런 포는 약물 중독자였다. 아이작 뉴턴과 에즈라 파운드는 정신분열증이 있었다. 반 고흐는 정신 질환자였다. 창의력과 광기 사이에는 어떤 관계가 있을까? 물론 창의력에 관한 연구에서 이 문제만큼 널리, 그리고 감정적으로 논쟁해 온 문제는 없을 것이다.

T.S. 앨리어트는 신경쇠약으로 고생했다. 젊은 시절 앨버트 아인슈타인도 그랬다. 그는 회복되기는 했지만 어른이 되어서도 여전히 알아채지 못할 정도로 약하게, 아주 가끔 신경쇠약 증상이 나타났다. 다윈은 조울증으로 고생했고, 잭 런던도 그랬다. 그는 40세에 자신의 힘든 삶에 지쳐 수면제 과다 복용으로 죽었다. 창조적 본능이 정신의 그늘이자 세상의 더 어두운 힘들로부터 적어도 부분적으로 나온다고 생각한다면 얼마나 편했을까? 그러한 믿음이 안식처, 위안, 변명, 구

원을 제공할 수도 있었는데 말이다.

로버트 프로스트와 마크 트웨인은 둘 다 우울증을 앓았다. 버지니아 울프는 자살했다. 베토벤은 출판사를 속이기도 했고, 바이런처럼 성생활도 문란했다. 와그너는 이기적인 반유대주의자였다.

오만함, 성급함, 잔인함, 탐욕, 불결함. 창의적 천재라고 주장함으로써 그러한 행동에서 기인하는 해악을 덮어 버리기는 쉽다.

하이든은 마침내 그의 부인이 죽자, 바로 그날 여자 친구에게 자신이 얼마나 기쁜지 편지에 썼다. 피카소는, 사람들의 주장에 따르면, 여성을 학대했고 프로이트는 남성을 억압했다고 한다. 차이코프스키와 제임스 애지는 끝까지 자신을 드러내지 않았고, 스스로를 혹독하게 비판했다. 우리의 천재들은 이렇게 쉽게 말할 수 있을 것이다. '내 탓이로소이다. 하지만 아시다시피 내 안에 있는 악마를 어쩔 수 없소.' 그리고 만일 더 많은 증거가 필요하다면, 이 천재들과 함께 배회하는 불안정한 유령들의 긴 명단을 줄줄이 말하기만 하면 된다.

광기와 창의성이 연결되어 있다는 생각은 오랫동안 사람들이 믿어 온 이야기이다. 이것은 어느 한순간 우리 각자도 우리 안에 광인이 있지는 않을까 의심해 본 적이 있다는 사실에 일부 기인한 것일지도 모른다. 이것은 적어도 고대 그리스부터 존재해 왔던 생각이다. 고대 그리스인들은 창의력이 신의 힘으로 얻어지는 것이라는 믿음으로 진보를 거듭했던 사람들이다. 교묘한 이야기이자 신성한 영감이다. 그걸로 충분하다. 그리고 인간은 불안정하게 영감이라는 고상한 상태에 매달린 채 온전한 정신의 모서리에 서 있다. 신의 섭리가 지나치며 광기라는 심연 속으로 떨어져 버릴 것이다.

오늘날 인지 과학자들이 창의력과 광기의 문제를 다루면서 새로운 연구 결과들을 내놓고 있다. 과학자들은 그 질문을 그만 두려고 노력 했지만 결과는 정반대다. 〈사이콜로지 투데이〉의 1987년 4월호에서 는 15년간의 연구 보고서를 싣고, 이 둘은 분명히 연관관계가 있다는 주장에 대한 논의를 펼쳤다. 그리고 '조울증은 일반인들이 경험하지 못할 강도와 다양함으로 창의적인 사람들에게서 쉽게 나타나는 경향 이 있다'고도 결론 내렸다. 그 보고서의 전반적인 내용은 앞서 있었던 연구 결과에 부합하는 자료를 보여주고 있다. 그 앞선 연구라는 것은 1983년 영국의 심리학자 케이 R. 제임슨에 의해 진행된 연구로, 이 연구에 따르면 47명의 영국 내 최고의 예술가와 작가들을 조사한 결 과 대략 38%가 정서 장애를 호소하며 치료가 필요하다는 결과가 나 왔다. 이 비율은 일반인보다 3배가량 높은 비율이다.

한편, 〈뉴욕 타임즈〉는 1988년 9월에 있었던 한 연구에 주목했다. 이 연구는 광기와 창의력의 관계가 천재 본인에게만 문제가 되는 것 이 아니라, 그의 형제자매들도 여러 형태의 심리적 장애로 고통을 받 는 경향이 있다고 주장했다.

어떤 것을 믿어야 할지 알기 어렵다. 광인과 창의적인 사람 둘 다 색다른 생각을 선호하고, 절망과 고독을 자주 예민하게 느낀다는 점 이상의 관련은 없다는 증거들도 있다. 이것은 우리에게 아주 깊은 통 찰력까지 주지는 못하지만 많은 것을 보여준다.

창의적이기 위해 사람들은 어려움을 받아들여야 하고 고통스런 삶 을 예상해야 할까? '위대한 사람들은 광기와 동맹해야만 할까?'라고 하는 드라이든의 말은 옳은 걸까? 증거는 아직 확실하지 않다. 하지만 어느 정도는 분명하다. 맥아더상 수상자들은 창의적인 정신과 훌륭한 아이디어, 그리고 현명한 사고로 가득하지만 그들 중 누구도(적어도 내가 이야기를 나눴던 40명의 수상자 중 단 한 명도) 그들의 온전한 정신을 충분히 증명하는 데 어려움을 갖고 있지는 않았다. 그러나 동시에, 창의적인 사람들은 당연히 고요하고 쾌적하며 정서적으로 안정되고, 단순한 삶을 살아야 한다는 인상을 여러분에게 남기는 것이 옳은 일인지는 모르겠다. 예를 들어, 미국 중서부 지역 출신으로 사람들과 교류를 싫어하는 랄프 셰이피를 한 번 보자.

나는 그들의 무덤에서 춤을 출거야

맥아더상 수상자인 랄프 셰이피는 작곡가로서는 특이하게 시카고에 산다. 뉴욕, 런던, 비엔나, 로스앤젤레스, 보스턴. 이런 도시들이 작곡가에게 더 잘 어울리는데도 말이다. 하지만 셰이피에게 시카고는 힘 있는 엘리트 음악계로 들어가기 위해 그가 겪어야 했던 여러 가지 폭풍우로부터 스스로를 안전하게 해 주는 피난처이다.

미시간 주 호숫가 근처 18층 높이에 있는 그의 아파트 현관에는 그의 전 부인 중 한 명인 화가 베라 클레멘트가 그린 실물 크기의 초상화가 걸려 있다. 좀처럼 그렇게 큰 사람이 취하기 힘든 구부정한 자세를 하고 있는 그림이다. 그의 눈은 화난 듯 눈썹을 치켜 올린 채, 초점을 잃어버린 듯하고, 입은 삐죽삐죽하게, 으르렁대듯, 검은 구멍처럼 벌리고 있고, 손은 거만하게 주머니에 찔러 넣은 모습이다. 셰이피는 이 모습을 '꺼져 자세'라고 부른다. 이 그림을 본 사람이라면 그가 시카고에 사는 게 이해가 될 것이다. 그는 무시 받는 대가이자, 오해 받는 마

에스트로, 분노한 외톨이이다. 더 인구가 많고, 유서 깊은 도시에서
는 작곡가들이 최고의 자리를 차지하기 위해 경쟁해야 한다. 하지만
시카고에서는 단호한 성격의 아웃사이더인 셰이피뿐이다.

베라 클레멘트는 셰이피의 두 번째 부인이었다. 첫 번째 부인은 병
약한 실비아였다. 베라와 헤어진 후 1985년에 그는 현재의 부인인 사
랑스런 금발의 엘사 샤를스톤을 만났다. 나긋나긋한 목소리를 가진
소프라노 성악가인 엘사는 셰이피의 수많은 녹음 곡 중 몇 곡을 솔로
로 불렀다. 웃는 인상의 그녀는 아침식사 때 셰이피에게 한 줌의 비
타민을 챙겨주고, 그가 스케줄을 맞출 수 있도록 알려 주고, 그의 불
안을 달래주고, 그의 보청기에 건전지를 교체해 주는 그런 잔심부름
도 말 없이 하는 여인이다. 무엇보다도 그녀는 그가 수업과 리허설
의 바쁜 일정을 미리 볼 수 있도록 출입문에 일정표를 붙여 놓을 정
도로 세심하다.

그는 보청기에 새로운 건전지를 넣어 보았지만 작동이 되지 않았
다. "또 하나의 지랄 맞은 일이군. 이게 삶인거죠, 그렇지 않나요?"
그는 굵고 쉰 목소리로 욕을 하면서 건전지를 던져버렸다.

셰이피는 또한 시카고대학에서 학생들을 가르친다. 수십 년 전, 뉴
욕을 떠나올 때부터 그가 스스로를 위해 찾은 안정된 일자리이다. 강
의실의 모든 눈동자는 그를 향해 있다. 그의 모습 자체만으로도 학생
들의 시선을 끈다. 뒤로 넘겨진 흰 머리카락은 곱슬머리로 마치 구릿
빛 사진으로 남아 있는 유럽의 작곡가들처럼 헝클어져 있고, 긴 회색
수염이 있는 얼굴은 딱딱하게 굳어 있고, 뚫어질 듯 노려보는 인상은
학생들에게 강렬한 인상을 준다. 그리고 그는 시가를 꽉 물고 있다.

그는 강의실 앞에 꼿꼿하게 서서 강의를 시작했다. 정치·공연·작곡에 대한 그의 깊은 통찰력을 보여주는 훌륭한 강의에서는 지나치게 짠 양념처럼 고래고래 소리를 지르고 열변을 쏟아낸다. 그는 좀처럼 연습을 끝내지 않는 것으로 유명했다. 학생들 손에 과제물을 던져 버리고, 노력이 너무 부족하다며 역겨워하면서 펄쩍펄쩍 뛰기도 한다. 이제 거의 70세가 된 그는 보기와 다르게 건장하며, 결의에 찬 오자형 다리를 하고 수탉처럼 강의실에 서 있다.

그가 전해 주는 상당한 양의 지식을 흡수해야 하는 것과는 별개로, 학생들은 그의 기이한 스타일과 어떤 것에도 좀처럼 복종하지 않는 자유로움, 그의 능숙한 신성모독, 그리고 활기 넘치는 모습, 존재 자체에 대한 분노, 이런 것들에 감탄하는 것 같다. 학생들은 모두 셰이피에 관한 개인적인 이야깃거리를 가지고 있다. 다들 그의 어떤 특정 행동이나 과장된 말을 기억하기는 하지만 그에 대한 각별한 애정을 가지고 있다는 걸 알 수 있다. 마찬가지로, 그도 학생들에게 지독하게 충실하고 그가 할 수 있는 모든 도움을 주려고 헌신한다.

그는 거칠고 갈라진 목소리로 이야기한다. "하지만 그들이 작곡가가 될 사람의 쓰라린 운명에 대해 불평하면서 내게 올 때면 나는 그들에게 말하지. '썩 꺼져버려! 네가 도대체 '가난'에 대해, '문제'에 대해, '운'을 얻지 못하는 것에 대해 뭘 알지? 나는 네가 알게 될 것보다 훨씬 더 많이 알고 있지. 그러니 내 방에서 썩 꺼져버려!'"

이것은 사실이다. 그는 고독과 절망에 대해 정말 많이 알고 있다. 그리고 그게 셰이피를 항상 분노하게 만들었고, 심지어 몇몇 사람들이 의심하듯, 그를 완전히 미치게 만들기도 했다. 문제는 셰이피가 클래식 음악계의 주류와 상반되는 움직임을 보이면서 평생을 보냈다는 것이다. 한 가지 이유는 그가 20세기 작곡가들 중 거의 연주되지 않는 작품들을 옹호했다는 점 때문이다. 관객들은 그런 작품들을 참지 못했음에도 불구하고 이로 인해 그 작곡가들은 그에게 영원히 깊은 감사를 표해야 할 것이다. 또 다른 이유로는 그 자신도 또한 매우 어려운 현대 음악을 작곡했다는 점 때문이다. 이것은 그가 어려운 걸 시도하기 위해서가 아니라, 평범하고, 단순하고, 직설적인 멜로디는 그에게 별로 흥미가 없었기 때문이다. 왜냐하면 그런 것들은 쉽게 따라 부를 수 있기 때문이다. 그리고 셰이피가 하고 싶은 음악은 그걸 뛰어 넘어 아직 이해할 수 없는 걸 표현하고 평범한 순간을 초월하는 것이다. 이것은 예술가로서는 해결하기 어려운 협상이다.

셰이피에게 음악은 미의 세계이자, 진실의 공간이고, 평화의 순간이다. 그의 음악은 유행의 변화에 영향을 받지 않고 탄탄한 지적 힘으로부터 나온 강력한 개인적 비전을 나타내고 있다. 작업하는 동안 그는 어머니인 대지와 연결된 탯줄을 자르고, 온갖 추함으로부터 떨어져 나와 온전한 감각을, 완전한 고요를, 논리의 분별을, 천상의 기쁨을 나타내주는 차원으로 음악을 만들어 낸다. 이것이 바로 셰이피가 자신의 음악을 만드는 방식이다. 그러나 불행하게도 대부분의 청중들은 그렇게 듣지 않는다.

소파에 웅크리고 앉아 셰이피의 작품을 듣고 있으면 여러분은 차갑고, 날카롭고, 때로는 무미건조한 소리와 마주하기도 하고, 때로는 망치로 치는 듯한, 끌로 미는 듯 한 소리, 거칠고 황량한, 무질서하거나 열광하는 듯 한 소리와 마주할 때도 있다. 여러분의 감정에 따라 절박하고, 거칠고, 비난하는 것 같고, 용서할 수 없는 듯 하고, 수수께끼 같은, 고집 센 느낌이 들기도 할 것이다. 그리고 이제야 다시금 서정적인 한 악절로, 로맨틱한 후렴구로, 좋은 선율이 지나가는 순간을 맞으면서 우리는 편안함을 느낀다. 그의 음악을 접하는 사람들이 보이는 첫 번째 반응은 소외된 느낌이다. 듣는 이가 허밍으로라도 따라 할 수 있을 만한 편안한 멜로디조차도 없는 그런 느낌이다. 하지만 두 번째 반응은 셰이퍼의 음악은 귀에 거슬리는 전투적인 무조주의(화음을 전혀 맞추지 않은) 음악으로서, 어떤 정의할 수 없는 인간의 절망과 형언할 수 없는 것들의 서사적 욕망을 표현한다는 걸 알게 된다.

이렇게 형상화 된 음악은 그가 의도한 것이다. 셰이퍼 자신은 그의 작품을 '아로새겨진 형상들'이라고 부르길 좋아한다. 이렇게 함으로써 음악은 어떤 '건축적 형태'를 띠듯이 아주 구조적이고 구체적으로 인식될 수 있다는 것이다. 그는 다음과 같이 설명했다. "이런 식이에요, 데니스. 빠바바밤~. 이게 뭔지 알죠? 아마 알 거에요. 모른다면, 유감이군요. 좋은 작품이죠. 그렇지 않나요? 하지만 이게 뭘 의미할까요? 이건 누구나 쓸 수 있을 정도로 아주 간단하죠. 그렇지 않아요? 그렇다면 그 힘의 비밀이 뭘까요? 제가 말해 줄께요. 그건 돌에 새겨지는 것 같은 거에요. 그건 각인된 이미지죠. 그렇다면 결국, 추상적인 걸 제외하고 천재가 기초를 탄탄하게 해서 구체적으로 아주 구체적이어서 손에 잡힐 수 있을 정도로 만들어야 하는 음악이란 무엇일까요? 대가들은 그걸 이해했어요. 저는 대가들을 연구했었고, 이제는 저도 그것을 이해하죠. 그래서, 저는 제 자신에게 이야기했어요. '그래, 각인될 수 있는 이미지를 만들자'고 말이죠."

셰이피는 타고난 이야기꾼이다. 그가 뉴욕에 살던 초창기 시절의 이야기이다. 당시 그와 베라는 추상표현주의자들과 함께 어울렸다. 드쿠닝, 글라인, 마더웰, 트워르코프 등. 풍요롭고 비옥한 시절이었다. 셰이피가 예술적으로 어른이 되던 시기이다. 뉴욕. 그곳은 그의 최고의 친구들과 최악의 적들이 있는 곳이다.

시카고에 산 지 25년 후인 1985년에 그는 퀸즈대학의 에이러 코플랜드 음악학교에서 음대 석좌교수 자리를 제안 받았고, 다시 뉴욕으로 가고 싶은 유혹을 느꼈다. 다시 한 번 뉴욕에서 작품 활동을 해 보고 싶다는 거부할 수 없는 강한 욕구가 있었다. 그 일은 1년 정도 지속되었지만 그는 다시 서둘러 시카고로 돌아왔다. 개에게나 던져 주는 맛없는 음식 부스러기들을 삶의 작은 성공이라고 하는 사람들과 달리 그는 그런 것을 인정할 수 없었다. "석좌교수, 흥! 내 이름에 어울리지 않는 형편없는 자리는 필요 없어." 글쎄, 꼭 맞는 얘기인 것 같지는 않다. 그는 상당한 노력을 했음에도 불구하고 고등학교를 졸업했을 때, 성적은 형편없었다.

시카고로 돌아온 후 그는 자신의 머릿속에 새겨진 영상들을 곡으로 계속 만들어 냈지만, 그가 음악에서 보여주는 어려운 표현기법은 자신의 존재의 어려움을 나타내는 것이자 정신의 혼란스러움을 드러내는 여러 가지 요소 중 극히 일부분일 뿐이다. 사실 여러분은 쉽게 다음과 같이 주장할 수 있다. 그를 불안하게 하는 가장 큰 요소 중 하나는 셰이피 자신이 야심가로서는 실패자이고, 현대적인 취향을 드러내는 데 영합하려 하지 않고, 기본적으로 그럴 수도 없는 성격이기 때문이며, 음악계를 지배하는 거장들의 방향을 묵과하고 거기에 머리 숙이지 못하는 성격이기 때문이라고 말이다.

내 생각도 그렇다. 그러자 그는 이런 식으로 얘기했다. "이런 제기랄 음악계. 그들 대부분은 동성애자들이지. 나는 여자와 잠자리에 들어. 나는 그들의 뒷태를 간지럽히는 데 관심 없다고. 싸구려라고? 창의력에 대해 얘기하고 싶었던 것 아니었나? 내가 한 번 물어보지. 레니가 좋은 작곡가, 뛰어난 작곡가라고 생각하나? 말해 봐요, 그래요? 아니에요. 나는 그렇게 생각하지 않아. 그리고 그가 이렇게 말할 유일한 사람은 아니지. 좋아. 우리 이름은 말하지 않기로 하지. 아론은 이미 80대야. 아시다시피."

음악계 전반에 대해 스타카토로 랫-탯-탯하는 거친 목소리. 셰이피는 그 목소리로 어릴 적 친구들의 이름을 하나씩 이야기했다. 이들은 모두 유명한 사람들이고, 자신의 분야에서 최고인 친구들로 파티에서 축배를 들고, 휴대품 보관소에서 서로 칼싸움을 하던 자만심이 가득한 사람들이었다. 그가 하나씩 그들을 언급하면서 자신의 이야기를 할 때면 그는 한 문장으로 그들을 비난했다. "나는 그들의 무덤에서 춤을 출거야."

난해하고 귀에 거슬리는 신랄한 음악 외에도, 그는 사회생활에서 필요한 위선이라고는 조금도 갖고 있지 않았다. 적어도 합리적인 신중함 정도는 갖고 있거나, 무례하게 보이지 않도록 형식적인 제스처라도 취해야 하는데 그는 전혀 그렇게 하지 않았다. 결과는 불행한 사건의 연속이었다. 지휘자들은 그의 작품이 물리적으로 공연하기 불가능한 작품이라며 불평했고, 그의 공연들은 취소되었으며, 악보집을 낼 출판사를 찾는 데 어려움을 겪었다. 그러다 그는 결국 한군데를 확보했지만 그곳에서 그의 악보집은 깔끔하게 인쇄된 것이 아니라 주로 복사본처럼 나왔다. 일련의 사소한 불행이 그를 집어삼켰다. 시즌마다 그의 작품이 오케스트라로 공연되지 않았고, 그나마 그를 위해 연주하는 지휘자들은 반기독교인들이었고, 그는 사람들에게 별로 알려지지도 않았고, 보조금이나 풀리처상도 못 받았으며, 그가 심포니 오케스트라 · 챔버 앙상블 · 가수 · 독주를 위한 100여 곡이 넘는 작곡을 했음에도 불구하고 그는 자신의 작품을 즐기는 사람들을 만드는 데 심각한 문제를 가지고 있었다.

이러한 일련의 일들로 그는 분노에 휩싸였다. 만일 여러분이 그의 정직함이나, 일에 대한 열정, 인간으로서 참기 힘든 좌절을 옆에서 직접 지켜볼 만큼 그와 충분히 가깝지 않다면 그를 심술궂다거나 심지어 매너와 균형감각이 없는 사람이라고 쉽게 생각해 버릴 것이다.

그는 슬리퍼를 신고 굵은 시가에서 나오는 연기가 그의 뒤를 따라올 정도로 아파트 주변을 쌩쌩 돌아다녔다. 셰이피는 모욕적인 말들, 특히 수치스러운 말들을 내뱉으며 즐거워한다. 그는 특히 자신이 몹시도 갈망하던 구겐하임 수상자에서 제외된 이야기를 해 주었다. 이상은 그가 오랫동안 지원해 보았지만 계속해서 거절당했고, 그러는 동안 자신의 많은 동료들이 그 상을 수상하는 걸 15년간 비통하게 지켜보아야만 했다.

구겐하임상을 수상했던 그의 한 제자가 언젠가 그 명망 있는 상에 그를 추천했을 것이다. 그러면 구겐하임 재단에서는 그에게 새로운 양식을 보내게 된다. 셰이피가 구겐하임 보조금을 받고 싶어 한다는 걸 알고 있다는 내용으로 정중하게, 그리고 어색한 단어들로 된 공적인 양식으로 된 편지를 말이다. 한 번은 그가 '꺼져버려Fuck You'라고 쓴 편지를 보내기도 했다(그 편지는 되돌아왔다). 또 한 번은 상을 한 번도 받은 적이 없는 모든 위대한 작곡가들과 공연자들의 리스트를 만들어서, 그런 대단한 동반자들 속에 자신을 포함시켜줘서 감사하다는 메모와 함께 재단에 보냈다. 세 번째로 그는 그의 샘플 악보에 벨라 바르토크(헝가리의 작곡가, 피아니스트)의 말을 인용해서 붙여 보냈다. '경쟁은 말을 위한 것이지, 예술가를 위한 것이 아니다.'

"이런 제가 미쳤나요? 당연히 미쳐야만 했죠." 그는 같은 말을 반복하면서 소리를 질렀다.

랄프 셰이피. 어중간한 부분이라고는 거의 없이 신랄하면서도 정직하고 사랑스런 노인으로 자란, 까다로운 영재 소년. 나이가 들어간다는 것은 우리 대부분에게는 달갑지 않은 일이자 썩어들어 가는 몸을 향해 미끄러져 가는 일이다. 그러나 셰이피에게는 무거운 장화를 신고 가파른 언덕을 오르는 고통스럽고 진을 빼는 등반길 같은 것이다. 그의 사무실 문에는 그가 자궁 속 자신이라고 부르는(실은 마치 그의 뇌 같다) '하나님GOD'이라는 표시가 걸려 있다. 이것은 그의 학생들이 공연했던 연극에서 만든 것이다.

그의 연습실 내부는 작업하는 창조자의 방답게 어지럽게 늘어져 있었다. 마치 어떤 위협적인 질병처럼, 그의 방 곳곳에서 늘어져 흘러내리고 기어 다니는 수집품들, 평생 작업해 온 악보들, 그리고 오래된 검정색 피아노가 한쪽 벽에 놓여 있었다. 아름다워 보이지는 않았다. 하얀 건반이 떨어져 나갔고, 나무판이 드러나 보여 들쑥날쑥 이가 빠진 입처럼 눈에 거슬린다. 건반에 무슨 일이 일어났던 것일까?

오래 전 세이피가 작곡하다 격분하여 그 건반을 쾅쾅 두드렸을 거라는 걸 상상하기는 어렵지 않을 것이다.

1969년까지 세이피는 음악계에서 충분히 고통을 받았다고 생각했다. 그리고 그가 이미 매우 열을 받았다는 표시로, 가장 극적이자 고통스런 제스처로 음악계에서 발을 빼고 스스로 자신의 작품을 없애 버렸다. 그의 작품을 아무도 연주하지 못하도록 말이다. 이것은 분노에 가득 찬 결정이었고, 그는 자존심에 상처를 입었다. 이것은 항의의 표시였다. "일종의 파업을 한 것이지."라고 그는 말했다.

작곡가라면 자신의 작품이 공연되지 않는 걸 얼마나 오래 견딜 수 있을까? 특히나 세이피처럼 음악에서 작품의 진정한 탄생은 작곡할 때가 아니라 공연할 때라고 믿는 작곡가라면? 한 달? 두 달? 일 년? 만일 작품이 계속 밀봉된 채 있다면, 침묵 속에 아무런 소득이 없는 채로, 영혼을 울리지도 못한 채로, 청중에게 어떤 분노를 촉발시키지도 못한 채로 있다면, 그렇게 한 번도 들어보지 못한 작품의 가치란 무엇일까? 뛰어난 작곡가가 자신이 소멸되어 가고 자신의 음악이 점점 희미해져 가는 것을 지켜보는 시련을 얼마나 오래 견딜 수 있을까?

세이피는 분노와 정의로움으로 격분해서 7년 동안이나 활동을 중단했다. 물론 개인적으로 작곡은 했지만, 결코 그 기간 동안 그의 작품이 공연되도록 두지 않았다. 마침내 1976년 그의 시련은 끝이 났다. 그해, 20세기 음악의 수호성인이자 세이피의 아주 좋은 친구인 폴 프롬을 만났다. 시카고 와인상으로 지금은 고인이 된 그는 세이피를 달래 대중 앞으로 나오도록 했다. 프롬 재단의 주인인 그는 세이피에게 말했다. "우리는 당신이 필요해, 세이피." 마법이자 치유의 말이었다.

우리는 예술가 로버트 어윈이 어떻게 그의 10개 선 그림을 만든 형이상학적 고독으로 들어갔는지, 그리고 거기에서 어떻게 나왔는지 이미 얘기했었다. 그러나 공교롭게도 그건 그가 스스로 만든 고독의 처음이 아니었다. 그렇게 하는 게 일상이 되기 훨씬 전, 그는 히터도 없고 따뜻한 물도 나오지 않는 오두막 하나를 빌려 지중해에 있는 이비사 섬에서 장장 8개월의 겨울을 보냈다. 그곳에서 그는 다른 어떤 영혼과도 말 한 마디 하지 않고 지냈다.

전형적으로 사색적인 그의 스타일에 어울리게, 그는 자신의 일이 지겨워질 때마다 현대 문화의 유혹을 없애기 위해 또는 스스로에게 교훈을 주기 위해 그 경험을 되짚어 본다. TV, 영화, 책, 시답지 않은 잡담 같은 현대 문화 말이다. 그래서 그는 어부들과도 이야기를 나누지 않고, 어떤 자극도 찾지 않고, 오로지 자신의 열정적인 마음만을 동반자로 만족해하며 혼자 지낸다.

나는 셰이퍼처럼 로버트 어윈도 지독한 오해를 받으면서 절망과 적의로 가득한 삶을 공유하고 있었을 거라 믿는다. 예를 들어, 뉴욕의 현대미술관에서 그가 전시회를 가졌을 때, 전시를 본 90%의 사람들이 그게 전시회인지조차 전혀 알지 못했다. 은은한 조명과 텅 빈 방에서 반투명한 흰색 면포와 철사 하나를 두고, 입구는 반쯤 막아 놓고는, 그걸 예술이라고 말하는 큐레이터의 설명 조차 없었으니 말이다. 사람들은 진정한 예술이라는 것을 보러 들어왔을 텐데 말이다. 그걸 알아차린 아주 극소수의 사람만이 어윈은 창작 활동에서 모든 것을 배제해 버렸다고 얘기했다.

또한 그는 10개의 점 그림 시리즈를 만들기 위해 3년 동안 작업했던 시기도 있었다. 그런 다음 그 작품들을 상파울루에서 전시하기 위해 배에 선적을 했는데, 나중에 보니 콜라가 묻거나 칼로 그은 자국도 있었고, 침을 뱉기도 했었다는 것을 알게 되었다. 어윈은 피상적인 것들을 벗겨내고자, 문제의 중심으로 깊숙이 파고 들어가고자 했던 것이 대중의 입맛에는 너무 단순한 것으로 보였던 것이다. 어윈은 자주 혼자 있다. 심지어 군중 속에 있을 때조차도 혼자라고 느낀다.

로버트 어윈은 이혼했다. 다른 아홉 명의 맥아더상 수상자들도 그렇다. 이는 내가 무작위로 선택한 40명의 수상자 중 25%에 해당한다. 몇몇은 재혼했고, 두 번, 세 번 결혼한 사람도 있었다. 로버트 어윈은 이혼한 부인과 재혼했고, 그리고 또 다시 이혼했다. 누군가와 같이 사는 것은 누구에게라도 쉽지 않은 일이다. 하지만 자신의 일을 카타르시스적이고 황홀한 순간들의 연속에 도달하는 것으로 생각하는 사람과 같이 살기는 특히나 어렵다는 게 대체적인 의견이다. 우선은 거기에 도달하기 위해서 고뇌하면서 보내는 오랜 준비 시간이 그리 달콤하지 않기 때문이다. 또 다른 이유는 보통 창의적인 순간이 개인적인 사건이기 때문이다. 청중들 속에서 의무적으로 박수치는 것을 제외하고는 다른 누구와 함께할 공감대는 없다. 그리고 마지막으로는, 동반자보다 더 성장한 사람에게는 자신의 비통한 결과와 함께 그러한 사건에 동반되는 인식의 성장이 있기 때문이다.

창의성과 광기 vs 창의성과 일탈

고독과 절망. 이해할 수 없는 작업들. 사람들보다 시간을 앞서가는 것. 미쳤거나 혹은 무자비하다고 여겨지는 것. 끊임없이 불안하고 불확실한 결합을 경험하는 것. 이런 것들이 창의적 노력의 부산물로 꼭 필요한 것일까? 이런 것들이 과연 전제 조건일까?

그럴듯한 통념으로 보자면 우리는 정신적 장애가 있는 천재들의 긴 명단을 죽 나열할 수도 있고, 위의 두 가지 질문 모두에 '예'라고 답할 수도 있을 것이다. 하지만 정황증거를 제외하고는 그 어떤 증거도 사실은 없다. 그 정황증거라고 하는 것도 확신을 주기에는 충분하지가 않다. 고통이란 것은 사람을 불구로 만들고 앞을 못 보게 한다. 하지만 또 한편으로 그것은 영감을 주고 새로운 것에 눈을 뜨게 하기도 한다. 수많은 아주 창의적인 사람들이 '평범하고'도 생산적인 삶을 산다. 스스로를 앞으로 나아가게 하고, 매일매일 얼굴을 쳐들고 씩씩하게, 사소하고도 훌륭한 그리고 충실한 노력들을 해 나간다. 그럼에도 불구하고 랄프 셰이퍼처럼, 어떤 경우에는 로버트 어윈처럼, 수많은 또 다른 창의적인 사람들은 갈등을 겪고, 아주 불안정하고, 외로운 삶을 살아가기도 한다. 양쪽 증거들의 무게를 고려해 볼 때, 절망과 고독이, 광기와 비열함이 창조적인 과정에 '꼭' 관련되어 있다고 추정하는 것은 어리석은 일일지 모른다. 좀 더 합리적인 해석은 이것이다. 필연적으로 관련되어 있는 것은 창의성과 광기가 아니라 오히려 창의성과 일탈(때때로 영웅적이기도 하고, 때때로 무모하기도 한)이다.

단어의 정의로 살펴보자면, 창의성은 주류로부터 뭔가 다르게, 뭔가 특이하게, 뭔가 새롭게 갈라져 나오라는 요구이다. 그러므로 만일 여러분이 뭔가에 창의적인 접근을 시도한다면 정의상으로 당신은 더 이상 자신의 분야에서 틀에 박힌 방법을 그대로 따라 할 수 없다는 것이다. 당신의 작업이 당신과 어떤 관련이 있고 당신을 어떻게 설명해야 할지, 당신의 작품을 어떻게 이해해야 하고 당신이 어떻게 아이디어를 만들었는지 사람들은 전혀 알지 못할 것이다. 당신에게 상처를 주는 말로 얘기하자면, 그들은 당신의 작업을 단순히 이해하지도 좋아하지도 않을 것이다.

그럼에도 불구하고, 이러한 창의적인 태도를 견지한다면, 그리고 심지어 화·분개·오만·혐오의 극한 감정을 받아들인다면, 고독이라는 감정이 당신에게 따라올 것이고 여러분은 보조금을 받는다거나 수상자 명단에서 멀어질 것이다. 당신의 작품은 '어렵다'는 낙인이 붙어 다니는 치명상을 입게 될 것이다. 그리고 만일 여러분이 어떤 동조자를 갖게 된다 할지라도, 그들조차도 당신이 정신적으로 무너졌다고 생각할 것이다. 그러나 적어도 그 무너짐은 빛을 비추는 곳이 되고, 에디스 시트웰이 윌리엄 블레이크에 대해 언급했을 때 말했던 것처럼 여러분에게도 그 정당성을 가져다 줄 것이다.

창의성은 광기와 연결되어 있을까? 과학자들은 그걸 알아내려고 열심히 노력하고 있다. 수많은 심리테스트를 진행하고, 유전자를 떼어내 보고, 심지어 포름알데히드에 잠긴 아인슈타인의 뇌 일부를 조사해 보기도 한다. 하지만 아직까지 어떤 분명한, 혹은 유용한 결론을 도출해 내지 못하고 있다. 아마도 뭔가를 덧붙여 물어봐야 할 것 같다. 창의적인 삶은 힘들고 불안정할까? 대답은 이러하다. 자주 그렇다. 그걸 보여주는 증거는 아주 많다.

"천재가 되기 위해서는 당신에게 야수와 같은 면이 있어야 한다"고 맥아더상 수상자 랄프 만하임^{Ralph Manheim}이 내게 말했다. 만하임은 루이스-페르디난드 셀린느, 페터 한트케, 귄터 그라스와 같은 아주 뛰어나고 야수같은 작가들, 그리고 그와 비슷한 중량감 있는 다른 작가들의 작품들을 번역하는 아주 존경받는 번역가이다. 그는 남은 여생 동안 편안한 수입으로 삶을 살아갈 수 있는 맥아더상 수상자 두 명 중 한 명이다.

나는 그가 무슨 의미로 그런 언급을 했는지 알고 있다. 창의적인 작업을 하는 데는 외골수 같은 결단력과 어떤 터프함이 필요하다는 걸 얘기한 것이다. 만하임은 창밖을 무심코 바라보며 파리의 거리 풍경은 보지도 않고 미풍을 느끼지도 못한 채, 무언가 골똘히 생각에 잠긴 듯한 모습으로 오랜 침묵에 싸여 있었다. 그리고 나서 엄숙한 미소가 그의 얼굴에 퍼졌다. 자신의 미래를 만들었던 작품, 그가 처음 번역한 작품들 중 하나를 회상하고 있었을까. 《나의 투쟁》, 짐승의 작품.

시인 더글라스 크레이즈는 나에게 다음과 같이 말했다. "당신도 항상 혼자인 것 같군요. 비록 당신이 사람들과 함께 있고 결혼을 했더라도, 누군가와 함께 살고 사람들에 둘러싸여 있다 할지라도 말이죠."

"학교에서 항상 소외된 느낌이 들 것 같아요." 나는 교육가이자 작가, 사회학자인 사라 로렌스 라이트풋에게 하버드대학에 대해 이같이 말했다. 그녀는 하버드대학의 350년 역사에서 이렇게까지 높은 지위에 오른 두 번째 흑인 여성이자, 이 대학의 종신교수였다. 깔끔하게 이마에서부터 묶어 올린 두꺼운 머리카락에, 밝은색 머리띠와 싸구려 보석이 눈길을 끄는 그녀는 맑고 어두운 피부에, 당당하고 멋지며 강한 의지가 보이는 여인의 아름다움을 가지고 있었다. 큰 키의 그녀를 만난다면 여러분은 위풍당당한 모습이 무엇인지를 알게 될 것이다. 분명하고 논리적이며 신중한 그녀의 이야기를 듣는다는 것은 그녀가 많은 제안을 한다는 걸 바로 알아차리는 것이다. 그러나 그녀의 의심할 여지없는 성취와 교양 있는 태도에도 불구하고, 그녀는 '소외된'이라는 단어를 종종 사용했다.

이들이 겪은 경험과 느낌은 같은 이야기를 의심의 회색 그늘로부터 절망의 검은 기록들까지 다양하게 표현한 것일 뿐이다. 셰이피, 어윈, 만하임, 크레이즈, 라이트풋. 우리가 어떻게 이들의 공통 감정을 표현할 수 있을까? 창의적인 사람이 되려면 고독과 절망이라는, 외롭고 힘든 곳으로 운명이 우리 삶을 데려가는 걸 당연하게 생각해야 하는 걸까? 우리의 창조 작업이 모호한 유산에 불확실하지만 의미심장한 빛을 비춰줄 거라는 일말의 가능성을 위해 대비해야만 하는 걸까?

이러한 질문에 확실한 답은 없다. 왜냐하면 우리 각자의 삶은 재능과 경험, 그리고 성공과 작은 실패들이라는 개별적인 일련의 일들을 축으로 돌아가는 것이기 때문이다. 아직은 창의적 작업과 정신장애 사이의 관계에 관한 어떤 완전한 결론이 나오지는 않았다. 다만 이런 창의적인 사람들이 보여주는 여러 증거들로부터 얻을 수 있는, 한줌의 유용한 견해가 있다. 창조적인 일을 추구하고, 그걸 이해하고, 심지어 그것에 대한 보상을 받고 싶다면 여러분은 스스로 새로워지는 능력, 즉 회복 탄력성을 키워야 한다는 것이다.

thirteen

회복 탄력성 갖추기

피터 셀라스가 하버드대학에 다니고 있을 때, 그의 실험 연극이 일찌감치 성공을 거두자, 그는 대학 1학년생으로는 처음으로 로엡 드라마 센터(하버드대학 내에 있는 아메리칸 레퍼토리 극장의 주 공연장)의 주 무대에서 작품 연출을 맡게 되었다.

이렇게 중요한 데뷔 무대에 그는 '파사드'라는 작품을 올렸다. 이 작품은 이디스 시트웰의 시에 윌리엄 월턴이 곡을 쓴 것으로, 셀라스는 시를 새롭게 해석했다. 그는 파산해 가는 에드워디안 호텔의 로비로 무대를 만들었다. 뒤쪽에는 세 개의 스크린을 설치하고 프로젝터로 1926년도 잡지 〈일러스트레이티이드 런던 뉴스〉를 띄웠고, 앞에서는 배우들이 셀라스가 독특하게 해석한 시트웰의 시를 마임으로 표현했다.

완곡하게 표현하자면 셀라스의 연출은 지루하고 엉성하기 짝이 없는 무대이자 무례한 것으로까지 여겨졌다. 매일 밤 약 40%의 관객이 공연 도중 나가버렸고, 셀라스는 로엡 드라마 센터에서 완전히 추방되어 어둡고 케케묵은 학교 기숙사인 아담하우스 지하실로 쫓겨났다.

신랄하기 이를 데 없는 공격과 강력한 비난들. 아무리 뛰어나고 멋지더라도, 또 아무리 명료하고 화려하더라도 창의적 행동이, 평가는 둘째 치더라도 항상 사람들에게 인정을 받는 아니다. 애정이나 창의력만으로 대중의 입맛을 맞출 수는 없다. 우리 대부분은 셀라스가 경험한 것과 같은 자존심의 타격을 입게 될 때면 그 논란의 현장에서 후퇴해 자신의 입장을 바꿔 버릴 것이다. 특히 아직은 외부의 영향에 휘둘릴 나이인 대학 1학년생일 경우에는 더더욱 그렇다. 그 시기에 우리는 여전히 삶이 뭘 지 궁금해 하며 다양한 생각들을 시도해 보려고 한다. 하지만 개성이 강한 셀라스는 이와 정반대로, 즉시 아담하우스 깊숙한 곳에서 〈안토니오와 클레오파트라〉라는 작품을 공연했다. 그는 이것이 자연스러운 선택이라고 했다. 그도 그럴 것이 셀라스는 작품에서 기숙사 수영장을 나일강으로 이용했다.

맥아더상 수상자들은 좀처럼 중도에 포기하는 법이 없다. 모욕적인 상황에 직면했을 때조차도 말이다. 혹은 실패에, 혹은 창피·낙담·적의·지루함·무관심에 맞서야 할 때조차도 말이다. 그들은 상황에 적응할 수 있는 방법, 자신의 일을 계속할 수 있는 방법, 자신감을 유지할 수 있는 방법, 스스로는 믿는 방법을 찾는다. 그들에게는 목수와 같은 우직함이 있다. 일이 될 수 있도록 하는, 전화위복을 만드는 힘이 있다. 평온한 태도와 인내심과 끈기가 있다. 수모를 당

하더라도 입가에 미소를 띠며 그들은 생존과 리더십을 위한 가능성을
마음속에 심어 놓는다.

관심을 돌릴 만한 다양한 일들을 준비하라

"당신은 어떻게 회복 탄력성을 기르나요?"

작가 브레드 리소우서에게 질문했다. 그는 자신의 사무실에 널려
있는 다양한 종이더미를 가리키면서 즉시 대답했다. "내가 시를 보다
가 참을 수 없을 때, 나는 쓰고 있던 소설로 눈을 돌려요. 그리고 또
소설이 나를 짜증나게 하면, 나는 누군가에게 써 주기로 약속한 책 서
평의 초안을 만들죠. 책 서평 작업이 맘대로 안 되면, 나는 또 쓰려고
생각 중이던 수필의 대강 줄거리를 세워 보죠. 항상 내 책상에는 작
업해야 할 뭔가가 산더미처럼 놓여 있죠. 그것들이 바로 내가 의지할
수 있는 것들이랍니다."

리소우서는 1990년대에 여덟 권의 책을 출간하자는 계획이 있었
다. 이 계획은 충분히 이룰 수 있을 것이다. 그는 1980년대에도 다섯
권의 책을 내겠다는 계획을 가지고 있었고, 두 달 정도 차이가 나긴
했지만, 어찌됐든 계획에 성공했다. 이렇게 리소우서는 자신의 생각
을 공개함으로써 추진력을 얻을 뿐만 아니라, 각각의 발전 단계에서
구체적인 프로젝트를 수없이 많이 만들어냄으로써 정신이 목표를 따
라가지 못할 때 스스로를 재촉하게 만든다.

환경보전주의자이자 사업가인 페트릭 누넌도 마찬가지이다. 그가
열심히 노력해 왔던 공원 부지를 지키는 협상이 실패했을 때, 그는 즉
시 대여섯 개의 해결해야 할 다른 문제들에 관심을 돌렸다. 그와 그가

활동하는 조직에서는 1년에 수백 건의 협상을 처리해야 한다.

그렇다면 당신의 회복 탄력성을 향상시킬 수 있는 열쇠 중 하나는 항상 관심을 돌릴 만한 다른 다양한 일들을 할 수 있도록 당신의 일들을 벌여 놓아야 한다는 것이다. 이것은 단순히 실패나 비난으로 인한 절망을 해소하는 데 도움이 될 뿐만 아니라, 또 다른 이점이 있다. 그것은 하나의 프로젝트가 다른 것에 도움을 줄 수 있다는 점이다. 즉, 하나의 문제가 다른 일에서는 도움이 될 수 있는 방향으로 변신하는, 놀라운 연관성을 갖고 있다. 예를 들어, 리소우서의 에세이 작품의 어떤 부분이 종종 그가 씨름하고 있는 시에 하나의 단서를 제공해 줄 수 있다. 마찬가지로 누넌이 협상에서 했던 좋은 전략이 다른 협상에서 결정적이거나 혹은 더 잘 될 수도 있는데, 이 전략이 그의 모든 협상을 지배하고 있는 오래된 정책을 개선하는 촉매제 역할을 할지도 모른다.

회복 탄력성을 키우는 방법

"어떻게 그 어려운 시기를 견디셨나요?"

이 질문은 시인인 존 애쉬버리^{John Ashbery}에게 한 것이다. 그는 수십 권의 시집(문집은 제외하고)을 쓴 작가이자 두 번의 구겐하임상을 수상했으며 국립예술과학원 회원이자 전미 도서비평가상, 전미 도서상, 풀리처상, 그리고 지금은 맥아더상 등 여러 상과 상금을 받았고 다양한 직책도 맡았던 사람이다.

그러나 이런 타이틀은 쉽게 얻은 게 아니다.

여기에 수십 년간 이어져 온 그의 글들에 대한 비평에 등장한 몇

몇 단어들을 살펴보자. '음조가 맞지 않는', '평범한', '삐져나오는 쓰레기', '고도의 비논리', '치밀하게 불분명한', '계산된 이상함', '의미 없는 것을 향한 여정', '난해한', '최고로 어리둥절하고 최악으로 지루한', '냉장고에 보관한 플라스틱 조화만큼이나 대단히 시적인 삶' 등. 막대기와 돌은 사람의 몸을 다치게 하지만, 말은 사람을 죽인다.

애쉬버리가 초창기에 쓴 시집 가운데《어떤 나무들Some Trees》이 있다. 이 시로 그는 1956년에 예일 청년 시인Yale Younger Poets 대회에 출전했다. 그가 제출한 원고는 그해 심사를 맡았던 W.H. 오든에게 가기도 전에 탈락되었다. 그러나 한 지인을 통해 애쉬버리의 작품이 바로 오든에게 전달되었고, 결국 당선되었다. 당연히 애쉬버리는 열광했다. 대가로부터 받은 축복은 장차 시인이 되려는 신인에게는 결코 사소한 일이 아니었다. 하지만 지금까지 그 시집은 겨우 800부가 팔렸다. 애쉬버리는 다시는 어떤 것도 출판을 하지 않을 거라고 진지하게 다짐했다.

회복 탄력성을 키우는 방법에 대해 애쉬버리에게 묻자 그는 '친구들의 지지'라고 이야기했다. 그런 면에서 그는 혼자가 아니었다. 수상자들이 배우자나 스승, 절친한 친구에게 감사를 표하는 간절한 글과 가슴 시린 축사는 많이 들었다. 또, 주변 지인들이라고 해도 양이 아니라 질이 중요하다는 얘기도 종종 들었다. 회전식 명함정리기에 나올 법한 친구들, 지나치게 매력적인 친구들, 예쁘기만 한 친구들, 꾸미기를 좋아하고 인기 많은 친구들, 유행에 밝으며 열정적인 친구들. 이런 친구들은 회복 탄력성을 키우려고 할 때 의지할 만한 사람들은 아니다. 도움이 되는 충고는 필요할 때 '진실한' 친구에게서 듣는, 기운을 차리게 해 주는 몇 마디 말이다. 당신을 잘 알고 있는 친구, 당신을 염려하는 친구, 그의 의견이라면 당연히 중요하다고 생각되는 친구, 진실을 말하는, 그리고 앞을 내다보고 그걸 얘기해 주는 그런 친구들 말이다. 이런 진정한 친구가 있다면 멍은 풀리고 상처는 치유되어 마침내 일을 계속할 수 있는 힘을 얻게 될 것이다.

우연히도 나는 조세프 브로드스키에게 좋은 친구를 선택하는 고도의 특별한 기술이 있다는 걸 듣게 되었다. '세상에 그렇게 중요한(아마도 가장 중요한), 기술을 갖고 있다니', 그래서 나는 그에게 물었다. "친구를 어떻게 고르나요?" 그러자 그는 대답했다. "대부분 요행이에요. 운이죠. 하지만 거기에 약간의 기술이 있다면 그건 당신과 기본적으로 어느 정도 공통분모가 있는 사람을 고른다는 거예요." "어떤 공통분모죠?" 나는 힘주어 물어 보았다. 그는 대답했다. "공통분모요? 음, 관념의 세계에서 어떤 걸 공유하는 거죠. 어떻게 설명해야 할까요. 경제적 지위의 유사성이 있겠죠. 아주 부자와 아주 가난한 사람은 정말로 친해질 수가 없죠. 가난한 사람과 친해지는 것보다는 부자와 친해지는 게 사실 더 쉽죠. 하지만 결국은 둘 다 쉽지 않다는 걸 깨닫게 되죠. 또 뭐라고 얘기할 수 있을까요? 저 같은 경우에는 뭐랄까, 얼굴에 어떤 품위가 드러나는 사람을 좋아하는 것 같아요."

"어떻게 이해해야 하죠?" 나는 웃음이 나왔다.

"아주 쉽죠. 외향적인 어떤 매력을 얘기하는 게 아니에요. 정말로요. 단테는 어딘가를 상정해 놓았어요. 어딘지는 기억나지 않지만요. 인간의 얼굴에서 말이죠. 그리고 다른 사람, 즉 보는 사람의 얼굴에서 'Homo Dei'라는 단어가 보여야 한다고 얘기했죠. 얼굴형은 'H'처럼, 눈은 'O'처럼, 눈썹 모양은 'M'처럼, 코와 옆모습은 'D'처럼, 'E'는 지금 기억이 나지 않네요. 그리고 제3의 눈이자 가운데 눈이라고 하는 곳은 'i'처럼 보여야 한다고 말이죠. 만일 제가 다른 사람의 얼굴에서 그 글자를 알아본다면 가능성이 있는 거죠. 무슨 가능성이냐구요?"

내가 말했다. "의사소통?"

"맞아요." 그가 대답했다. 그게 끝이다.

하워드 가드너의 '성장효과' 전략

"연구가 실패할 때, 상금을 타지 못할 때, 동료들이 눈썹을 치켜올릴 때, 당신이 막다른 길에 도달했다는 결론을 내릴 때, 당신은 어떻게 그 우울한 기분을 떨쳐버리나요?" 이번에는 하워드 박사에게 물어 보았다.

"프로이트의 말에 따르면, 유대인으로서 장남으로 태어나거나 당신을 사랑하는 엄마가 있다면… 누구나 뭐든 할 수 있을 거라고 하더군요."

다른 식으로 얘기하자면, 자신감(오만함과 혼동하면 안 된다)은 회복 탄력성을 높인다. 자신감은 분명 성공에서 나온다. 하지만 실패를 주의 깊게 살펴볼 수 있다면 그 자체가 성공으로 가는 하나의 길이라는 사실을 깨닫고 자신감을 얻을 수도 있다.

하워드 가드너는 자신의 실패를 파악해 보는 걸 두려워하지 않는다. 그는 그런 실수에서 도망치지 않는다. 대신에, 한 걸음 뒤로 물러서서 왜, 무엇이 잘못되었는지 냉정하면서도 우호적인 시각으로 찬찬히 평가를 한다. 스스로 문제를 골똘히 생각해 보고, 주변 사람들의 의견을 모아서 유용한 비판을 걸러내고, 자신의 위치를 재평가해 보고, 그리고 현실적인 새로운 목표를 세운다. 만일 그 문제가 극복할 수 없는 문제 같다면, 그는 그 문제에서 완전히 떠나서 적당한 여유가 생길 때까지 돌아가지 않는다.

"제 말은 만약 어떤 일을 시도하는 데 계속 실패할 경우, 그밖에 다른 어떤 방법도 없다는 확신이 들지 않는 한, 같은 방식으로 같은 문제를 계속 붙잡고 있다는 건 아주 어리석은 일이에요. 저는 좀 더 실용적인 사람이 되어야 한다고 생각해요. 뭔가 유용하다고 밝혀진 적도 없는 분야에서 어리석게 주장을 펼치고 밀어 붙이는 대신, 잠시 그 문제를 제쳐두고, 한동안 다른 문제를 살펴본 다음, 다시 그 문제로 돌아가야 해요. 문제에 집중하지 않을 때에도 마음은 항상 그 문제를 염두에 두고 있어요. 때로는 관심을 꺼버릴 때에서야 비로소 새로운 시각을 발견하죠. 그런 다음, 그 문제를 다시 보게 되면, 아마도 개념을 다시 파악할 수 있고, 더 나은 위치에서 문제를 해결할 수 있을 거예요. 저는 그런 점에서 아주 실용적이죠. 저는 어떤 것에 완전히 마음의 문을 닫아버리거나 실패했다고 해서 괴로워하지 않아요."

이것이 그가 학생들에게 전하는 교훈이다. 예를 들어, 그가 보고서를 과제로 내줄 때, 그는 학생들이 모든 문제에 대해서 틀을 잡고 조사를 끝마치기 전에 먼저 보고서 초안을 쓰기 시작하라는 효과적인 조언을 해 준다. 이렇게 하면 일종의 '성장효과'를 거둘 수 있다. 문제에 집중하고, 한 걸음 물러났다가 다시 집중하고, 다시 물러나는 식이다. 학생들이 그 보고서를 다시 볼 때마다 집중과 휴식 사이의 잠재의식 속에서 문제를 곰곰이 생각하게 되고, 다시 문제를 볼 때엔 좀 더 유리한 위치에서, 그리고 새로운 눈으로 보게 된다. 그렇게 하면

최종적으로는 더 낫고 효과적인 결론이 나온다.

나의 회복 탄력성은 일하는 과정에서 나와요

"상황이 너무 어려운 것 같아 절망적일 때, 어떻게 그걸 떨쳐버리나요?"

조안 에이브럼슨Joan Abrahamson 박사는 법률가이자 화가이며, 300여 곡의 노래를 쓴 작사가이고, 공동체 활동가이다. 그녀는 잠시 생각에 잠기더니 아무것도 덧붙이지 않은, 있는 그대로의 답을 해 주었다.

그녀는 조용하면서도 분명한 목소리로 말했다. "할 게 많죠. 그리고 그렇게 많다는 게 제가 집중할 수 있는 이유에요. 즐기는 거죠." 에이브럼슨은 겨우 30대 중반이었지만, 모두에게 도움이 되는, 좋은 일을 많이 한 사람이다. 예를 들어, 그녀는 초창기에 꽤 큰 화폭에 추상화를 그리려고 햇살이 비치는 커다란 작업실을 물색 중이었다. 그러던 중 샌프란시스코에 있는 버려진 군부대 터의 열린 문을 통해 그곳을 훑어보게 되었고, 이곳이 완벽한 장소라는 생각이 들었다. 여러 가지 장애물들을 극복해 가면서, 그녀는 군사 기지를 공동체 예술과 배움의 시설인 포트 메이슨 센터로 만들었다.

그 후 그녀가 창립한 공공정책 기관인 제퍼슨 연구소Jefferson Institute를 운영해야 하는 더 큰 새로운 난관에 봉착했다. 이 연구소는 도시의 미래, 국제 안보, 세계 경제, 건강, 그리고 창의성에 관한 여러 분야에서 제기되는 여러 문제들에 대해 해결책을 제시하고 구체적인 대안을 모색하는 곳이다. 이 사업들은 여러 문제만큼이나 다양한 대안을 제시한다. 게다가 그녀는 도시를 아이들의 필요에 부응할 수 있는 새로운 방향으로 전환할 수 있도록, 키즈플레이스^{KidsPlace}를 설립했고, 도시의 정치 및 행정가들과 함께 생각을 나누고 공유하기 위해 메이어 연구소^{Mayor's Institute}를 만들었다. 조나스 셀크 박사의 도움으로 프랑코 아메리칸 에이즈 재단^{Franco-American AIDS Foundation}을 만들어 발전시키기도 했는데, 이곳의 목적은 두 나라가 상호간에 특허권과 로열티에 관한 분쟁이 있을 때 에이즈 치료가 중단되지 않도록 서로 동의를 할 때까지 특허권을 갖고 있는 중립적인 제3지대를 만드는 것이다. 보안 프로젝트, 경제 클럽, 창의성 연구센터 등 그녀의 윤리적 상상력과 육체적 헌신은 지치지도 않는 것 같다.

하지만 그녀도 한 명의 인간일 뿐이다. "나의 회복 탄력성은 일을 하는 과정 그 자체에서 나와요"라고 그녀가 말했다. 그리고 "차이를 만들어 내려는 제 바람에서 나오기도 하죠." 비전을 가진 미래지향적인 말들이 있다. 그녀는 내일을 위해 오늘 무엇이 필요한지 감각적으로 안다. 그리고 그걸 다룰 수 있을 거라 확신한다. 그녀가 자신의 계획에 대해서 조용하면서도 확신에 차서 얘기할 때면, 탈무드의 한 구절이 마음에 와 닿는다. '만일 내가 나를 위해 존재하지 않는다면, 누구를 위해 존재하는 것인가? 내가 나 자신만을 위해 존재한다면, 나는 과연 무엇일까?'

일의 과정에 집중함으로써, 그녀는 자신이 결코 목표에 도달할 수 없을 지라도 성공한 것이다. 그 생각들이 스스로 어떻게 발전해 왔는지를 보는 것, 주변 사람들을 통해 배우는 것, 사람들과 회의를 하는 것, 주변 사람들과 함께 하는 것. 이런 과정들 말이다. 그녀의 만족은 행함에서 나온다. 이기고 지는 것에만 관심을 갖는 사람들은 절대 경험할 수 없는 충만감이다. 일의 과정을 무시하거나 평가절하하고, 승리만을 간절히 바란다면 실패했을 때 시간이 아깝다는 생각을 하기 쉽다. 목표에만 집중한다면 실패에서 회복하고 그 아픔을 줄이고, 상황을 재편성하는 일이 아주 힘들 것이다.

드디오 오셨군요, 고통, 오랜 친구

"네. 물론, 실패는…" 컴온월Commonweal의 이사장인 마이클 러너Michael Lerner는 다음과 같이 말했다. 그는 '건강'이라고 하는 단어가 포괄할 수 있는 가장 광범위한 곳까지 건강에 깊은 관심을 가진 사람이다.

러너에게 뭔가 안 좋은 일이 생겼을 때, 그는 그것이 삶을 깊이를 추구하고 지혜를 쌓을 수 있는 배움의 기회라고 생각한다. 그는 문 앞에 나와 두 팔을 벌리고 맞았다. "드디어 오셨군요, 고통, 오랜 친구. 당신이 다시 오길 기다리고 있었어요. 아주 오랜만입니다." 아픈 곳을 자극하는 지독히도 따뜻한 환대인 것 같다. 나는 뭔가 해명이라도 해야 할 것 같았다.

"나는 내 삶의 모든 좋은 일들에 대해 매우 감사하게 생각해요. 물론 마음의 평화를 행운에만 의지하려고 한다면, 마음이 그리 썩 편안하지는 못할 겁니다. 요가에서 '삼토샤samtosha'라는 명상이 있어요. 이 말은 산스크리트 어로 수용, 만족, 자족을 나타내요. 자신에게 주어진 것에 어떻게 만족할 수 있는지 배우는 겁니다. 저는 명상을 굉장히 열심히 했어요. 셰익스피어도 그의 시 중 일부에서 이렇게 언급한 적이 있다는 걸 아실 거예요. '자족하는 사람은 왕보다 더 위대한 것을 가지고 있다'라고 말이죠. 그래서 저는 제게 뭔가 어려운 일이 생기면 그걸 환영하고 받아들이고, 그걸 가지고 노력해 보려고 해요. 저는 그걸 지금 일어나고 있는 것처럼 다루죠. 제가 승리한 것에 너무 흥분하지도, 제가 실패한 것에 너무 실망하지도 않아요. 그렇게 해서 마음의 평화에 가까이 갈 수 있어요. 그리고 그 깊은 내면에서 창의력이 나오죠."

그러다가 이른 아침, 숲으로 만들어진 그늘이 있는 컴온월 땅의 이곳저곳을 돌아다니며 거대한 바닷물의 짠 냄새와 사이프러스 나무의 향이 섞인 차가운 공기를 들이마셨다. 그러던 중 우연히 그가 얘기했던 명상에 대한 난해한 이야기가 떠올라 잠시 생각에 잠겼다. 그가 만든 이 공간은 힘든 시기에 직면한 사람들이, 회복 탄력성을 유지하는 또 다른 진지하고 중요한 열쇠를 제공해 주는 곳이다. 그걸 뭐라고 불러야 할까, 태도? 너무 약하다. 더 적절한 말은 철학일 것 같다. 우리가 사는 이 우주와 삶이 이루어지는 구조, 지혜의 추구와 궁극적인 실존의 탐구를 이해할 수 있도록 도와주는 일련의 믿음인 것이다.

러너의 회복 탄력성은 그가 가지고 있는 내면의 프로그램에서 나온다. 그는 곤경에 대한 관점을 발전시키려고 노력해 왔다. 무슨 말인가 하면, 어디에 문제가 있는 것인지, 어떻게 받아들일지, (만약 오랫동안 지속된다면) 어떻게 대응해야 할지, 문제를 떠나면 어떤 느낌이 들지, 다시 돌아올 때는 또 어떤 기분일지 알아보기 위해 연습을 한다.

아마도 그가 성인으로 사는 내내 철학을 공부했기 때문에 마음에 어떤 고결함과 깊이가 있는지 모르겠다. 학교에서 그는 정치 철학을 공부했지만 박사과정을 끝으로 그만두었다. 그리고는 오래지 않아, 건강에 관한 다양한 궁금증을 가진 철학으로 관심이 옮겨졌고 지금은 다양한 삶의 방식을 탐구하고 있다. 그는 매일의 삶 속에서 요가의 가르침을 책으로 읽고 연습하고, 완성시키려고 노력한다. 그리고 자신의 믿음을 단련하기 위해 배운 것을 가지고 끊임없이 여러 가지 시도를 해 본다. 철학적 질문에 그토록 오래 복잡한 관심을 갖고 있었기 때문에 자신의 삶을 통해 몸에 대한 이해를 발전시켜 온 것이 크게 놀라운 일도 아닐 것이다. 힘든 시절, 이러한 믿음이 그를 지탱해 주었다. 물론 이것이 모든 사람들이 가야할 길은 아니다. 하지만 삶의 의미만큼이나 광범위한 주제인 삶의 문제를 지도로 나타내고자 하는 사람들은 절망의 시대를 헤쳐 나갈 수 있는 방법을 찾으려는 경향이 있는 것 같다. 그리고 당신을 실패자라고 느끼지 않도록 하는 자신만의 내면 프로그램이 있어야 창의적 작업에 필요한 에너지와 헌신을 지속적으로 가질 수 있게 된다.

우연과 놀기

"실망하는 경우는 아주 드물어요." 데이비드 스튜어트는 편안한 목소리로 말했다. "전에 우리가 얘기했던 것으로 다시 돌아 가보죠. 뭔가 좋은 생각이 잘 나지 않을 때, 혹은 제가 맨 처음, 마야 문자를 갖고 뭔가 성취하고 싶었던 것이 무엇인지 정확히 몰랐을 때로 돌아가봅시다. 어떤 면에서 저는 그냥 탐험가일 뿐이에요. 제가 발견한 것은 제가 발견한 것일 뿐이에요. 제가 이보다 더 구체적인 기대를 갖고 있었다면, 아마 실망 했을 거예요. 내 실수조차도 어떤 의미가 있을 정도로 온통 신비에 싸여 있기 때문에, 보통 아주 대단한 것이 아니라면 유물에 대한 평가는 유보적이죠. 저는 문제를 해결하겠다는 생각으로 그 수많은 알지 못하는 상형문자들을 붙들고 앉아 있지 않아요. '이봐 나는 이 부분을 해석할 거야. 그러니 나는 모든 참고자료들을 봐야 하고, 그게 무슨 의미인지를 파악해야 해.' 이렇게 생각하지 않는 거죠. 제게 이건 우연에 더 가깝고, 저는 그걸 가지고 놉니다. 저는 노는 걸 좋아해요. 이건 일종의 게임이에요. 제 머릿속에 떠오르는 어떤 것도 미리 마음속에 정해 놓은 어떤 목적대로 나온 것이 아니에요. 오히려 이런 순간에 떠오르죠. 어느 나른한 오후에 제 방에 쌓인 것들을 보고, '이봐, 이거 흥미로워 보이는데!'하고 말할 때 말이에요. 이렇게 생각하면 실망이라는 걸 할 수가 없어요."

창의력의 원천은 정원에 핀 꽃처럼 무수한 질문들

"물론, 저만의 어려움이 있어요." 신경생리학자 로버트 샤플리는 말한다. 하지만 그도 데이비드처럼 자신이 하고 있는 일을 즐긴다. 그에게는 마치 결코 실수라고 하는 것이 끼어들 틈이 없는 것 같다.

"그냥 저는 흥미로운 궁금증이 많아요. 시각 구조와 뇌에 관해 연구하다 보면, 결코 바닥을 드러내지 않을 만큼 아주 많은 질문들이 쏟아져 나와요. 창의력의 원천은 좋은 질문들이에요. 하지만 대답해야 할 게 너무 많죠. 글쎄요. 제가 이 문제를 풀 수 있을까요? 아마도 열 개의 질문이 있다면 당신의 경우 세 개 정도 풀 수 있을 거예요. 그러나 여전히 다른 세 개의 좋은 질문이 있죠. 마치 정원 같아요. 그냥 나가서 꽃을 꺾지만 너무 많은 예쁜 꽃들이 있어요. 한 송이가 시들어도, 아직 더 많은 꽃이 있죠."

그는 더 자세히 이야기했다. "저는 처음에 뇌에 대한 관심과 사고와 성격이라는 게 어디에서 나오는지 궁금해서 일을 시작했어요. 하지만 그 개념을 파악하는 일에도 알아야 할 게 너무 많다는 걸 깨닫고 그런 관심들이 시들해졌죠. 저는 많은 것들을 더 흥미롭게 바라볼 수 없게 되었어요. 눈이 뭘까? 지각이란 게 뭘까? 물론 이런 것은 끈 이론(만물의 최소단위가 입자가 아니라 진동하는 끈이라는 이론)처럼 웅장하거나 세계적이거나 우주적이지는 않지만 제겐 그냥 아주 흥미로웠어요. 우리 눈에는 얼마나 많은 초록색과 적색 영상 수용기가 있을까? 그 비율은 어떻게 될까? 이것은 매우 어리석고, 아주 단순한 질문 같아요. 하지만 첫째, 아무도 답을 몰라요. 둘째, 그 해답을 찾는 것도 그리 쉽지는 않아요. 나는 그 문제들을 즐기게 되었고, 결국 그 문제에 대한 답을 찾을 수 있는 방법을 생각해 낼 수 있다고 느꼈어요. 그렇게 해서 색각color vision과 망막의 연결선들을 이해할 수 있는 단순한 사실을 밝혀낼 수 있을 거예요. 그리고 왜 축구경기에서 당신의 시야 주변부에서 보이는 유일한 색이 사람들이 걸치고 있는 빨간 스카프나 빨간 코트인지를 이해할 수 있는 단순한 방법을 알게 될 거예요. 이유를 알면 흥미가 생기죠. 그런데 흥미롭지만 풀리지 않는 그 많은 질문들 때문에, 또는 당신이 이해할 수 없는 것에 대해 실망하느라 왜 시간을 낭비할까요?"

주변부의 이점

사라 로렌스 라이트풋은 다음과 같이 말했다. "예를 들어, 이곳에서 소외감을 느끼는 것 같은 이런 문제에 어떻게 대처하냐구요?" 음. 나는 꼭 '이곳'이 하버드라는 학교를 얘기하는 게 아니라 교정이나 연구소 이런 곳에서 자신이 느낄 수 있는 어떤 감정을 얘기한다는 걸 알았다. 그리고 거기에는 어떤 가치가 있는 것 같다는 생각이 들었다. 한 번 자신이 속한 기관과 그곳의 규범을 유지하고 따르기로 했다면, 그런 다음에는 뭔가 선도적이고 창의적이며 흥미로운 변두리로 떠밀려 나갈 가능성은 낮을 것 같다는 생각이 들었다. 내 생각에 그녀에게는 순응하지 않으려는 뭔가가 있는 것 같았다. 즉, 의도적으로 집단의 규범을 따르려고 하지는 않지만, 여러 방면에서 여전히 규범에 순응하지는 않고 있었다.

그녀는 계속 이어 나갔다. "제가 이곳에서 여자라는 점과 흑인이라는 점에 대해 의식하지 않을 수 없는 게 있어요. 이곳 역사상 두 번째로 유일한 흑인 종신교수라는 사실은 이곳에 큰 흔적을 남겼죠. 근데 바로 그런 사실이 내가 여기에 속해 있지 않다는 걸 알게 해 줘요. 나는 여기 사람이 되지는 않아요. 이곳에 있지만 여기 사람은 아닌 거죠. 제가 차별의 무거운 손을 느꼈다거나 누군가가 내 길을 막았다거나 하는 그런 걸 암시하는 게 아니에요. 오히려 나는 지금 변방의 위치에서 어떻게 살아남고, 어떻게 번영해야 하는 지에 대해 이야기하는 거예요. 그리고 아주 어릴 적, 아마도, 사춘기 시절에, 저는 단체에 어울리지 않는 것의 이점을 알게 되었던 것 같아요. 왜냐하면 저는 한 번도 학교에서, 또는 공동체에서 주류였던 적이 없었거든요. 그래서 그걸 어떻게 장점으로 바꿔야 하는지 알게 된 거죠."

통합적 사고의 모범

월드 워치의 래스 브라운은 다음과 같이 말했다. "그래서 저의 불행했던 시절에 대해 알고 싶다구요?”

러너처럼 브라운도 대응의 매커니즘을 포괄하는 어떤 철학을 가지고 있었다. 하지만 마음의 안정을 찾는 데 초점을 맞추고 좋고 싫은 것을 똑같이 받아들이려고 하는 러너의 접근법과 달리, 브라운의 접근은 자기 이해에서 나온 인내심이 있었다.

“저는 제가 할 수 있는 것과 할 수 없는 걸 잘 알아요. 제가 실수를 보완해야 하고 실망을 피해야 할 때 그러한 인식이 많은 도움이 되죠. 저는 제가 얼마만큼의 압박을 견딜 수 있는지 알아요. 그리고 그것을 감당하려면 뭘 해야 할지도 알죠. 저는 어느 정도의 방해를 제가 참을 수 있는지 알아요. 그래서 저는 제 작업실 환경을 거기에 맞게 배치하고, 일하는 시간도 제가 받아들일 수 있는 정도까지 한계를 정해 놓죠. 그게 제 마음을 정리해 주고 그래야 일을 할 수 있어요. 그래서 저는 일하러 갈 때 걸어서 가요. 집에 올 때도 마찬가지죠. 그리고 주말에는 공놀이를 해요. 저는 어떤 일이 제게 정말 기쁨과 만족을 주는지 알고 있어요. 만일 제가 어떤 특정 날짜까지 준비해야 할 보고서가 있다면, 저는 그게 3개월 후, 6개월 후, 8개월 후에는 어느 정도까지 할 수 있는지 알아요. 저는 좀처럼 마감 날을 놓친 적이 없어요. 왜냐하면 저는 제가 어떻게 일하는지 알기 때문이죠. 제 분야에서 쏟아지는 정보에 뒤처지지 않으려면, 책을 많이 읽어야 한다는 걸 알아요. 그래서 저는 책을 읽으면서 확실하게 얻은 지식을 발전시켜야 해요.”

그는 편지를 처리하는 가장 일상적인 업무에서부터 자신이 선택한 활동에서 어떻게 만족감을 얻어야 하는지 등에 대해서 무엇이 자신의 일에 도움이 되는지 알고 있다.

"그러면 스스로에 대한 그렇게 많은 정확한 정보를 어떻게 모으신 거예요?"라고 나는 물었다.

그의 대답은 간단했다. "제 자신을 많이 시험해 보죠. 아마도 대부분의 사람들이 하는 것 이상으로 말이에요. 그리고 저는 그 결과에 주의를 기울여요."

그가 평상시 암시하면서 말하는 방식으로 보아, 브라운이 스스로를 많이 시험해 본다고 말할 때, 이것은 이사회실에서 눈을 고정해 놓고 자신의 경력이나 눈치 보는 사람들의 전형적인 예상 가능한 도전들이나, 교과서적인 실험을 이야기하는 것은 아닐 것이다. 브라운의 도전은 더 내면적이고, 더 개인적이다. 그리고 그가 도달하고자 하는 것도 일반적인 잣대로 재는 성공보다 훨씬 높다. 전체적인 긴 안목으로 그의 노력을 파악해 보기 위해서는 그가 이 일을 처음 시작했을 때와 오늘날 그의 위치를 비교해 보면 된다.

오늘날 세계환경보전 분야에서 가장 영향력 있는 사람 중 한 명으로 브라운을 꼽는 것은 당연하고도 쉽다. 그는 연구소에 결원이 생길 때마다 300여 건의 지원서를 받는다. 그리고 유엔부터 시작해서 아시아 도심의 뒷골목에까지 다양한 소식통에서 나오는 정보를 추려낸다. 그는 새로이 알게 된 내용들을 분석하고 종합해서 보고서를 포함한 여러 가지 출간물을 낸다. 그리고 이것은 제3세계뿐만 아니라 동·서양 여러 곳의 국가 간 연합체에서 공히 정책 수립 도구로 사용된다. 그는 또 아주 인기 있는 기조 연설자이다. 기자들, 학생들, 상·하원 의원들, 포춘지가 선정한 500대 기업의 CEO들, 그리고 테드 터너가 운영하는 CNN에서 일하는 300명이 되는 편집위원들 모두가 브라운의 보고서를 읽는다. 그는 그들에게 말한다. '우리가 지구를 밟아 뭉개지 않도록 조심히 걸어야 해요. 좋은 행성을 찾기란 쉽지 않은 일이죠.'

이런 그의 독립적 영역의 활동은 그가 정부에서 했던 일에서부터 출발한 것이다. 처음 그는 케네디 행정부에서 외국 농업정책 분야에서 자문으로 일했고, 그 후 3년은 국제 농업 발전 서비스 센터의 관리자로 일했다. 이 정부 보조 기관은 약 40여 국가에 식량 원조 활동을 한다. 리처드 닉슨이 대통령에 취임하자, 브라운은 행정부에서 나와 '해외 개발 위원회Overseas Development Council의 창립을 도와주었다. 이 기관은 제3세계 문제를 집중적으로 다루는 연구기관이다. 6년 간 네 권의 책을 내고 난 후, 그는 록펠러 형제에게 자금 지원을 받아 '월드워치(1974년)'라는 연구소를 세웠다.

이것이 바로 오늘날의 래스터 R. 브라운을 있게 해 준 것이다. 과거의 브라운은 델러웨어 강 근처 토마토 농장에서 자랐다. 집에는 책도 없었다. 부모님 두 분 다 초등학교도 졸업하지 못했다. 그는 남은 평생 동안 농장을 일구려고 계획하고 있었다. 하지만 두 가지 일로 그 계획은 완전히 바뀌어 버렸다. 첫째, 한 선생님께서 그에게 위인전을 건넸다. 아브라함 링컨, 키트 카슨, 앤드류 잭슨, 조지 워싱턴, 토마스 제퍼슨(그는 이들 모두를 '친구들'이라고 부른다)의 삶에 관한 책을 읽으면서, 브라운은 한 사람이 엄청난 일을 이룰 수 있다는 걸 알게 되었다. 두 번째이자 결정적 요인은 1956년에 갔던 인도 여행이었다. 현재의 쿡 칼리지Cook College라고 하는 대학을 졸업한 지 1년 후, 국립 4H클럽 재단의 국제 농업 청년 교환 프로그램으로 인도에 가게 된 것이다. 인도에서는 거의 6개월간 머물렀다. 온통 가난에 찌들어 있는 그곳에서 그는 세계 식량문제가 그의 가족이 토마토 농장에서 농사를 짓는 것보다 더 중대한 문제라는 생각을 하게 되었다.

위인들의 전기를 읽고 인도를 여행했던 일로 그는 자신의 한계를 시험해 보려는 시도를 하게 되었다. 젊은이로서 그는 이 문제에 집중하고, 우리가 잠시 회피해 버린다면 삶이란 그냥 흘러가버리는 경향이 있는 것처럼, 삶이 그렇게 흘러가는 걸 막고 싶었다. 그는 어떤 도전에 맞닥뜨리면, 다양한 각도에서 탐구해 본다. 우선 스스로에게 물어 본다. 이것 혹은 저것에 대해 어떻게 느끼는지, 그리고 왜 어떤 상황들을 두려워하는지, 자신이 다룰 수 있다고 생각하는 위험이 어느 정도까지인지, 경쟁에 대해 어떻게 생각하는지, 한 시간 동안 얼마나 성취할 수 있는지, 그리고 이런 결정이 다른 것에 어떤 영향을 미칠지…. 이런 게 바로 통합적 사고에 대한 그의 비범한 능력의 단초를 제공해 준다. 이렇게 해서 의지가 강한 브라운 같은 사람은 아주 좋은 위치로 올라가게 되고, 자신의 실수와 과거에 그것을 어떻게 아주 깔끔하게 정당화했는지도 직시하 게 한다. 이런 질문들이 오히려 자신을 속이거나, 자신의 부자연스러운, 혹은 당황스러운 느낌을 더 자극할지 모른다고 얘기하는 사람은 별로 없다. 브라운도 그렇게 생각한다. 그는 자신의 본질을 파악하는 데 관심을 갖고 있다.

그는 스스로에 대한 실험과 조사를 결코 멈추지 않았고 그 결과 자신에 대해 아주 잘 알게 되었다. 그렇게 자신의 내면에 대한 앎이 있기 때문에 그는 자신이 일으킬 수 있는 실수를 미리 예방하도록 노력할 수 있고, 실패를 견딜 수 있는 힘이 생겨난 것이다. 자아를 완전히 파악한다는 것은 강력한 힘을 가지고 있다.

궁극의 회복 탄력성은 잊어버리고 다음 일로 넘어가기

회복 탄력성을 만드는 실마리는 여러분이 보는 모든 곳에 있다. 다양한 일을 유지하는 것, 현명한 친구를 선택하는 것, 자신의 과오나 실망에서 무엇을 배울 수 있는지 깨닫고 그걸 감싸는 것, 문제가 다루기 힘들 것 같다고 느껴질 때에는 그 문제에서 멀어졌다가 다시 오고, 멀어졌다가 다시 돌아오는 것. 자신을 비전에 투자하는 것, 목표가 아닌 과정에 집중하는 것, 기쁨과 평범함의 리듬을 받아들이는 것, 자신의 분야에서 가능성 있는 일에 호기심을 유지하고 적응해 보도록 노력하는 것, 승리를 환영할 때 사용한 것과 같은 단어들로 패배를 인정하는 철학을 발전시키는 것, 그리고 자신을 알아내려고 노력하고 스스로 결정하는 것….

만일 이 중 아무것도 지구력을 키우고 회복력을 찾는 힘을 강화시켜 주는 데 도움이 되지 않는다면, 한 가지 더 가능한 게 있다. 이건 조세프 브로드스키로가 소개한 방법이다. 그는 구소련 감옥에 들어가 본 적도 있었고, 고향 땅을 떠나 북극 끝에서 삽으로 거름 주고, 나무를 베고, 돌을 깨면서 망명자로 살아봤던 사람이다. 그는 자신에게 영양분을 주었던 양분(책, 친구, 토론)으로부터 배제되었을 때, 타협하지 않은 지식인이 겪어야 했던 외로움을 경험했다. 그는 늙으신 부모님과의 짧은 재회라도 허가해 달라고 소련 정부에 요청했지만 거절당했고, 심지어 부모님께서 돌아가셨을 때조차도 허가를 받지 못했다. 그리고 그는 절망했었다.

"실망과 부정적인 경험 등의 관점에서 보자면, 사람은 불행한 일들로 충격을 받지 않을 때까지 충분히 오래 살지 않나요? 그때의 감정은 충격이 아니라는 걸 인정하는 것이죠. 그 안에 그렇게 대단한 기쁨은 없어요. 하지만 어느 정도까지는 재미있죠. 음, 삶에는 그냥 수많은 속임수가 있다는 걸 알 거예요. 둘 중 하나를 선택할 수 있는 인간의 선택에는 당연히 한계가 있죠. 아시다시피 말이죠. 그러니 뭔가를 경험할 능력, 수용할 능력 또한 한계가 있는 거예요. 즉, 당신은 인간이 할 수 있는 가장 많은 기쁨을 끌어내야 하고, 고통도 마찬가지에요. 마치 젖소와 같아요. 젖소도 물리적 한계가 있죠. 그리고 여러분은 겨우 몇 번 충격을 받을 수는 있어요. 하지만 그 후엔 더 이상 충격을 받지 않죠."

이런 말을 듣고 난 후, 나는 바로 모든 인터뷰에서 다음과 같은 질문을 하게 되었다. 당신은 어떻게 실망을 극복하나요? 브로드스키는 다른 모든 방법을 압도하는 최고의 대답을 해 주었다. "잊어버리려고 하죠. 가능한 한 빨리. 그런 다음 다른 일을 해야죠."

자신의 일에 애정을 갖기

처음부터 끝까지 한번에 들어야만 하는 이야기가 있다. 어떤 방해도 없이, 어떤 편집도 없이, 어떤 부차적인 설명도 없이 말이다. 그건 바로 사랑에 관한 이야기이다. 이런 식이다. 만일 창조적 본능이라는 것을 생리학적으로 더 잘 나타낼 수 있었다면, 독창성을 드러내고 조종하는 것이 정신이 아니라 마음이라는 걸 알게 되었을 때 나는 이렇게까지 놀라지는 않았을 것이다.

"좋아요. 여러분. 잘 들어보세요."

앨런 스튜어트는 어둑한 무대에 서 있었다. 이 공연장은 뉴욕에서 운이 없거나, 심하게 해진 신발 끈으로 근근이 버티며 생활하는 학생들에게는 잘 알려진 곳이다. 앨런은 자신의 공연장을 절대로 맨하탄 14번가 위로는 옮기지 못할 거라고 우스갯소리를 한다. 무대 등만 해도 스위치를 켜면 반쯤은 등이 나가 있었다. 주변에 널려 있는 관객용 임시 벤치의 어둠 속에서 계속해서 타고 있는 담뱃불만 번쩍이고 있었다.

깊은 어둠 속에서 거의 구별조차 힘든 한 무리의 청바지 차림의 연주자들은 작은 북과 전자피아노의 연주에 맞춰 소라고동의 깊은 울림 소리를 내고 있었다. 그 소리는 이상하고 음울했다. 마치 카론이 스틱스 강을 건너기 위해 장대로 배를 밀고 가는 저승의 소리 같았다. 한 사람은 '완벽해'라고 말하고, 다른 사람들은 미소를 짓고 있었다.

이번 앨런 스튜어트의 기획에 대한 반응은 시큰둥했다. 그래서 그녀는 무화과 잼이 든 쿠키와 싸구려 커피로 아침을 마무리하고는 낡은 신발을 벗고, 소방차처럼 빨간 양말을 신은 채 무대 중앙으로 조용히 걸어 나와, 꽉 낀 검정 바지를 손으로 추스리고, 큐빅이 박힌 밝은 핑크색 스웨터를 입은 채 다시 해 보았다.

"이제 괜찮아요. 여러분, 잘 들어보세요." 주목을 끌기 위해 크게 박수를 치면서 이야기했다. 텅 빈 공간에서(그리고 그 동네를 고려해 보더라도) 마치 권총의 날카로운 총성 같은 끔직한 소리였다.

이번에는 괜찮았다. 갑자기 연주가들이 멈추었다. 포부가 큰 젊은 배우들이 어두운 무대 뒤편에 앉아 있다가 쿵쾅대며 나타나서는 그녀 주위로 몰려들었다. '안녕, 엄마', '봐요, 엄마', '무슨 일이에요, 엄마', '좋은 아침이에요, 엄마', '네, 엄마', '알겠어요, 엄마'. 그녀는 '오, 이런, 귀여운 아이들'하고 그들과의 인사에 답했다. 앨런은 살면서 아주 많은 젊은이들과 어울렸기 때문에 갑작스러운 순간에는 그들의 이름을 다 기억할 수가 없다.

"우리는 오늘 바쁠 거에요." 그녀는 허스키한 중저음으로 말하고는 바로 하던 일을 계속했다. "먼저, 로이드, 철물점에 달려가서 긴 막대를 사다 줄 수 있겠어요? 뭐 빗자루 막대든 그런 비슷한 걸로요. 여기 내 동전지갑이에요. 자, 여러분들, 누가 스케이트보드를 탈 수 있나요? 어릴 적에만 타 봤었다고 해도 상관없어요. 데이비드, 오늘 할 수 있는 지 볼게요. 앤드류, 저기 뒤쪽에서 스케이트보드 좀 가져다 줄래요? 두 시에 플라멩코를 가르치는 여자 분이 오실 거예요. 그리고 여기 이분은 데니히스… 뭔가 하시는 분이에요. 글을 쓰고 계시죠. 여기 불 좀 더 켤 수 있나요? 아니면 내가 전기료 내는 걸 깜박했나요? 좋아요. 자 주목하세요. 지니, 박자 좀 맞춰줘요. 강물이 흐르는 것처럼 말이에요. 내가 아프리카에서 가져온 저 끈 있는 걸 사용해 보세요. 아하, 오 예. 조금 키를 올려 봐요. 네 맞아요. 자 여러분 저 범람하는 장면에서 우리가 할 건 이거에요…"

앨런이 가는 팔을 흔들 때마다 팔찌들이 번쩍거리고, 억센 머리카락을 정교하게 땋은 회색 머리는 그녀가 움직일 때마다 흔들거렸다. 약간 느린 걸음걸이지만 몸동작에는 단호함이 드러나 있었다. 저 뚱뚱한 소녀가 자신감만 갖고 노래를 한다면 보이스오버(화면에 직접 등장하지 않고 목소리만 나가는 것)를 충분히 잘해 낼 거라고 혼자 중얼거렸다. 스케이트보드를 탄 사람이 멈추려고 끼익 소리를 내자 그녀는 어떤 가식도 없이 로사라는 이름의 긴장한 소녀에게 활짝 미소를 지어 안심시켰다. 로사는 연신 사과를 하며 사람들에게 자신은 연기를 해 본 적이 한 번도 없다고 말했다. 앨런 스튜어트가 일하는 걸 보면서 그녀가 정말 자신의 일을 사랑하고 있다는 걸 바로 알아차릴 수 있었다.

이런 얘기를 할 때 우리는 어리둥절해야 할까? 냉소나 날카로운 모순으로 가득 찬 분위기가 있을 때가 있다. 이런 상황에서 솔직하게 말하거나 순진한 이야기로 치부할 것에 대한 두려움으로 솔직한 감정을 드러낸다는 것은 상상하지도 못할 것이다. 하지만 지금은 그런 경우가 아니다. 일에 대한 사랑, 인류에 대한 사랑, 삶에 대한 사랑, 예술에 대한 사랑, 음악에 대한 깊고 변치 않는 사랑. 이러한 정서는 앨런 스튜어트를 당당하게 만들며 그녀의 머릿속에 계속 떠 있는 중심 주제이자, 그녀의 창의력이 만들어지는 중심축이다. 만일 그녀의 삶이 연극처럼 무대에서 펼쳐진다면, 아마도 오프브로드웨이 극장에서 다음과 같은 공연으로 펼쳐질 것이다.

제1막

앨런 스튜어트는 루이지애나 주에서 태어나 패션 디자이너가 되겠다는 부푼 꿈을 안고 1950년에 시카고를 거쳐 동부로 왔다. 어린 시절 앨런은 디자인 대회에서 우승했다. 그녀가 상을 받으러 가자, 수상하러 그곳에 온 게 뻔뻔한 일이라며 누군가 그녀의 입을 때렸다. 하지만 그녀는 단념하지 않았다. 그녀는 흑인 여자아이가 다닐 수 있는 학교가 뉴욕에 있다는 얘기를 들었고, 그곳에 다닐 계획을 세웠다. 그녀는 친구와 도망치기로 했다. 그리고 그랜드 센트럴 스테이션 꼭대기에 놓여 있는 오래된 시계 아래에서 만나기로 약속했다. 하지만 친구는 나타나지 않았고, 우울해진 그녀는 5번가에 있는 성 패트릭 성당으로 쭈뼛쭈뼛 들어가 초를 켜고 기도했다. 일할 수 있게 해달라고. 하나님께서 그 마음의 신실함을 들어주셨다. 한 30분 후에 그녀는 길

건너편에 있는 삭스 백화점에서 일하게 되었다. 이제 방랑의 끈을 잘라 버리고 빗자루를 밀게 된 것이다.

수년간 앨런은 삭스 5번가 백화점에서 일했고 쉬는 날에는 시내 구경도 했다. 그러다 우연히 델란시 스트리트에 있는 유대인 동네에서 파파 아베 다이아몬드Papa Abe Diamond라는 이름의 루마니아 이민자를 만났다. 그는 그녀의 좋은 친구가 되었고, 그녀에게 다양한 옷감 조각들을 가져다 주었다. 그리고 그는 미래의 패션 디자이너가 될 앨런을 입양하였다.

이야기는 계속 된다. 어느 날 매장에 있는 탈의실에서 사건이 하나 일어났다. 어느 백인 부인이 자신의 무도회복에 약간의 문제가 있자 폭발해 버린 것이다. 점심시간이었기 때문에 고쳐 줄 사람이 주변에 아무도 없었다. 하는 수 없이 앨런이 나섰고, 일을 잘 해결한 앨런은 디자인 부서로 파격적인 승진을 하게 되었다. 그녀가 내게 말한 바에 따르면, 그 승진으로 가장 좋았던 것은 당시 흑인 직업여성들이라면 모두 입어야만 했던 파랑색 작업복을 벗게 되었다는 점이었다. 이 자체가 그녀에게는 하나의 큰 성취였다. 하지만 진짜 성공은 파파 다이아몬드가 준 옷감들로 앨런이 직접 만들었던 드레스 창작품이 마침내 주목을 받게 되었다는 점이다. 1,500달러의 가격표가 붙은 앨런의 무도회복은 삭스 백화점 진열장에 놓이게 되었다.

수년 동안 앨런은 삭스 백화점에서 디자이너로 일했다. 7년, 11년, 수년이라는 시간을 누가 확실히 알 수 있을까. 아무튼 오랜 시간이었다. 정확한 기간은 앨런과 그다지 관계가 없을 뿐만 아니라, 전기적 관점에서도 중요한 일이 아니다. 누군가가 그걸로 그녀의 나이를 추산하려고 하는 게 아니라면 말이다. 그녀는 이렇게 말했다. "사실이 바뀌면 기억도 변한다"고 말이다. 그렇게 수년을 삭스 백화점 디자이너로 일했지만 점점 앨런은 흑인과 백인 모두에게 분한 마음을 갖게 되었다. 결국 그녀에게 병이 찾아오자 앨런은 일을 그만두고 건강을 회복하기 위해 모로코로 떠났다. 그곳에 있을 때 그녀는 꿈 속에서 돌아가신 파파 다이아몬드를 보게 되었다. 그는 그녀에게 평소에도 자주 했던 이야기를 계속 들려 주었다. 그 이야기는 도덕적 교훈으로 끝나는 이야기였다. '딸아, 너만의 수레를 장만하거라. 그리고 그걸 다른 사람을 위해 사용해라. 그렇게 하면 그 수레가 항상 너를 네가 원하는 곳으로 데려다 줄 것이다.'

제2막

바로 그 즈음에 신학대학에 다니다 극작가로 변신한 이복동생이 불행한 사건에 휘말리게 되었다. 자신이 가진 모든 것을 투자했던 연극이 완전히 망한 것이었다. 곤경에 처한 이복동생의 불행을 지켜보던 앨런은 자신의 수레를 만들기로 결심했다. 그녀의 동생과 같은 사람들을 위한 극장을 만들어 주기로 한 것이다. 앞길이 창창한 배우들, 극작가들, 무대 담당자들, 무대장치 디자이너들, 모두를 환영했다.

그녀가 찾은 장소는 이스트 나인 스트리트에 있는 다 무너져 가는 점포 앞이었다. 그녀가 운영하는 프리랜서 패션 사업에서 함께 일하는, 스마트한 외모의 남성 모델 친구들이 매일 저녁 그곳을 개조하는 데 도움을 주러 왔다. '열린 마음을 가진' 동네 사람들은 이 멋진 젊은 남성들이 왔다갔다하는 걸 보면서 그녀가 매춘업을 한다고 생각한 나머지 그녀에게 침을 뱉고 쓰레기를 던졌다. 결국 그들은 경찰을 불렀다.

다행히도, 전화를 받은 경찰관은 상황을 재빨리 파악하고 그녀에게 적절한 법적 조언을 해주었다. (경찰관은 나중에 즉흥극 배우가 되었다) 그곳에서 일을 하려면 연극 공연을 위한 주류 판매 허가서가 필요하며 커피와 차를 제공하는 카바레처럼 운영하라고 조언해 주었다. 또한, 그곳에 적절한 간판도 필요하다는 얘기도 빼지 않았다. 당시 사람들은 모두 그녀를 마마Mama라고 불렀기에 누군가가 극장 이름으로 라마마La Mama가 어떻겠냐고 제안했다. 마마에 '라'를 붙일 생각을 한 것은 그 지저분한 공간에 격조를 높이기 위한 것이다.

제3막

이제 앨런은 테이블 정도 크기의 무대에서 매주 공연을 했다. 그리고 낡은 구두 수선소 뒤쪽에서 커피를 제공했다. 공연 비용을 충당하기 위해서, 프리랜서로 삭스 백화점에 입점해 있는 화려한 버그도프와 벤델 같은 매장의 옷을 만드는 일을 했다. 다행스럽게도 그녀는 바느질을 꼼꼼하게 했고, 엘리자베스 2세의 대관식 무도회복을 한 벌도 아닌 두 벌이나 만든 유일한 미국인이 되었다. 그리고 당시 파리에 있는 디오르 살롱에 초대받은 유일한 미국인이라는 사실을 그녀는 뽐내기 좋아했다.

"인기가 대단했었지." 라고 그녀는 말했다. 목소리에는 여전히 남부지역 갈리아인 후손의 흔적이 남아 있었다. 그녀의 깊고 검은 눈동자는 여전히 반짝거리고 있었다. 피곤에 지쳐 있었지만, 얼굴에서 지겨움이라고는 전혀 찾아 볼 수 없었고, 탄력도 있었다. 이마는 여전히 윤기가 났고, 전체적인 모습은 새빨간 립스틱을 발라 생기를 돋우었다. 그녀의 얼굴에서 드러나는 것은 역사의 밀려나가는 물살을 거부하는 마음이나 생기있는 외모도 아니었다. 앨런은 뭔가 대단한 일도 일어나지 않은 채 인생은 그저 왔다가 가는 것이라고 한탄하는, 그런 노인이 되고 싶지는 않았다. 그녀에겐 항상 새로운 이야깃거리가 있었다.

의상 수입으로 앨런은 무너져 가는 극장을 유지하고 철로 변 아파트 월세를 냈으며, 그녀와 함께 잠시 머물던 모든 사람들을 지원해주었다. 그중에는 그녀의 사업 매니저인 짐 무어(짐보라고 알려져 있다)도 있었다.

어느덧 소문이 나돌기 시작했고, 유망한 극작가들이 지저분한 대본을 꽉 움켜쥐고서 그녀의 문 앞에 나타나기 시작했다. "나는 그 대본들을 절대 읽지 않았어. 지금도 안 읽어. 내가 대본에 대해 뭘 알겠어! 내가 연극에 대해 뭘 알겠어! 그냥 사람들이야. 내가 보는 건 사람들. 그들 없이 난 아무것도 아니야. 이 많은 사람들의 사랑이 없었다면 나 같은 흑인 할머니가 지금쯤 어디 있겠어? 난 그냥 내 마음속 신호를 믿을 뿐이야."

앨런의 신비한 신호에 관해 쓴 글들은 많다. 해석해 보자면, 정직한 사람이라면 누구든지, 친절한 사람이라면 누구든지, 진실한 사람이라면 누구든지, 그녀가 좋아하는 사람이라면 누구든지, 그녀에게 좋은 느낌을 준 사람이라면 누구든지(사실, 그녀가 길에서 마주치는 모든 삶에 찌든 영혼들에 대해 느끼는 감정이다), 그녀의 무대에서는 똑같은 시간이 허락된다는 것이다.

앨런에 따르면 당시 극작가들은 일하는 요령을 알고 있었다. 그들은 힘들게 머리를 쥐어짜서 대본을 써내느라 잠을 꼬박 새운다. 다음 날 아침, 지옥에서 겨우 나온 사람처럼 면도도 하지 않은 채 나타난다. 아무도 그들에게 어떤 것을 재촉하지 않았으며 그들도 그걸 알고 있다. 그들은 그림을 그리고, 무대장치를 걸고, 전구를 적당한 곳으로 옮기고, 청중들을 위해 통로를 만들고, 커피를 제공하고, 그런 다음 넉살 좋게 모자를 돌리며 기부금을 요청한다. 그들이 그렇게 하는 이유는 관객들의 반응을 보고 싶기 때문이다. 그 반응이 그들의 창조력과 추진력을 가져다주는 원천이 된다. 앨런은 빙그레 웃었다. 물론, 그녀도 무대장치들을 옮기고, 그림을 그리고, 바닥을 쓸고, 피가 나는 장면에 쓰인 케찹을 닦기 위해 물걸레질을 하고, 청중들을 위한 통로를 만들었다. 그런 고된 일에 관한 한 앨런은 둘째가라면 서러운 사람이지 않은가.

"힘든 일이지, 제기랄!" 앨런은 키득키득거린다. 입술을 오므리고 이상한 소리로 입술 사이에서 짧은 숨을 내뱉는다.

"고된 일은 삶의 일부지. 항상 고된 일이 있어. 자 여길 봐. 아가씨. 배려에 대해 얘기 좀 할게."

랜포드 윌슨은 그녀의 초창기 극작가 중 한 명이자 수년 동안 그의 활동의 기본 터전으로 라마마 극장을 이용했었다. 젊은 시인이자 음악가이며 배우인 샘 셰퍼드도 마찬가지이다. 셰퍼드는 1979년에 퓰리처상을 수상했다. 윌슨도 1980년에 수상했다. 그들이 다 그녀의 아이들이라고 앨런은 말한다. 그들은 모두 앨런에게 찾아왔거나, 그들이 유명해지기 훨씬 전에 앨런이 그들을 찾아냈다.

어마어마한 양의 사무실 캐비닛은 신문 스크랩들로 가득했다. 나의 조력자인 자랑스러운 짐보는 그녀의 무대에서 공연했던 사람들에 대해 복음을 떠들 듯 장황하게 읊조렸다. 질 클레이버그(배우), 마마스 앤파파스 그룹의 캐스 앨리엇(가수), 프레드릭 포레스트(배우), 빌리 크리스털(배우), 패티 스미스(싱어송라이터), 배트 미들러(가수), 닉 놀티(배우), 앤디 워홀(예술가), 대니 드비토(배우), 당시 배우이자 소설가인 앤 비티, 엘리자베스 맥거번(배우), 크리스토퍼 듀랑(극작가), 비트 세대의 시인인 앨런 긴즈버그, 안드레이 세르반(연극 감독)(그녀가 루마니아에서 데려온 인물이다), 〈헤어Hair〉·〈지저스 크라이스트 슈퍼스타Jesus Christ Super-star〉·〈레니Lenny〉로 유명한 톰 오호건(연극 감독), 〈슬픈 사랑노래 3부작Torch Song Trilogy〉의 하비 피어스타인(배우 겸 극작가), 작곡가 엘리자베스 스와도스, 그리고 다른 두 명의 맥아더상 수상자들(피터 셀라스와 빌 어윈).

관객들: 루돌프 누레예프(발레무용수), 존 레논(가수)과 오노 요코(예술가), 릴리 톰린(배우), 더스틴 호프만(배우), 토미 튠(배우), 워렌 비티(배우), 메릴 스트립(배우), 아나이스 닌(수필가), 아레사 프랭클린(싱어송라이터), 피에르 가르뎅(패션 디자이너), 해럴드 핀터(극작가), 아서 밀러(극작가), 에즈라 파운드(시인) 그리고 한 무리의 어처구니없이 당황해하는 사람들. 이들은 무대에 선 배우들이 텅 빈 객석을 보며 공연하지 않도록 길거리에서 억지로 끌려온 사람들이었다.

제4막

하지만 여전히 고상하고 권위적인 뉴욕의 비평가들은 라마마 극장에 그다지 많은 관심을 갖지 않았다. 오프브로드웨이는 당시에 예술로 취급받지 못했다. 실제 연극은 업타운에서 하는 것이라고 생각했다. 그 문제를 해결하기 위해 앨런은 자신의 연극팀을 데리고 해외로 나가야겠다는 생각을 했다. 적어도 그곳에서는 단지 미국의 연극팀이라는 것만으로도 충분히 관심을 끌 수 있을 것이라고 생각했기 때문이었다.

그 해가 1965년이었다. 그녀는 22편의 연극을 가지고 16명의 배우와 2명의 감독을 데리고 모두 편도 티켓으로 배에 올랐다. 그리고 각자 118달러를 가지고 있었다. 파리 사람들은 그녀의 팀에게 열광하지 않았지만 코펜하겐과 독일에서는 사랑을 받았다. 그녀는 그 다음 해에 돌아왔다. 그리고 나서는 초대를 받아 해외로 나갔고, 그 다음 해에는 10개 도시 투어를 잡았다.

이제는 어떤 것도 그녀를 멈추게 할 수 없었다. 그녀는 전세 비행기 전문가가 되었고, 목적지에 닿기 전에 대여섯 군데를 기착지로 삼았다. 매번 도시에 내리면 그녀는 먼저 음악가들과 연극 관객들을 찾아본다. 그리고 만일 적당한 시설을 찾지 못하면 라마마 지부를 조직한다. 공연을 계속해나가면서 그녀는 이제 국제적인 라마마 체인으로 네트워킹을 형성했다.

다시 뉴욕으로 돌아오자, 그녀의 아주 작은 아파트에는 변화무쌍한, 기라성 같은 연극 관련인들로 가득했다. 로마에서 온 무용팀, 서울에서 온 극작가, 수많은 일본 배우들, 키부츠(이스라엘의 생활공동체)에서 온 음악가, 자이르에서 온 피그미족 사람들(이들은 사악한 드럼을 칠 수 있다), 꼭두각시 인형으로 공연하는 에스키모 사람들, 비춤

rain dance을 추는 미국 원주민들, 환상적인 그리스인들, 두 명의 멋진 이집트인들, 할렘가에서 온 브레이크 댄서들, 스위스에서 온 알펜호른 연주자들, 파타고니아(아르헨티나 남부의 고원)에서 온 작사가 등.

갈피를 잡지 못하는, 괴짜인 사람들을 끊임없이 양육해 주고, 굉장히 민주적으로 운영하는 수녀원장. 앨런을 고귀한 사람이라고 부르고 싶은 유혹이 있지만 그런 단어가 앨런과 과연 어울릴까? 그녀가 하는 일은 전혀 천상의 일이거나 유령의 일이 아니다. 그녀가 가진 것은 이 땅에 있는 모든 것에 대한 애정이다. 그녀를 찾은 이유가 배고픔 때문이라면 그녀는 먹을 것을 찾아줄 것이다. 만일 잠잘 곳이 필요하다면 그녀는 바닥을 청소할 것이다. 만일 작품을 공연할 무대를 필요로 한다면 그녀의 극장을 내줄 것이다. 만약 우울하다면, 토닉 한 잔을 처방해 줄 것이다. "자기야, 당신은 저 연극을 이집트에 가져가서 해야겠어. 피라미드에서 한 번 공연해 봐. 가고 싶은 때 얘기 해, 내가 일정을 잡아 줄 테니… 아가, 너에게 필요한 건 콩고야. 거기에서는 너의 오페라에 어울리는 소리를 찾을 수 있어, 믿지 못하겠지만. 떠날 수 있을 때…. 아가씨, 이 작품은 초밥에 관한 거지? 일본 생각이 나네."

라마마 극장은 이곳 맨하탄 로워 이스트사이드에 있는 현재이 주소로 옮기기 전에 여러 번 위치를 바꿨었다. 앨런은 이곳이 마음에 들었다. 공간이 늘어나서 세 곳의 공연장과 카바레, 미술 전시장, 일곱 군데의 리허설 공간, 넘치는 워크샵 방, 그리고 방문한 예술가들이 머물 수 있는 거주 공간까지 있다. 대부분의 자금은 재단에서 기부해 주었다.(앨런이 직접 재단 문을 두드리며 굽실거리고 다녔다. 하지만 앨런의 친구들 중 젊고 멋지게 차려입은 백인 여성이 자랑을 늘어놓으며 공손하게 인사할 때 더 효과적이라는 결론을 내렸다. "아직은 많은 차별이 있어." 그녀는 확신하며 내게 말했다. 나는 어떤 반박도 하지 않았다.) 그녀가 처음 이 공간을 구했을 때, 이곳은 완전히 허물어져가는 곳이었다. 한 층의 일부는 시뻘건 피가 바닥에 깊숙이 배에 있었다. 이전 주인이 이곳에서 소시지 공장을 운영했었기 때문이었다.

짐보는 내게 라마마 극장이 20주년(1987년)이었을 때, 누군가가 표로 만들어 준 통계자료들을 내게 보여 주었다. 재고 조사처럼 한눈에 상황을 파악할 수 있게 해 주는 것이었다. 21개국 이상에서 멀티미디어 공연, 비디오, 음악, 춤, 연극 공연을 무려 1,400회. 약 14,025명의 배우들과 4,176명의 음악가, 19마일의 필름, 690명의 극작가, 816명의 무용수. 아무도 앨런이 건축법 위반으로 몇 번이나 경찰에 불려갔는지 세지는 않았다. 또, 그녀의 실제 이름으로 받은 그 많은 전과기록을 추가하지 않기 위해 얼마나 많은 가명을 사용했는지, 앨런이 몇 번이나 쫓겨났는지, 몇 번이나 담보로 잡힌 티켓을 만들었는지, 과로와 건강 악화로 몇 번이나 병원에 실려 갔는지… 어쨌든 신의 축복으로, 이 모든 것들은 더 이상 큰 문제가 되지는 않을 것 같다.

창의성은 배려감에서 나온다

다시 극장으로 돌아와서, 강이 범람하는 장면을 무대에 올리려는 앨런의 시도는 잘 되고 있었다. 스케이트보드를 탄 배우들이 마침내 바퀴를 굴리는 데 능숙해진 것 같았기 때문이다. 로이드는 앨런이 시켰던 막대를 가지고 돌아왔다. 돈도 낼 필요 없이 구해 온 것이다.

그 뚱뚱한 소녀는 보이스오버로 어마어마한 굉음을 냈다. 연주자들은 앨런이 이스탄불에서 구해 온 이상한 딸각 소리가 나는 악기와 손가락 심벌즈로 신비한 소리를 만들어냈다. 소심한 젊은 흑인 요정, 로사는 기뻐서 활짝 웃었다. 앨런이 그녀에게 주연인 자연의 여신을 맡겼기 때문이다.

"오케이, 점심시간!" 그리고 플라멩코 수업이 있으니 시간 안에 와야 해." 앨런은 소리쳤다.

나가는 길에 그녀는 소녀 두 명이 캠벨 수프를 먹을지 아니면 나가서 돈을 좀 더 주고 '신선한 뭔가'를 먹을 것인지 논쟁하는 얘기를 들었다. 앨런은 그들에게 이야기했다. "밖이 너무 추워. 코트 입고 나가."

극장에서 한 블럭 떨어진 곳에 있는 동네 식당으로 가는 길에 우리는 거리에서 술 취한 사람 한 명이 우리 쪽으로 어슬렁어슬렁 다가오는 걸 보았다. 악의가 있어 보이지는 않았지만 뉴욕의 다른 곳이었다면, 사람들은 그를 피하려고 길을 건넜을 것이다.

"마마, 마마, 마마, 벨라 마돈나, 벨리시마 마돈나" 그는 마치 그녀가 자신이 원하는 것을 모른다는 듯이 우는 소리를 하며 자신의 입을 가리켰다. 언제나 그렇듯 그녀는 자신의 동전지갑에 손을 집어넣었다.

"당연히, 당연히, 당연히, 마돈나미아." 그는 간절하게 얘기했다.

"하나만!" 그녀가 웃었다. "마마도 먹으러 가야 해."

식당에서 사람들은 마치 그녀가 수녀원장과 대부 사이에 있는 어떤 전지전능한 사람이라도 되는 것처럼 그녀의 자리로 다가왔다. 경찰, 웨이터, 우편 배달원, 부랑자도 모두 그녀를 안다. "그래서 내가 뭘 해줄까?" 그녀는 그들 모두에게 물어 보았다. "앉을래요? 커피 갖다 줄까요?"

그들 대부분은 그냥 그녀 옆에 있기만을 바랐다. 그녀는 부드럽게 그런 호의를 잘랐다. "이제 됐어요. 나중에 봐요. 그럼 내일 봐요."

그들이 물러나자 다시 말을 이어갔다. 자신의 가장 최근 프로젝트인 16세기 수녀원 이야기다. 그녀는 상금으로 산타마리아 레지나라는 작은 이탈리아 마을에 있는 언덕 위쪽에 있는 수녀원을 구입했다. 그곳을 전 세계 예술가들이 머무를 수 있는 공간으로 바꾸려는 계획을 가지고 개조작업을 시작했다. 이탈리아는 아주 적절한 선택인 것 같다. 수세기 동안 이곳에서 많은 예술가들이 영향을 받았기 때문이다. 게다가, 그 성은 거의 무너져 가는 곳이라서 충분히 좋은 가격으로 살 수 있었다.

주머니 안쪽에서 앨런은 구겨진 스케치 쪽지 하나를 꺼내더니 앞에 놓인 계란을 밀치고 종이를 폈다. 그녀는 황실 같은 건축과 로마군이 행진할 수 있을 것 같은 거대한 돌로 된 아치문, 높은 천장이 있는 방들, 원형극장 역할을 할 수 있도록 뒤쪽에 햇살이 잘 비치는 초원이 있는 공간을 좋아했다. 지난 200년 동안 이곳은 농장이었다. 그리고 그녀는 이곳에 복원할 수 있다면 과수원과 정원을 다시 복원하고 싶어 한다. 그래서 창의적인 가슴으로 요동치는 열망을 달랠 수 있도록 말이다.

"맥아더상 상금으로 이렇게 하는 걸 어떻게 생각해요, 괜찮죠?" 그녀는 물어보면서 자신의 쪽지를 다시 집어넣었다. "만일 좋은 생각같다면, 내가 얘기해 줄게요. 이건 모두 내가 주변의 모든 사람들을 돌보아야만 하기 때문에 생각해 낸 것이라는 걸 말해 주고 싶어요. 이들이 없다면 내가 뭘 하겠어? 하나도 없지. 나는 그걸 알고 있는 첫 번째 사람이야. 다른 사람들은 왜 이 사실을 깨닫지 못하는지 모르겠어. 그들은 항상 이런 연극 또는 저런 연극, 이런 문제 또는 저런 문제에 대해서만 이야길 하지. 그리고 난 문제에 대해 걱정할 시간이 없어. 전혀, 전혀, 전혀, 절대. 절대로! 만일 내가 걱정하기 시작하면 걱정은 내 삶의 전부일 거야, 아시다시피. 난 내 머리를 감싸고 무릎 사이로 머리를 집어넣고 있을 시간이 없지. 그래서 뭐가 달라지는데? 전혀. 나는 여기 이곳에서 공연하는 모든 사람들의 입을 통해 항상 그 얘기를 소리 높여 얘기하고 있어."

"그리고 지금, 당신이 여기 온 게 창, 의, 성에 대해 알고 싶어서라고? 자 얘기해 줄게, 아가씨. 창의성이 머무는 곳은 배려야. 내 말을 믿어봐. 자신이 하는 일과 그 밖의 모든 일에 애정을 가지면 돼. 자네가 궁금한 그 창의성이라는 것의 나머지는 그냥 올 거야."

초판 1쇄 인쇄 2018년 5월 21일
초판 1쇄 발행 2018년 5월 31일

지은이 데니스 셰커지안
펴낸이 우세웅
기획총괄 우민
기획편집 김선우
기획마케팅 정우진 · 신이원
북디자인 신은경

펴낸곳 슬로디미디어그룹
신고번호 제25100-2017-000035호
신고년월일 2017년 6월 13일
주소 서울시 서대문구 불광천길 116, 2층 (북가좌동) 203호
전화 02)493-7780
팩스 0303)3442-7780
전자우편 wsw2525@gmail.com (원고 투고)
홈페이지 http://slodymedia.modoo.at
블로그 http://slodymedia.me
페이스북 · 인스타그램 slodymedia

ISBN 979-11-88977-06-2 13190

이 도서의 국립중앙도서관 출판예정도서목록(CIP)은 서지정보유통지원시스템 홈페이지(http://seoji.nl.go.kr)와 국가자료공동목록시스템(http://www.nl.go.kr/kolisnet)에서 이용하실 수 있습니다.
(CIP제어번호 : CIP2018014990)